# CONVERSATION PIECE

ロックン・ロールを巡る10の対話

SUGIZO TAKURO

NAOKI TACHIKAWA

PARCO出版

# CONVERSATION PIECE

ロックン・ロールを巡る10の対話

OLYMPUS

# CONVERSATION PIECE

ロックン・ロールを巡る10の対話

# 序文

「ロックンロールは20世紀が生んだ最大のカルチャー」と言ったのは、写真家としてたった一人〝ロックの殿堂〟入りしているボブ・グルーエンだった。そして、〝ライヴ・エイド〟の提唱者でもあるボブ・ゲルドフの「ロックン・ロールというものは単に音楽として捉えるものではなく、社会的現象とかその人間の生き方、音楽に付随するもので伝わっていくものだと思う。社会の変化や階級制度など、すべての物事にある緊張感みたいなことを表現しているという意味で、ロックン・ロールは新しい民族音楽とも言えるね。つまり、ロックン・ロールというのは、絶望や不安、フラストレーションから生まれるものだ」という言葉。ロックン・ロール、ロックのマジカルな魅力については、それこそ数限りない名言があるが、10年近く前に世界的な記号学者にしてベストセラー作家のイタリア人ウンベルト・エーコと脚本家・劇作家にして文筆家のフランス人ジャン＝クロード・カリエールが互いの自宅を訪問しあいながらまとめた対談集『もうすぐ絶滅するという紙の書物について』を読んだ時から、ロックのスピリットをベースにした対談集のようなものを作ってみたいと思っていた。

10年ほど前に〝運命的な出会い〟をして以来親しく付き合っているSUGIZOがTAKUROを紹介してくれ、TAKUROが僕がもう40年近く前に書いた『ビートルズの本』を持って上京してきたというエピソードを口にした時に、何かが降臨してきたように感じて3人で対談をしたらおもしろいんじゃないかとひらめいた。シンプルなレコーディング・セッションのような感じで会話を録音し、それを一冊の本にする。その計画はLUNA SEA結成30周年GLAYデビュー25周年の年に具体化した。奇しくも、ビル・ヘイリー&ヒズ・コメッツの「ロック・アラウンド・ザ・クロック」の世界的ヒットで〝ロックン・ロール元年〟とされる1955年から65年。70年代にはロックは巨大な産業になり、数字や記録で書かれたり語られたりすることも多くなったが、ロックを食べて育ち、今もロックを主食にしている僕たちは、ロックのスピリットを伝えたいと思って、むき出しの言葉で会話をしようと思った。

亡きフレディ・マーキュリーの「決して満たされることのなかった青春の途上で僕にとって音楽が、ロックが、全ての苦悩を遠ざけてくれるものだった。時代が変わっても、人の心のなんてそう変わるものではない。僕が若い頃に求めていた音楽を、僕なりに現代の若者に贈りたいと思っているんだ」という名言をKeyにして、テープ・レコーダーは回り始めた。

立川直樹

目次

CONTENTS

# SESSION 1　2019.10.29

——じゃあ、ゆるゆるっと始めますか。最初に、3人でなんか対談集みたいなものを作りたいねって話したときに、僕が一番興味があったことっていうのは、時間の流れ。SUGIZOと初めて会ったときにも年の話になってね。SUGIZOが1969年生まれで、その時僕は20歳。ちょうど20歳離れてる。仕事し始めてた時でね。そしてその初対面の時SUGIZOはそんなことなかったって言うんだけど、僕はSUGIZOに怒られたと思っていて（笑）。

S　僕はそんなつもりなかったんですけど（笑）。

——本当に。

T　分かる。その感じ

——阪上さんが一回会ってよって言ってくれてSUGIZOに最初会ったときに、僕も興味あるから是非ってことになってLUN ASEAのコンサートの後の打上げの場所であった。六本木の〝ハードロックカフェ〟。よく覚えてる。その時、SUGIZOに「なんで立川さん、最近あんまり音楽の仕事しないんですか」って言われたんだよ。

T　ああ、そういう意味で。

——そう。「それ、良くないですよ」って。「僕がすごく影響受けた人だったから、なんか一緒にやりたいし」って言われてね。確かに僕、その頃アート系に寄りすぎてたからね。

T　その時は、音楽の仕事してないわけではなくて、他の分野、ジャンルに。

――そうジャンル的にね。アート系のプロデュースとか、他のいろんなイベントのプロデュース本のプロデュースとかってやってて。なんかロックっていうものの割合が減っていた。SUGIZOと会ったのって、何年ぐらい前だったんだろう。

S　10年ぐらい前だと思うんですけど。

――10年になるかならないかだと思う。

S　2010年前後。

――そうそう。音楽界がすごくつまらなくなってる感じだった。

T　それは分かるような気もするけど。

――まだその頃は、ロックがラップには抜かれてなかったけど、なんかチャートとか見てても、ロックってなんなんだろうと思ってたし、引きが僕の中でなくなっていた。そんな時にそこまでSUGIZOが言ってくれた。「立川さんが書いた本、読んでたんですよ」とかって言ってくれる人はいっぱいいるけど、やっぱりSUGIZOぐらいの人間に言われるとドキッとしたからね。怒られてってのはそういうことなんだよ。

T　ある意味正統な後継者というか、多分SUGIZOさんは隅々まで読み込んで、それを血として肉としていたでしょうからね。

――そしてSUGIZOが紹介してくれてTAKUROと会ったときに、TAKUROが僕が書いた『ビートルズの本』を、函館から来るときに持ってたって聞いて、それは結構うれしい衝撃だった。

T　そこで俺が夜汽車に乗ってたら良かったんですけど（笑）、残念ながら飛行機だった。本当にギター、ビートルズの詩集、立川さんの本、あと着替えをいくつかで、それで上京したんですよ。

——そのときは一人でした？
T　GLAYを高校時代に終わらせたくないなと思ったので、ヴォーカルのTERUを誘って、東京行って試してみないかって言ったのが上京のきっかけ。彼は、今でもそうですけど、めちゃくちゃ楽観的で、やってみようかってなり。2人でおんなじ就職先決めて。寮で、ちゃんと飯も出て、宿もっていうか寝床もあって、かつ仕事も。そこで東京に慣れるまで、就職して東京というものを割と理解したら辞めて、GLAYを本格始動、再始動させようというもくろみ……
——じゃ、函館で既にGLAYの母体があって？
T　そうですね。2年間ぐらいやって、函館でなまじちょっと人気が出ちゃったものだから、このまま終わらせるのはもったいないなって気持ちが自分の中であった。それで、ベースのやつも誘ったけど、彼の親に「TAKURO君の夢には付き合えないから、うちの息子誘わないで」と言われて（笑）。なかなかショックだったんですけど。一緒に行きたかったけど行けなくて、結局、俺、TERU、HISASHIだけが東京へ行った。そのとき、だから厳密に言うと一人ではなかったんですけど。
——移動はね。なるほどね。
T　立川さんの本を読んで、ビートルズの詩集にいろいろ刺激というか元気をもらい、そこから東京に翻弄されるんですけど。
——SUGIZOとTAKUROっていくつ離れてるの？

T　2つ。

――2つ。よく音楽の趣味って、5年離れると全然違う感じになるけど、2つだとほとんど近いよね。

T　俺、そこだけは、この対談で心配したんですけど。音楽の趣味というか、多分SUGIZOさんから僕は学ぶことばかりというか。SUGIZOさん、日本のビートバンドとか、そういうJ-POPの前身みたいなのって聴いてたんですか?

S　BOØWYは少々。あとはREBECCAとかROGUEぐらいなぐらいな感じ。

T　それから、BOØWYを頂点とした、いわゆるジャパニーズロックバンド、80年代、それこそイカ天、ホコ天も含めた。

S　その辺になってくると、ちょうどこの年の差に意味が出てくるんです。

T　それか、もしかしたらSUGIZOさんは刑務所にいたかどっちか。

S　そうなんだよね。まだ当時は鑑別所だった（笑）。

T　鑑別所（笑）。

S　嘘だよ（笑）。俺らの世代にとっては、BOØWYを頂点とするそのビートロックがちょっと年下世代が聴くもののように感じて。

T　だから、立川さんとSUGIZOさん気が合うというか、立川さんがやってきた数々のその偉業みたいなものを正しく受け取った人物だと思うんです。すごいライナーノーツとかいろいろ。

――でも、TAKUROの場合そこには、ちゃんとビートルズがいるよね。

T　でも、マイケル・ツィマリングに90年代に言われたことがあるけど、「おまえビートルズばっかり聴いてんな」ってことありました。もっといい音楽いっぱいあるんだから。それこそピンク・フロイド、ツェッペリンもそうだけど、90年代は全くほぼほぼ邦楽を通ってた。いわゆる洋楽を掘り下げだしたのは30過ぎてからですね。

――でもそうすると、僕とSUGIZOはそこは結構同じ意見なんだけど、洋楽のロックと邦楽のロックと、根本的にすごく大きな違いがあると思わない?。

T　数々の先人たちが日本にロックっていうものを根付かせようとしたけど、厳密にはちょっと違うと思う。やっぱり沖縄民謡っていうものは、その土地に生まれる理由、やっぱりきっちり継承して今に至ってて。そこでロックの融合とかうんぬんかんぬんっていうのは、多分やっぱり浪花節、ソーラン節、ズンドコ節、何でもいいけど、日本の土着的なビートとイギリスの田園風景とかをどう掛け合わせるかっていうことですよね。だから、俺、日本語にすごく引かれて。ある意味日本語の追求みたいなところも、音楽を作る傍ら挑んでいるつもりなんです。やっぱり生まれてオギャーって言って最初に吸った空気みたいなものは、DNAレベルで多分付いて回るだろうから、音楽に関しては。独自の進化しかないいんじゃないかと。だから憧れみたいなものを追いかけても、正しくそれは日本の音楽とはいえないというか、借り物というか。本当に極端なことをいえば、じゃあ演歌っていうのを他の国のいろんな人がやったとき、そこにどういった結果が出るかっていうのは、勉強不足でまだ言えないけれど。日本独自の演歌っていうものに関して、どう外国人が挑んでも、いまだ結果が出てないっていうのは、分かる気がするというか。こういう意見。

――でも、なんか基本的に演歌って、こぶしとかそういうのがあるけど。二人はギタリストなわけじゃない。ボーカリストじゃないとこが、二人の共通点というか。Charとも話したことあるし、ギターって、布袋君も言ってたけど、外国人のヴォーカリストとやったら、ブルースコードの基本さえ押さえれば、まずコミュニケートできると思うのね。

T　コミュニケーションはできるけど、多分俺たちがっていうか、いろんなミュージシャンたちが憧れた、いわゆる洋楽的な感じにはなりますかね。

S　俺の解釈でいうと、TAKUROと俺の世代の違いかもしれないけど、我々はぎりぎりまだ洋楽のコンプレックスがあった時代なんですよ。

T　それはすごく感じます。上の世代と俺らっていうか。

S　そう。UKの、本物になりたかったし。本物の黒人のグルーヴを身に付けたかったし。洋楽から学んできて、憧れて憧れて勉強してきたタイプ。多分ここから数年若くなると、もう日本のロックに影響受けてきて、要は洋楽に対するコンプレックスがない人が多いでしょ。

T　多分それって、俺ら世代がそのスタートだと思うんですよ。デビューして、レベッカが好きだ、BOØWYが好きだって言うと、年上のライターさんは「それ書いていいんですか」って言うんですよ。「え、それ書いちゃダメなの?」。すぐ気づきましたよ。やっぱり洋楽のもっと「ん?」っていうような、ツェッペリンだビートルズだとか。ビートルズはあまりにも身近すぎてる。「もうちょっと通な洋楽の名前言わなくていいんですか」っていうようなニュアンスは、デビューして何年もずっと感じてたな。

S　ライターたちの世代が古いから分かんなかったんだろうね。

T　多分彼らも、ある種BOØWYやREBECCAを認めてなかったんだと思う。「イギリスのなんかまねっこでしょ、マドンナのまねでしょみたいな」っていうようなニュアンスに対していら立ってたのはよく覚えてます。

――やっぱり2年の差ってすごくあるのかな。

S　多分あります。

T　俺の解釈でもある。

――2年。

T　この2年はでかいです。

S　逆に俺の世代は、日本のミュージシャンっていうと、この感覚のおそらく最長老の一人は細野晴臣さん。細野さんたちは、言うなれば洋楽に憧れに憧れて勉強して。

――そうそう。はっぴいえんどは、ほとんどバッファロー・スプリングフィールドになりたくて、出てきた感じ……。

T　ああ、なるほど。

S　そこに初めて日本語をどう乗せるかっていう、日本語を洋楽に、憧れの洋楽に日本語を融合させた第一人者。その細野さんたち、大瀧詠一さんたちの世代がいて、その同じ感覚の最終世代がおそらく俺らの年で。俺から2つ下のTAKUROの世代になると、もうそことは違う新人種。その日本の音楽やアートに影響を受けてきたから、わざわざイギリスのもの、アメリカのものに憧れる必要がなかったはずなんです。そこにBOØWYがいたり、REBECCAがいたりしたでしょ。

T　それで、多分イギリスのアーティスト、アメリカのアーティストってどんな人が並んでも、日本の誰々が、好きだった人が、好きな人っていう解釈で、そこから入っちゃうんで。やっぱりオリジナルの、それこそ俺らのBOØWYだとかBUCK-TICKとか。今井さんが並べる音楽をバウハウスってなんかいいらしいですねって言うけど、分かんないってなるわけですよ。だけど、それもいろんな今井さんのフィルターの解釈で生かしてくれて初めてそこで俺たちは落ち着くわけで。

――なるほどね。2つの差ってそういうことか。で、年齢とか歳の続きになるけど、SUGIZOがデヴィッド・ボウイを聴いて、いいと思ったのっていくつの時だったの?

S　13歳。

――13歳。そうするとその13歳のSUGIZOがデヴィッド・ボウイを聴いたときに、11歳のTAKUROはまだデヴィッド・ボウイじゃないよね。

T　デヴィッド・ボウイは、ノエビア化粧品の曲いいな、「ブルー・ジーン」、みたいな。CMソングとして。

――そうするといくつぐらいだった時?。

T　あれはリアルタイムで聴いてるから。

S　多分俺中3ぐらいだよ。

T　「ボーン・トゥ・ラヴ・ユー」がたぶん中1ぐらいだった。フレディのソロもリアルタイムで。もちろん「スリラー」なんかが多分最初の洋楽体験。

――「スリラー」の時っていくつですか?。

T　出た当時だから、いくつだったんだろう。あれ何年なんだろね、出たのは。

S　小学生じゃない? あれ82年だから。

T　だったら11歳。今でもよく覚えてるのが、1980年の12月8日にニュースで見たんですよ。ジョン・レノンが射殺されましたって聞いたときに、まだビートルズ体験してないから、「外国の偉い人が死んだの、へえ」っていう感じ、テレビのニュースで覚えてます。そこから、なんかのきっかけではまって、ジョン・レノンの生き方にはまるんですけど。リアルタイムではまだ、どっかの外国の偉い人っていう感じだった。

——それ、すごい話だね。

T　ジョン・レノンが。

——そうするとSUGIZOは、80年代、80年の12月8日っていうときは、ちょうど11。

S　11歳ぐらいです。

——ジョン・レノンってもう知ってた。

S　ごめんなさい。俺は実は25歳ぐらいまでビートルズ大っ嫌いだったんですよ。

——それは面白い話だね。

S　大っ嫌いだった。

——なんで嫌いだったの。

S　俺は今でもそうだけど、一般の人が好きなものが嫌いなんですよ。

T　興味深い話。

S　へそ曲がりなの。今でも嫌いなものはそうなので。だから新海監督とか……観ない。

——らしい話だね。よくわかる。

T　いやいや、出されたものは食うんです(笑)。観てみりゃいいじゃないですか。

S　俺は、みんな好きだってものは、わざわざ好きになる必要はないと思うので。ビートルズもツェッペリンもそうだった。でもツェッペリンは、高校卒業したぐらいのとき聴かされて、否応なしに好きになったんですけど。だから、考えてみてください。BOØWYだって、YMOだって、もっと言うとJAPANだって、元々はカウンターカルチャーじゃないですか。だから、一般的なものからはじかれた反抗精神とか反逆精神とか、ちょっとあまのじゃく的な感覚。

——メインストリームからちょっと、斜に見てるようなね。

**S** そうですね。ベースはアンダーグラウンド。

**T** 今の話よく分かるんですけど、両方知ってる人の意見だからすごいんですよ。これはカウンターだって分かってたら、自分のキャラないしはアイデンティティーをちゃんとメーター振れるじゃないですか。函館なんかにいたら、入ってくるものを食べるしかないですもん。

——函館ね。SUGIZOは秦野だけど。

**T** でも、電車乗ったら新宿に行けるんですよ。でっかい、いいレコード屋に行けるんですよ。

——そう。電車乗ったらっていう感覚はわかる。前にSUGIZOの本を作ったときに、このホームから新宿に行くんですよって話してくれた。昔、村上龍と話したときに、僕とほとんど同い年なんだけど、村上龍から「立川さん良かったですよね。60年代、67年とか68年とかに、新宿のアートシアターでいつもゴダールやってたり、ポランスキーの『水の中のナイフ』が見れたりするわけじゃないですか。それこそ『灰とダイヤモンド』とか。でも僕はそのとき佐世保にいたから、『平凡パンチ』で名前は知ってても、ゴダールってどんななんだろうって思ってた」と……

**T** その感覚、ものすごい分かります、俺。

——そう。

**T** でっかい話なんですけど、時代の空気を吸ったやつと吸ってないやつっていう、最初は小さな角度だけど、後々どんどん角度が広がっていくから。そりゃ俺だって、1969年のあの空気に触れてたら、多分今のような生き方はしてないと思う。そういうものが入ってくるもの、入ってこないもの、ポップなもの、売れてるものじゃないと僕の県は入ってこないんで。だから、GLAYの音楽がなぜポップなのかっていうことが、本当に4人全員の共通言語としてあった。いくらHISASHIがアンダーグラウンドっていったって、『宝島』の片隅の1個の広告に想像を膨らますもんだから、ちょっと解釈も間違ってたりしてる。だって動いてるの見たことないんだから。やっぱそれで、俺たちがカウンターカルチャーっていうものを語れるわけもなくっていうとこがある。触れずに。でも感性がすごく激動な14歳とか15歳とかのときに、何に触れたかっていうのは音楽以外のことも含めて、また「時代の風」って言い方したりしますけど、そこに吹かれる、吹かれないっていうのは、それこそずっとコンプレックスですよ。

S　自分たちの脳とか、自分たちの自意識がまだ形成される前に触れたものってすごく重要……。

T　本当に重要なんですよ。

S　多分それが影響して、そのままTAKUROも俺も大人になっていったもんね。俺14歳のときに、例えばカウンターカルチャー、アンダーグラウンドが好きだったといえど、それでもやっぱり神奈川の田舎だから、入ってくるのはそれこそ雑誌とかなわけ。でも当時、シンコーミュージックの雑誌とかでロンドンのシーンが、ライターさんとかの目線から入ってくるんだけど。当時、俺も情報はそれだけよ。でもそこで、ロンドンのアンダーグラウンドカルチャーとかクラブカルチャーとかに引かれるわけ。例えば、その帝王にバウハウスがいたりね。だから、やっぱり憧れだったんですよ。そして子どもの頃からなぜか、まっとうなものが好きじゃなかった。

T　まっとう。
S　みんなが好きなものが好きじゃなかった。
T　全然。例えばクラスで流行ってるようなものは、もうほぼほぼ。
S　任せればいい。
T　全部。逆にいわゆるテレビの、例えばドリフだひょうきん族だみたいな、そういったまたジャンルが違うところのメインは。
S　それは小学生だからね。小学校のときは普通に好きだったけど、ただ中1の俺にとって歌謡曲、当時はたのきんトリオとかさ。あと、例えば「セーラー服と機関銃」とか、もちろん松田聖子さんもいて。聖子さん好きだったんだけど、その中にポンと出てきた「い・け・な・いルージュマジック」とか、ベストテンの中にポンと出てきた一風堂などがすごいインパクトがあったの。
T　それこそたのきんトリオとか好きで、マッチのファーストアルバムとかいろいろ借りてきて。他にも少年隊って「仮面舞踏会」でデビューする前にビデオデビューしたんですよ。それをなんとかして手に入れたくて苦労したっていう覚えがありますね。
S　そういう意味でいうと、そのいわゆる裏っ側、カウンター側に俺はいたんだよね。
T　それはさっき言ったメインなものが嫌だったたっていう、嫌いだったたっていう、その心の動きはなんなんでしょうか。
S　分かんない。
T　だって、ある種入り口としてはちょっと無理するじゃないですか。
S　子どもの頃から影響受けてきて変だったんだろうね。だから普通にヴァイオリンをやってるときに、もちろんモーツァルト、バッハ、ベートーヴェンがいるわけ。いるんだけど、それより俺なぜかバルトークが好きだったりしたのね。

**T** それはかなり興味深いですね。だって言ってみたらモーツァルトだとかバッハだとかは、ビートルズ、ツェッペリンみたいなもんですよね。

**S** そうそう。ビートルズ、ツェッペリンの中に、バルトークがクリムゾンみたいなもので。

**T** それはやっぱり、ある種強制的な。

――それはバルトーク＝クリムゾンみたいなもんですよ。

**S** そうですね。いや、すごくかっこよく聴こえたんですよね。こりゃモーツァルトと違うぞ。いや、本当はモーツァルトはすごいんだよ。もちろんすごいんだけど。

**T** バルトークは自分の中で明らかに、メロディーとしてもこっちのほうが、音楽としては引かれた？

**S** 今聴くと、時代がそこで150年ぐらい違うから、違うの当たり前なんだけどさ（笑）。

**T** なかなか時代が離れている（笑）。

**S** なので、そういう子どもだったから。話を戻すと、ビートルズにも、マイケルにも、結局マイケルもビートルズも最終的には超好きになってるんだけど。最初の取っ掛かりは、みんなが好きなものはしゃらくせえって聴かない。それは映画もそうね。全般的にそうだったから。

**T** 絵とかも……アート全般……。

**S** そうだね。

――僕なんかは世代的に、レコード時代。そうすると、SUGIZOのそういうの分かるのは、シングル盤のA面とB面ってあるじゃない。A面ってヒット曲なんですよ。

T　もちろん。

——A面はみんな好きなんだけど、B面のほうがかっこいいよなっていうようなところがあった。

T　それは、そう言ってる自分に何かある種の価値を見いだしてる。

——そうそう、そういうところ。

T　ただ単純に音楽が、A面、B面をブラインドで聞き比べてこっちがいいっていうよりは、みんながいいっていうA面よりもB面をいいって言ってる自分ってちょっといけてるなと。

——いうようなのと、意外と映画でもなんでも、大ヒットしたものよりも、意外と知る人ぞ知るのほうがいいものが実は多かったり。

T　でも俺、『タイタニック』とか、泣ける泣けるって言われたり、いいよいいよって言われた、そういう最初の情報が多いものって、実は正しく観れないかもしれないと思うんですよね。でもA面だっていうだけでももう、一個なんか大人のものすごい思いがあるじゃないですか。

——あるとき思ったんだけど、ヒットチャートってあるじゃない。ナックって、なんかへぼバンドがいたんだけど、「マイ・シャローナ」のね。

T　ダダダダダダダのね。

——そう。いわゆる、ヒットチャートのベストテンに入る曲って、自分が好きじゃなくても、あ、結構よくできてるなって素直に思う気持ちはある。

T　でも、それ素直じゃないですよ。「よくできてるな。ああ、いい転調具合もまたいいな」とかそういうふうに。素直に好き嫌いで聴かない世代なのかしら。

S　でも多分、俺の世代を最後に、俺の先輩方は基本そうだと思う。この20年ぐらいは。それこそ細野さんと俺が22歳違うから。それはちょうど立川さんとTAKUROと同じ差なんですよ。2つ上ですもんね、細野さん。

——そう。細野さん2つ。

S　細野さんの例えばインタビューとか、言葉の節々はそういう回路だね、頭の中は。

T　だって俺は、尾崎豊の「15の夜」を初めて聴いたとき、多分13、14歳だったんですけど。バイクは盗んじゃ駄目よと思ったんです。

——ん。

T　人のバイクは盗んじゃ駄目だと。盗まれた人、悲しいじゃないかって思った。いや、グレられるって結構余裕ある人だなって。バイク盗んで、ガソリンなくなったらガソリン入れるんですもんね。それって、すごく余裕ある話だなって。そういった生い立ちだったってのもあるけれど。そこでなんか、何ひねりかしてひねらなくなってってのもありますよ。逆に言うと、ひねくれすぎてそうなっちゃったのか。あと、よく覚えてるのが例えばスライダーズとか。ラジオではしゃべらないんですよ。じゃ、出るなって。なんで出るんだろうって、14歳ぐらいで思ってましたからね（笑）。断りゃいいのにって。

——ああ、そういうふうに思うんだ。

T　そこで、最初の話で出たような、ある種の洋楽を含めたロック観っていうものが、やっぱりどこまでいっても自分の素養、素質、バックグラウンドから逃れられないんだと。そこで、今48歳の俺の知る限りのロックの大半は理解しちゃったような気もします。ロックの構造っていうのを。それは冒頭の、日本の演歌をどの国のアーティストがカヴァーしても、それはやっぱりどこまでいっても、どっか違和感を残すものなのではないかとか。それは13、14ぐらいで思ったっていうのもある。そこはだったら、素直に邦楽聴いたほうが自分の性には合ってるのかもって当時思って。今こうやって言葉にできるけど、当時はなんとなく感覚でそういうふうに思ってました。

——でも言葉にできるようになるのって、やっぱり40過ぎてからだよね。

**T** そうですね。あの頃の感覚が、名前を付けるならこうだとか、説明するとこうだっていうのができるようになったのは、本当に近年です。でも真っすぐ受け取れていればそれもまた悲しい生き方ではあったけど。やっぱりガラス割ったら悪いじゃないって。

——そうすると結局、考えてみたら、69年生まれと71年。

**T** そうです。

——いわゆるロックが成熟した時代に生まれてるんだよね。

**T** そう。だからそこがうらやましいんですよ。やっぱり発展途上のとき、だってバンドも何もブレイク前が一番面白いじゃないですか。ブレイクしていろんなもん背負っちゃった後は、なんとなく自分も見えるし。でもなんか、そんな時代にみずみずしい感覚で音楽、ひいては当時の文化を興じたっていうのはうらやましいですね。

——でも、2人ともLUNA SEAとGLAYでブレイクする前ってのは、いろいろ僕もSUGIZOと直接その辺の話はして、SUGIZOが通ってた高校とかも行って、思ったんだけど、やっぱりブレイク前とブレイク後ってすごく違うものなの?

**T** まずブレイクを第何期とするかですよ。例えばファースト・アルバム最強説っていうのは、よく分かるじゃない。だってライヴハウスでばんばん毎晩ライヴやって、受けない曲はやめて。じゃ、もっと受ける曲をっていっての神セットリストをファースト・アルバムにするから。そこからは、やれ契約だ、締め切りだ、ファンの要望だみたいなのがあって。純度落ちますよね。ただ、何年かに一回、GLAYの場合は必ず、そういったタイアップだとかそういったことと全く関係ない、本当にみんなが心から思ってるような音楽を出してくれって、他のメンバーにはオーダーしますよ。アニメのタイアップだからどうだとか、映画だからどうだとかでない、まっさらな曲をくださいと。次のアルバムはそれでやりたいっていう。それを何年かに一回必ずやります。それができなかったら、自分でやっちゃいます。今回の次のアルバムは俺、作詞作曲全部やりますって宣言しちゃいますよ。

――ビートルズとかローリング・ストーンズって、ふた時代ぐらい前だけどデビューアルバムって半分以上はカヴァーだった。曲作る人とやる人にわかれてた時代。

T　そうですね。

――ああいう感覚っていうのは、やっぱり二人の年齢だともうないの？

T　だってLUNA SEAの場合は、最初からこだわり、こだわり、こだわり。

S　うちらは、我々はみんなそうだと思うんだけど、カヴァーがないんですね。

――なんにもしなかった。

S　我々の時代、世代が、もしファースト・アルバムの半分カヴァーだとする。そうしたら大体、何こいつら他力本願じゃんっていうふうになる。

――他力本願っていうふうになっちゃうんだ。

S　カヴァー＝他力本願です。カヴァーがヒットしようもんなら、自分たちはいい曲書けずに、そりゃ過去にいい曲をただコピーしたら、いいに決まってるじゃんっていうことなので。もちろんカヴァーをする理由が、その60年代初期と90年代の初期で全く違うと思うので。ビートルズの、あの当時はカヴァーはロックバンドの当たり前のやり方だった。でも90年代に世に出てきた我々にとっては、カヴァーでヒットした場合は他力本願ですね。

**T** だってLUNA SEAは、広告の打ち方に始まり、それこそプロデューサーを立てないとか、シンセサイザーは使わないとか、群を抜いたこだわりを感じるバンドでしたよ。他にもいわゆるインディーズ界隈にはたくさんのバンドがいた中で、自分たちから見たらちょっと狂気じみてるぐらいに。

——こだわってたんだ。

**T** 〝エクスタシー・レコード〟っていう、またちょっと癖のあるレーベルとのマッチングも良かったんだろうし。

**S** 若気の至りのこだわりもあるけど、今思うと、その大半は後悔している。

**T** いやいや、それを何と呼ぶかは、後悔って言っちゃうとあれだけど。

**S** そのとき、やっぱりすごく鼻っ柱が強くて。とりあえず目上のものに歯向かっていく感じだったから。大人は嫌い、目上嫌いって。

**T** プロデューサーもだけど、自分たちも大人なんだから（笑）。

**S** プロデューサーを付けたくないっていうのは、要は他人、大人に触らせたくない。ほっといてくれと。ただ自分たちがピュアに作ったもの出してくれればいいからという思い。触るんだったら、うちらはあなたたちと一緒にやらないっていうぐらいの。こだわりというか、ガードが固かったんですよ。

——自分たちで。頑ななね……いい意味での殻みたいなのをちゃんと作ってってたんだ。

**S** いい意味での殻ですね。悪く言うとやっぱり大人に対する不信感ですね。

――TAKUROはそういうのはあったの？　大人に対する不信感。

T　俺は目的がシンプルだったから。GLAYを高校卒業してもずっと続けられればいい。あと、いくばくかのお金を稼げて、それで幸せになれればいいっていう2点しかこだわりなかったんで。どういじってもらっても構いませんから。タイアップだから、あしたまでに曲上げろって言われても、OK、OK。とにかく4人の関係と、俺の幸せに関してだけ触れてくれるな。それ以外はどうとでも。

――なんでもいいと。

T　ある種GLAYにその強度を感じたんですよ。あ、この人たち、かなり負荷かけてもあんまり気にしないだろうって……。

S　気にしない。

T　特にTERUなんて、「いいよ」って。それこそ最初ドラムだったTERUに、「おまえ歌うまいからボーカルやりなよ」って言ったら、「ええよ」って。ドラムはいいのって思ったけど。だって素晴らしい歌だったから。

――ほとんどジェネシスのピーター・ガブリエルが辞めた後のフィル・コリンズみたいなもんじゃないですか。

T　ある意味今でも俺マネージャーだけど、これ面白いのが、3カ月たったら、「ヴォーカルやっぱり面白くないからドラムに戻りたい」って言い出して。勘弁してくれと。あんたの声は日本の宝だから、将来絶対うまくいくから、頼むからドラムに戻るなんて言わないでくれと。俺、あしたからまたドラム探してくるからってなって。それで、東京に一緒に出てきてHISASHI含めた、後にJIRO も入るんですけど、俺たちの場合、4人の関係性と、俺が生きていく上での自分の人生にさえ触れてくれなければ、その職業としてのGLAYはどうとでも、好きにやってごらんって感じだった。お手並み拝見というほど知識があったわけではないけれど、一緒に面白くしようよっていう。佐久間さんとだって、「佐久間さん、BOØWYとやってたから、以上」みたいな。

**S** ところが、うちらは真逆で、理由っていうのは本当に明確ですよ。大人たちを認めさせてやると。

**T** そっちのが全然ロックでかっこいいですよ。

**S** ひざまづかせてやる。バカにしやがってみたいな。

**T** してないって（笑）。

**S** してたんだと思ってる、当時の俺は（笑）。

**T** バカになんてしていないです（笑）。

**S** あらゆるライヴハウスでバカにされてきた記憶。

――そうなの？

**T** 考えすぎですよ（笑）。

**S** 今思うと被害妄想かもしれないけど（笑）。10歳上のオッサンたちがこういうやり方を見たことなかったんですよ。それで、散々拒絶されたり、バカにされたりするわけ。

――拒絶ってのはどういう拒絶だったの。

**S** オーディションに受からないとかさ（笑）。

**T** オーディション。

**S** 君たち何やってるか分かんないよとか言われるわけ。鹿鳴館の店長とか。その人が好きなのは、完全なアメリカンハードロックとかだったから分かるわけよね。

T　その当時の事情がよく分かりました。

S　当時から、なんか本能で分かっていたことがあって。我々日本人なんだから、憧れてきた本物のロックのオリジナルには成り得るわけがない。それは無理だと。日本の文化の特性ってなんだろうと。やっぱり実はものをゼロから1を作るんじゃなくて、他の国が生んだものをカスタマイズしたり、進化させたり、それが日本の得意な分野だと。本能で思ってた。だから、イギリスの好きなもの、アメリカの好きなもの、ブラック・ミュージックの好きなもの、あらゆるものをごちゃ混ぜにして、自分たちのフィルターで作り変えちゃえ、という意識だったんです。20歳ぐらいのときね。だから、その結果が当時のLUNA SEAの音楽的プロセス。同時にルックスは元々デヴィッド・ボウイやバウハウス、ニューウェーヴ・シーンの影響で、そのままUK、アンダーグラウンド・カルチャー、ゴスのメイクとか。それを自分流に解釈して、そこに歌舞伎の要素みたいなことも加えて。

T　おお、歌舞伎なんですね。

S　なぜかというと、デヴィッド・ボウイが歌舞伎からきてるんです。

――なるほど。そこにくるか。

S　『ジギー・スターダスト』のボウイが歌舞伎から影響受けて髪がこのぐらい立ってる。じゃあ、俺はその10倍立ててやりますか。そういう発想（笑）。

T　それ、まねてたのね（笑）。

S　いろんな発想のミックスが、当時の自分らのアイデンティティーだった。それは、一世代、一回り上には分からなかった。一回り上の世代っていうのは、ライヴハウスの店長たちがブイブイいわせてた。

——日本のライヴハウスの店長は、基本的にアメリカン・ロック好きだからね。オールマン・ブラザーズとか。

S　そうですね。なので分かんない人が多くて。レコード会社もそう。もっと本《もと》を正すと、学校の先生がそう。だから、大人からすごく抑圧される10代だったので。それを見返したいとか、そういう、いうなれば反逆精神とか。その戦闘力が自分たちの中で培われていったわけで。それがすごく重要なアイデンティティーだったので。ある意味やっぱり、一昔前のロックやパンク的な。

T　そういう。

S　今思うととっても青クサイんだけど、そういうエネルギーから来ていたので。その意味でいうと、20歳ぐらいのGLAYの在り方とLUNA SEAの在り方って、似たシーンにいながら全然違ってたかもね。

T　じゃ、多分バンド単位でいうより、そもそもLUNA SEAの5人がみんなそうだとは思いませんが、SUGIZOさんのような、もうちょっとなんかいっちゃってるというか……

S　例えば真矢は全然違う。

T　柔軟な考え方のメンバーも多分いると思うけど、やっぱりある種強力な思いみたいなものはバンド全体を支配してて、それが強力な個性を放つっていう。例えば一個ライバル視するにしても、もちろん僕らヴィジュアル系には俺たちも影響受けまくりの、そもそもHISASHIはINORAN君に憧れて、ああいうパンツはいてて化粧してるような。だけど、やってる音楽は「HOWEVER」「BELOVED」みたいなことやってるわけだから、ライヴハウスのおじさんは分かんないですよ。

**S**　それ、だいぶ後じゃないですか、その2曲は。

**T**　いや、そんな曲をもうやってたんです。

**S**　似たような。

**T**　似たような。「HOWEVER」から始まって、苦しんで。そこには思いっきりラヴソングでっていう。世の中の痛みも、憤りも全くない。You&Me、私はあなたが好きだ、以上っていうような曲をヴィジュアル系の格好してる人がやったときに、「そんな曲やるならLa.mama行きなさいよ」って。

――なるほどね。

**T**　でもLa.mama行ったら行ったで、「そんな格好してるんだったら鹿鳴館行きなさいよ」っていう。って、そこで俺が考えたのが、ライヴハウスのおやじを認めさせるのはもうやめようと。じゃ、自分主催で、自分たちで場所を借りて、自分たちの思いに共鳴してくれるような連中を集めて。OK、じゃあ1バンド、5時間借りて5万円だったら、5バンドいればとんとんだし。6バンドだったら、俺たちの分浮くし。7バンド出せば、1万円俺たちに入るんだっていう。そうやってバンドを回していこうという。

――それはあれだよね。結構ちょうどアメリカでバスキアとか出てきたときっていうと、アートギャラリーの古い人たちに四の五の言われるんだったら、地面に書いちゃったほうがいいっていうのと同じ感じかもね。ジェネレーションギャップってすごくあるわけじゃない。

**T**　最大に理解される努力はするけれども、じゃあ何が欲しかったのかというと、俺たちは過去に自分たちが好きだったバンドが、このライヴハウスに出たっていう、その称号が欲しかっただけなのかもしれない。結局音楽なんて突き詰めてみると、演奏する人と聴く人がいりゃいいんで。そこにやっぱり芸の人、今だったら照明の人とかいろいろいるけれど。前も言ったように、究極言うと、別にGLAYの関係と自分の人生に触れてくれなければなんでもいいとしたら、じゃあ、その称号はぜいたくか。じゃあ、いいや、自分たちでライヴハウスを借りて、そこで思うようにやろうと。でも、それはちょっと宣伝を含めてやらなきゃ。それは高校時代からずっと、音楽を作ることと同じぐらいやってて…、俺ファンクラブの会報とか作ってたんですよ（笑）。

──早いね（笑）。

**T**　早い、早い（笑）。俺がHISASHIとかTERUにインタビューして。そしたら、TERUが好きなものカレーライスとか言って、カレーライスはかっこ悪いから、ちょっとチキンカレーにしようとかさ（笑）。

──でも、そういうところ最初からインディーズっぽい感覚だよね。

**T**　本当にそう。そのインディーズのやり方を一個一個、自分たちだったらこれでいける、自分たちだったらあれがあるかもしれないっていう。さっきのSUGIZOさんの、好きなメロディーを集めてとか、リズム集めてみたいな。音楽のみならずというか、音楽よりもそっちのほうが楽しいってのもあるし。

**S**　そういう意味でいうと、みんな似てるんですよ。自分たちでやっていかなきゃいけない。俺はその意味でいうと、音楽と同様アートワーク班ですから、バンドのアートワークとかチラシとか率先してやってました。LUNA SEAの今のロゴも作りましたしね。

──SUGIZOのそのこだわりは、自分の若いときを見てるような感じ。

S　見えてしまうんですよね。アートワークにおいてデザイナーや建築家が気になる部分ってあるじゃない？　ここの整合性が気になる。例えば建築家、これ嫌がるよね。それが俺にも同じように分かっちゃう。

T　SUGIZOさんこんなすげえロゴ作ったら、すぐ商標登録とかしました？

S　今はされてるけど、当時してないよね、まだ。

T　SUGIZOさんのですよ、帰属しないと。

S　しない、しない。俺はしないよ。

T　いやいや。しないと。

S　なので。

T　ストーンズっておもろいですよね、あのべろマーク。

――あれデザイン料8000円だからね。

T　そうなんですか。

――べろマーク。

T　誰が買ったんですか。メンバーが買ったんですか。

――ローリング・ストーンズ・レコードが買ったんだけど。本当に日本円にしたら、1万円とかそれぐらいだって聞いた。

T　マンハッタン島級に安いですね。

S　なので、音楽と同時にヴィジュアルが見えるってのが当然のことだったから。

T　そうですね。本当の自分の見せ方みたいなもの、でも、それもやっぱり音楽以上のその、今もLUNA SEAがこうやって活躍してるってことは、音楽だけじゃない、それぞれのメンバーの生き様みたいなものが届かないと、到底20年以上やれないんじゃないかって。

――だけど、さっきそれを言ってた、例えば、の憧れでっていうことでいくと、GLAYのメンバーから見ると、LUNA SEAってのは、ある意味憧れもする……

**T** 憧れどころじゃないですよ、もう本当。LUNA SEAのエクスタシーサミットのビデオテープありましたよね。

**S** 武道館とかのやつ。

**T** そうですね。「PRECIOUS……」入ってるじゃないですか。LUNA SEAのステージングを俺とHISASHIで夜な夜な見て、あ、バンドって別にボーカルの人以外も動いていいんだって。

**S** いいんだよ(笑)。

**T** いいんだ。それまでは割と、例えばBOØWYにせよREBECCAにせよ、ある種のヒーロー、ヒロインがいて、看板ギタリストがいて。

――でもストーンズは完全にミック・ジャガーとキースって。

**T** わたし、そのストーンズなんて聴いたことない人で。

――あ、そうか。

**S** そのときはね。

**T** そのときは、おじさん。だって俺らはリアルタイムで『スティール・ホイールズ』。うーん、まったりしてんなみたいな、「ハーレム・シャッフル」。やっぱりカルチャー・クラブだ、デュラン・デュランだのほうがかっこいいと思ったし。

――なるほどね。

T　だから「ライヴ・エイド」なんかは改めて全部見たけど、やっぱり当時QUEENっていったってもう、ちょっと過ぎた人たちだったし。ストーンズとボブ・ディランって何者だ、それ。やっぱりマドンナが出たとか。そういうツェッペリンのあのシーンですら何もならなかったです。徹夜で全部見たんですけど。

——「ライヴ・エイド」のときね。

T　さすがに日本のテレビ局の作り方は駄目だって思い知らされた。そういう時代だったし。まだそういうときだった。

——あの違いは僕もよく覚えてるな。でもそうすると、ツェッペリンなんかよりRYUICHIとSUGIZOの絡みみたいなのがかっこいいとか。

T　そう！　一番はSUGIZOさんとINORAN君とJさんが好き勝手言って自分でアピールしてっていう、そのビデオを繰り返しHISASHIと見ながら、その次のライヴのときはそういう動きをやってみよう。8ビートでも、ちょっとゴースト入れた16のほうが、お客さんも乗りやすいんじゃないかって、そういうくくりにしたりとか。高校時代は完全に8、いわゆる縦乗りの音楽しかやってなかったし、聴いてもらえなかったけど、そこでちょっとLUNA SEAとかで裏を意識したりとか。パンクなんて聴くのは30過ぎてからです。

——へー、そうなんだ。

T　それまでは。

——SUGIZOはパンクはどうだったの？

S　パンク。パンクはリアルタイムじゃないですけど。

——リアルタイムは76、77年だからね。

S　実は最初にパンクの世界でいうと好きになったのが、パンクというよりポストパンクなんですけど、やっぱりPILなんですよね。それが中2ぐらいでとても好きになって。それからピストルズに遡って。でも次にはまったのが、中3かな、『UK／DK』っていう映像作品があったんです。イギリスのハードコアとスキンヘッズのシーンのドキュメンタリーで。それがとにかく好きで。自分にとっては、中学のときはパンクからポストパンクの時代っていうのが憧れだった。

――でも中2で、それはちょっと怖いよね、いいふうにだけど……。

S　僕の2つ上の従兄弟のお兄ちゃんがいて、その彼がパンク好きで、僕が中2のとき、高校生でモヒカンとかだったんですよ（笑）。全部教えてくれたんだよね。なので、中2、中3で、そのPILからピストルズから結局好きになったのがエクスプロイテッドとかカオスUKとか。いわゆるハードコアの最初の世代。ディスチャージとかね。

T　パンクとかに対して、やっぱりそれこそ書物とかで読むパンクの、イギリスの失業率の上昇みたいなところからの反動みたいなとき、やっぱり友達でも、それこそHISASHIが元々やってた蟻《あり》っていうバンドのそのメンバーはパンクに憧れてて……

――蟻ってすごい名前じゃない。

S　いい名前じゃない？

T　蟻っていっても、オーディションとかでは読めなくて、セミとかいわれてましたけど（笑）。「蟻です、蟻です」って。だけど、やっぱり彼らが世の中に憤る理由が見当たらないですもんね。

――だから、当時のイギリスに比べるとね。

T　そう。

S　日本にはないんだよね。

T　ファッションだけ取り入れたところで、やっぱりエネルギーや怒りっていうものがないと、その薄っぺらさに関しては、やっぱりポップなほうが正義があるなって。

S　全く同感。だから日本で音楽やるときに、UKのパンクの形とか格好をなぞる気が全くなかった。でも、そういう人たちも多いわけ。日本のパンクシーンで、モヒカンになって。

――僕なんか、そういうのはバカみたいにしか見えなかった。

S　何も感じないです、僕。

T　俺、行ったことがないから、『トレインスポッティング』とかああいう類いの映画を見たときに本当に、パンクス、筋金入りのロンドン・パンクスが、家帰ったら母ちゃんに「あんたどこほっつき歩いてたのよ」って言われてるのかもしれない。

――言われてるんですよ。ジョニー・ロットンは完全にマザコンで、一回インタビューしたとき、お母さんと一緒にいた。本当にマザコンだった（笑）。

T　だから、俺たちが受け取ったパンク・シーンっていうものは、多分やっぱり情報が少ないぶん上澄みだから、ノー・フューチャーじゃなければいけないし。路上に唾吐かなきゃいけないんだけれども。

S　でも、本当のパンクスはインテリなのよ。

T　だと思うんですよ。

S　うん。だから、それこそジョニー・ロットンが実はすごく頭のいい人で、実は読書の虫じゃないですか。例えば、パンクではないんだけど、ゴスの帝王のバウハウスはみんなそうだよね。ピーター・マーフィーは頭いいよね、すごく。

**T**　うん、多分ね。

**S**　ダニエル・アッシュは結構べろんべろんのオッチャンだったけど（笑）。

――だって考えてみればバウハウスって名前を付けること自体すごいよね。

**S**　だから、ピーター・マーフィーとかデヴィッド・Jはめちゃくちゃインテリだと思う。例えば俺が大好きなクラス。ハードコアの礎だよね。もう音楽を飛び越えて、社会貢献になってしまった。グラストンベリー・フェスのプロデューサーは、元々ピストルズのプロデューサーだった。パンクの音楽の作り手の人が、今はやっぱり自然と共生した視点、地球と共生する自然に根差した生活の提唱者であったりする。だから本当に当時70年代後半とかで、パンクの精神性で生きてきた人は、今また全然違ったレベルのとこで本気で生きてる人が多いのね。そうじゃない路上に唾吐く不良たちっていうのは、そのムーヴメントにあやかって乗っかってきた上澄みなんだよ。

**T**　だから、その後に日本のパンク・シーンみたいなものが、どこまでどう育ったのか分からないけど、じゃ、80年代の函館でパンクをやろうと思っても、唾吐く先があぜ道とかだったんですよ。のどかな田園風景とパンクスっていう（笑）。俺が一貫して思うのは、やっぱりその土地に根差したものが何より強度があると……。

**S**　そうだね。

**T**　俺も憧れだけである種この世界に飛び込んできたけれど、やっぱりあるときから憧れを飛び越して、自分の好きだったバンドの解散の年数よりもGLAYが追い越しちゃって、憧れの人よりも長く生きちゃって。自分のおやじよりも長く生きちゃったときに、音楽家ってなんだろなって思いますもんね。じゃあ、何をもってして、支えてくれるファンの人たちや、そういった音楽ファンに伝えられるのかっていうと、やっぱりロックが好きなんでって言って、ロックから借りてきたもの、それだけで音楽を作るには年を取り過ぎましたよ。20歳ぐらいだったら多分、まだ借り物の音楽で、これが俺の全てだったたっていうのは、そりゃそうですよね。だって20分の1なんだから、20年分の。

——でも昔、ミック・ジャガーが自分が30過ぎてバンドをやってると思えないって言ったんだけど、やっぱり30過ぎてから書いた曲の詞と、20代のときに書いた詞は違うわけじゃないですか。

**T** 全然違いますよね。いろいろ知ってるだろうし、いろんな体験もしただろうし。

——その深くなっていく生き方みたいなことでいくと、やっぱり年を取るっていうことは、悪いことじゃないんじゃない。年上の人ってまだいっぱいやっているし……。

**T** やってるけど、全員共通して、やっぱりティーンエイジャーの頃の衝動みたいなものはない人ほど、何かしら思いあって、考えながらじゃないけど、何かを受け入れながら、諦めながらやっているんじゃないかな。少なくとも俺はそう思うんですよ。

——SUGIZOはどうなの。年齢が若いときから、10代、20代、30代、40代ってやってきて、50になりましたというところで考えていくと、TAKUROが言ってるようなことはどういうふうに思う?

**S** 僕は30まで生きてるつもりはなかったので。

**T** 新しい切り口だ。

**S** それこそ当時は憧れたわけですよ。自虐的な生き方とかに。シドが生前、俺は25まで生きないだろうって言っていたこととか。

——マーク・ボランもそうだよね。

**S** 自分もその類いなんだろうなみたいなことを20歳ぐらいのときに思ってましたね。20歳になったときに人生終わったと思いましたもん。はっきり覚えてる。LUNA SEAを始めてすぐぐらいだったんだけど。元々10代の時は、20歳になる前にファーストアルバムを作るってのが一つの目標だったのね。残念ながら21だったんですけど、できたのは。

**T** おしい！

**S** もう終わりです。無理だったみたいな（笑）。20歳になって、19から20歳になった瞬間が、実は一番無力感にさいなまれましたね。それ以降は、年を取ることは別にさほど自分にとっては苦痛ではなくて。今は、30代の中盤に一度絶望の淵を体験してるので、それ以降は、なんか命からがらたまたま生きながらえてしまって。それ以降、だから30代後半から今まで、人生はなんかボーナスですね、自分にとっては。一回死んでるんですよ。

**T** また全然違う悟り方ですね。

**S** うん。そうなの。全て失ってなんか強引な悟り方をした。それは、自己破産寸前になってみたら分かります。全部なくしたときに、なぜかそれでも音楽をずっと作り続けていたんですよ。誰にも求められていないのに、リリース先も決まっていないのに、お金もないのに。そういうときはなぜか、何もないときに、私生活とか現実が絶望のときって、音楽を作ることが自分にとって最高の逃避であり癒やしだったんですよね。ただただ音楽作ることだけで、あのときの自分はその想像の中で幸せでいられたわけ。

——でも音楽する人って、音楽を作る人と、アクティングをする人って、幸せだと思うのは今

ＳＵＧＩＺＯの自己破産寸前の話にしても、一般人だったら自己破産したときに、復活しようと思ったとしても、なんかしなきゃいけないときに、お金をためるとかっていっても、原資がないとできないってなってしまう。でも曲を作るとか、ステージに1人で上がってとか、そこからできるわけだよね。

**S**　できます。

――その強さって、僕はそれがすごくクリエイティヴだっていうふうに思う。

**T**　できるもなにも、今、当時は絶望だって言ったけれど、今いろんな子どもたちの支援含めてやってるじゃないですか。その支援してる先の子どもたちは多分、ＳＵＧＩＺＯさんよりもっと大変な思いしてますもんね。

**S**　そう。だから、大変だ大変だって言っても、それは自分たちの今まで生きてきた感覚の中で大変だけど、最初から大変な人がいるから、実はどんな状況でも全然極楽なのよ。

**T**　また、彼らに聞いてみたら、そんなに大変じゃないって言うかもしれないですよ。

**S**　うん、分かる。

**T**　そう。本当に。

**S**　往々にして子どもは大変じゃないんだけど、大人は大変。

**T**　大人は大変でしょうね、もう。

――ニュースとか見てても、大人のほうが愚痴るよね。

**S**　大人はやっぱり絶望の中にいるから、大人を勇気づけてあげる必要がある。子どもとはわちゃわちゃ遊ぶことが。上も下も無限にいる。だから例えば無限にお金を持ってる人。個人の財産が数兆円とかって人もいる。5兆、10兆。逆にそれこそ難民や飢餓に苦しむ人たちは、本当に一文もない人だから。自分がその中のどこにいるかっていうのは置いといても、この日本の中でちゃんと音楽ができて、ちゃんと家があって、仲間がいて、家族がいて、それで絶望だっていうのはかわいいもんなんだよ。

T　かわいいもんだし、忘れてもらっちゃ困るけど、近くに友達もいるじゃないですか。その頃はあんまり会ってなかったですけど。

S　なんか良くも悪くも悟っちゃったところがあるのね。

T　それは出会ってから一貫してなのかしら?

S　出会った頃はもっとギラギラだったと思う。あれが欲しい、これが欲しい、ああなりたい、こうなりたいっていう。

——最初に出会ったきっかけはなんだったの?

T　YOSHIKIさんがつくったレーベル、そのエクスタシー・レコードっていうインディーズレーベルの直系の先輩後輩っていうことで。

——同じレーベルのね。

S　当時、エクスタシーのスタッフから、「新しいバンドやるんで、ぜひ観に来てください」とか言われてたの。

T　鹿鳴館のいわゆるお膳立てされたデビューライヴみたいなものにSUGIZOさんが来てくれて。そのときに急に仲良くなったわけじゃないんですけど。やっぱり折に触れ会う機会があって。こっちとしては憧れの先輩ということで、聞きたいことがあるし。それこそhideさんとSUGIZOさんと俺で、〝ミュージック・ステーション〟のスペシャルの後飯食いにいったりとかっていう、本当にかけがえのない思い出みたいなものがありながら、ずっと思ってたけど、多分その20歳のときの絶望とかいろいろ、音楽業界に対するいろんないら立ちとかも含めて。シンプルに言うと、俺が守らなきゃぐらいに思ってましたもんね（笑）。

**S** ありがたい感じ（笑）。

**T** ずっと今でも思ってるけど。

**S** ありがとう。

**T** 自分が通る、ついぞ到達できなかったピュアな魂でもって音楽に殉じようとしている人、あまりにも見てられなくて。「生きがい」って曲書いたんですよ。『HEAVY GAUGE』って99年のオリジナルのアルバムの収録曲に「生きがい」って曲があるんですけど。

**S** 20年前だね。

——「生きがい」。

**T** そう。だから、SUGIZOさん。当時もう、そのとき娘の瑠奈も生まれたってあって。

**S** 見にいってるよね。

**T** それまで、なんかいつ死んでもいいいって言ってた男が、娘の誕生によって、なんか普段よりちょっと笑顔が増えたなとか。なんかぴりぴりする時間も減ったなっていう、なんかそういう変化を感じて、「生きがい」という曲を書いたぐらい。なんだろ。なんだろね。音楽も大事で、とってもすてきなものなんだけれども、人生追い越しちゃ駄目じゃないって。

——僕が、SUGIZOと会って付き合い始めて思ったのは、SUGIZOといる時とデヴィッド・シルヴィアンといた時の感じがすごく似てるんだよね。ものすごいこだわり方の凄さとか、これ嫌だからもうやんないとか。

**T** 好きなんですもんね。JAPANとね。

S　そう。ものすごく影響を受けてる。

T　なんか共鳴する……

――そのこだわり方とか、なんかちょっとこれが違うなと思う感覚。それ言ったときに、周りから「それ困るよね」って言われることよりも、自分の美意識とか、自分が考えてるものをどういうふうに貫いていかなきゃいけないってことが大事なんだよね。突き進んでいこうと思う力とか、なんか思いみたいなもの。それはTAKUROが言ったように「僕がいないと駄目だな」という思いとつながっているね。

T　思ったの。そのピュアな魂が多分世の中を変えるだろうなって。だから音楽の世界を変えたのと同じように変えるだろうなと思ったけど、その反面俺はその生き方を選べないってはっきり思いますもん。

S　でもかなりのところで立川さんの影響だと思う。立川さんが作ってきたものを受けて育ちましたから。だって当時のデヴィッドもそうだし、それこそJAPANのその当時、「アート・オブ・パーティーズ」もそうだし。それにデヴィッド・ボウイの一連。ピンク・フロイドは僕がかなり、大人になってからなんですけど、すごく影響を受けた、その一連の仕掛け人とか、美意識の仕掛け人だからさ。その影響をものすごい受けてきたので。デヴィッド・ボウイだって、おそらく自分の表現にはとても真摯だったじゃないですか。そういうところは、自分の本能でそうなっちゃってるんですよね。

――でもTAKUROがSUGIZOをそういうふうに思ってるって、すごく面白いよね。

T　この二十何年ずっと思ってますよ。

――なんか、僕が初めてTAKUROを紹介されたときに、ちょっと三人で中華料理屋で話したときに。

S　中華料理屋でしたっけ、最初。

——そうだよ。

T　そうでしたね。

——六本木の中華。

S　あれ、寺山修司イベントの後。じゃないか？

T　イベントの。後々そういうのやるんだって言ってたような気がするんですけど。

——その前だよね。そのときに、なんか兄弟みたいに見えた。

S　実際に兄弟みたいですよ。大体弟のほうがちゃんとしてるんですよ。

——ちょっといっちゃってるお兄さんと、やっぱり、社会とはちゃんとやったほうがいいよって言ってる弟みたいなパターン（笑）。

T　最初、俺だってそうじゃなかったのかもしれないけど、そういったロックの世界に入って、よっしゃ、世界変えたるって思ったけれども。やっぱりこんな身近に、なんだろな、もっと自分からまず大事にしたほうがいいんじゃないかなとか、寝ればいいのにとか、そういう人を見ると、はっとしますよね。これは誰かが取りあえず言わなきゃって。なんかそういう思いがずっと。

S　ＴＡＫＵＲＯが面白いのは、ＴＡＫＵＲＯがいつも言うんだけど、おそらく音楽をやってなかったとしても、どの仕事をしててもちゃんとトップレベルにいった人なんですよ。

——それは、最初に東京に行くときの話を聞いてすごく分かった。計画的だもんね。

T　計画的ですね。

S　そう。ちゃんとしてる。だから、バンドやりながらバイトやってても、バイトのチーフになれるでしょ。警備員だったけどさ。

T　最初に言った、GLAYが好きだからアマチュアだろうがプロだろうがやっていたい。あと、自分個人としては、やっぱり家に帰って電気がついてるとか、給食費ちゃんと子どもに渡せるとか、そういうことができりゃいいんですもんね。一般の普通の暮らしができるんだったら、それができるなら、なんでもする。頭なんか何度でも下げるし。

――それは、かなりすごいよね。

T　妥協なんか、そんなの苦でもない。

S　すごいんですよ。ちょっと話を戻すと、バンドをやりながら、真剣にやりながらバイトをしていて、そのバイトの警備員のいわゆる部下を使うとこに。

T　隊長になりました。

S　隊長になられた。

T　新帝国警備保障さんの。隊員から隊長になり、70名を指揮する立場に。

――それ、いくつのとき。

T　22ですね。そのときに、安全会議とGLAYのライヴがぶつかって、班長から、「おまえ安全会議出るんだろうな」って言われて、「はい」って言ったものの、あれってなって。俺、何しに東京来たんだっけってなり、辞めたんですけど。安全協議会の標語大会で俺優勝とかしてるんですよ。「安全はみんなを守る思いやり」っていう標語を作ったら。全国の現場に俺が作ったやつ、ばあんと貼られて。なんか、知恵の輪はもらいました商品で。

S　知恵の輪（笑）。

T　だから才能無駄遣いしちゃった（笑）。
S　ちゃんとしてるんだよ、だから。
――ちゃんとしてるよね。
S　俺も同じように実は警備員のバイトをしたことがあったんですよ。インディーズのときにね。バンド忙しくて、バンドのツアーになっちゃって、連絡しないで休んじゃったりとか、平気で穴を開けてクビです。
T　一番悪いやつですね、それ。隊長からしたら。
S　今ツアーで大阪にいるんですよって言ってんのに、あした出てこいって言うから、「大阪にいるって言ってんだろ、バカ野郎！」って、ガチャンって電話切っちゃうみたいな（笑）。
T　それ隊長からしたら絶対うそついてるって思う（笑）。
――バンドの人が、道路工事のときの棒振ってたりするバイトするのは、やりやすいからだって話聞いたことあるけど、そういうことってあるの？
T　時間的な融通が利いたりするとか。
S　比較的自分でチョイスできるんです。格好も言われない。
――ロングヘアがばあっとヘルメットから出てる人、いっぱいいるもんね。
S　なので、いわゆる普通の仕事は何やっても駄目だったクチなんで。
――結構やったの。いろいろ。
S　結構でもないですけど、インディーズのときには、本当にお金なかったから。普通に、リハーサルスタジオのバイトをしたり、でもそれだけじゃ当時給料６００円とかだから。
T　安いですよね（笑）。

S　食えないから。それで、交通事故とか起こしちゃったりとかして、車を直さなきゃいけないとかでお金がかかるから、2つバイト掛け持ちの時代、INORANと航空便の仕分けを朝やろうとか。仲間がやっていたから紹介してもらって、その警備員をやろうとか。話があれば何でもやったよ。アブなそうでも……

T　もう『トレインスポッティング』だよね（笑）。

S　本当に18から21、22ぐらいまで。だから少なくとも、ちゃんとバンドがうまくいって事務所に給料もらうようになるまでお金がないので。

T　そのときに隣にいたら、音楽的知識がすごくて、ヴァイオリンができるってことで、ヴァイオリン習える子どものバイト探してきますよ。そっちのほうが、警備員より絶対いいもん。1時間3000円とか5000円とか取れるじゃないですか。

S　そうね。

T　600円じゃないよ。

——そういう発想にならないわけ？

T　持ってる才能をお金に代えるってこと自体は、大したことじゃないですよ。

——それは、やっぱりすごくプログラミングできるセンスだ。計画的だもん。

S　俺、たぶん破綻してるから、自分の本当に表現したい、やりたいことがあったとしたら、そこにだけしかエネルギーがかけられない。

——もう明らかにちょっといかれちゃってるお兄ちゃんと、すごくちゃんとしてる弟が（笑）。

T　子どもの頃からちゃんとして生きていこうと思ったことないんだろうね。

S　うん。ちゃんとしなきゃいけないと思ったのは、娘ができてからだね。本当に。

――でも、今はすっごいちゃんとしてるよね。僕なんか、この年になってもちゃんとしてないからね。

**T** 大丈夫です。俺、なんとかしますんで。

**S** でも、ちゃんとしてなくて、ちゃんとこの年まで生きながらえて、一流でやれてるっていうことが大事だと。

**T** そうです、そうです。全くもって素晴らしいことだし。あと、自分みたいなタイプの人間ばっかりだったら、世界はなんてつまらないんだろうと思います。やっぱり多様性あって初めて、その多様性を許して初めて。だから突き詰めていくと、自分に特化した仕事が多分あるんだろうと思います。それはなんなのかって、GLAYのTERUの声を世に出すこと。結婚してから、妻は破天荒なやつなんで、あの子の将来をきっちり守ること。突き詰めて、俺の仕事はこの2つですね。そこに、たまにSUGIZOさんの様子を見て。

**S** たまに様子見て（笑）。

**T** たまに様子見て、元気ならいいっていう、生きてりゃいいっていう。

――去年の夏にSUGIZOの生誕祭に行って。TAKUROのライヴ見たけど、今日の話を聞いてすごく分かった。

**S** そうですか。

――あのパフォーマンスの有り様ってのが。

**T** だけど、やっぱり50歳という、そのSUGIZOさんが20歳で諦めようとした人生があるとするならば、やっぱりそこで、嫌いだったものを食べられるようになったんだろうし、嫌いだった音楽も聴けるようになったとかって、やっぱり生きてりゃいろいろとあるなと思ったんです。ああいった大切な日に、やっぱりファンの人たちも知らないSUGIZOさんの一面みたいなものが伝わればなって。

――すごく粋だと思ったのは、やっぱり基本的にはああいうときって、出る人って、勝負したろみたいな感じで突っ込むわけですよ。でも、TAKUROは引いてやったじゃない。

**T** そうなんですか。

――あの感じが、なんだか、すっごいかっこよかったよね。

**T** あら。

**S** 余裕感がある。

**T** あらま。

――余裕感があったよね。

**T** スタンドは、そのSUGIZOファンっていうSLAVEの、いったら同じ立ち位置だったわけだから、俺、SLAVEだから、なんかこの人たちの目的が分かるもの。SUGIZOさんの誕生日をわいわい祝いたい。

――うん。だから。

**T** 多分、あのときはせめぎ合うような音楽ではないんですね。

――それは今日話してて分かったTAKUROのセンスだと思う。お祝いだからという感覚。パーティーのときの祝辞と同じ。ふうっとかまし入れていくやり方ってのはかっこいいと思うな。

**S** 粋な感じで。

――粋な感じだった。あれ、すごい粋でした。

T　あら。うれしいです。それは。

――前にSUGIZOが、鋤田（正義）さんの展覧会のときに、ギターのソロパフォーマンスをやるって言ってやったときも、完全に引きだった。あれ、めっちゃかっこよかった。

S　ああ。あのような場で俺はこんな弾けるんだぜみたいなことやるわけないです。

――完全にロバート・フリップのギター・インスタレーションと互角だった。たった1人のパフォーマンス。

S　あれは1人ギターでインスタレーションをやろうよっていうコンセプトが良かったんです。なるほど、その一言でイメージがバンって出てきましたから。やっぱり最終的には導き手が良かったんですよ。

――美術館という場所も。

S　そうですね。

――一番やりたいシチュエーション。だから、ふっとできちゃったことがすごく良かったよね。

T　それはアーティストとしての魂がすごい宿ってる場所ですからね。

――でも、このなんか、SUGIZOとTAKUROの会話を見てて思ったんだけど、なんかギターで会話したいよねっていうのが出てたよね。昔はレコードって作ろうとしたときに、ミュージシャン・マインドでなんか面白いことやろうと思うと、レコード会社もクリエイティヴだったから、じゃ仮に3人で、SUGIZOwithTAKUROみたいなギターアルバム作りたいんだけどって言うと、すぐ乗ってくれた。それ思うと僕が好きだったのは、SUGIZOが、どっちかケニー・バレルをして、どっちかがジム・ホールって言ってた話を形にしたいね。ギタリストの自分たちの趣味って突き詰めていくと、どの辺に着地してくるんですか？　好きなギタリストだったら。

**T**　好きなギタリスト？

**S**　ＴＡＫＵＲＯは今誰？　ギタリスト3人ぐらいいるとしたら。

**T**　それは書いてある通り、まず高校時代にＨＩＳＡＳＨＩのギターを生で聞いて、こいつとやりたいってことでＧＬＡＹに入ってもらって。そもそもギター始めた頃は、例えば布袋さんとかＲＥＢＥＣＣＡをやってた古賀森男っていう。

**S**　古賀森男さん好きなんだ。

**T**　好きなんですよ。

**S**　古賀さん、アルバムではほとんど弾いてないでしょ。

**T**　ライヴではやってるんですけど。それはハコモノのギターで、いわゆるハイパーな感じがしないんですよ。

**S**　あれ、ほとんど弾いてるの是永さんだよ。

**T**　是永さん。是永さんは、やっぱりざっと、こう。ちゃんとしてる。

**S**　テクニシャンで。

**T**　テクニシャンで、きっちり。だけど、やっぱり雰囲気。ちょっと古賀森男さんのそのジェントルな感じとか、グレッチとか持ってたのかな。

**S**　その後に、友森さん。

**T**　友森さん。

**S**　友森さんは素晴らしかった。

**T**　友森さんは、あの人はまだ大学生で。それこそ後に氷室さんともツアーやりますけど、当時は多分、本人も言ってたけど、ギター始めたてってことで。やっぱりREBECCAのギタリストとしてのたたずまいで選ばれたわけで。だから、そんないっぱいひくようなタイプではないんですけど。

**S** 実は天才だったんだね。

**T** だって、その後にやっぱり才能が開花していくんですけど。今の。

**S** 今の観点。

**T** 今の観点。ギタリストか。でも松本（孝弘）さんは入るな。

――松本さんね。

**T** やっぱりソロアルバム2枚やってるの目の前で。あれだけの観客を1人で立ってうならせるような。それこそ日本を代表するギタリストのギターを目の当たりにしたときの。特にクリーンなものに関しては、目指す道はここだなとは思うし。いや、でもこれはちょっとすごい語弊があるんですよ。俺、まずギターがどんなにうまくても良くても、人間性がくそだったらまず惚れないんで。松本、SUGIZO、HISASHI、この3人かな。

**S** 随分身近で攻めたね。

**T** 身近。だから、なんだろ。

**S** じゃ、分かった。じゃあね、それは素晴らしいんだけど、ありがたいんですけど、面識がない人。

**T** 面識がなくてギターやってる人……。すごい難しい。ちょいがみならいっぱいいるんですけど。それこそ、ちょっと甘がみした程度の、ジミー・ペイジのテレキャスも買いました。

**S** 買った?! 素晴らしいね。

T　ギブソンカスタムも買いました。ツェッペリン聴いて、うわ、いいなって。

S　ちょっと今度見せて。憧れのテレキャスだね。2本セットでしょ。

T　2本セット。

S　かっこいいね。

T　恥ずかしげもなく、ツアーのとき1曲ぐらい弾きますからね。

S　本当に素晴らしいな。

T　でも、そういうんですけど。

S　客、分かってくれる？

T　くれないんじゃないんですかね。あのドラゴンのギター新しいですねって言われましたよ。

S　ジミー・ペイジの、ツェッペリンのファースト時代のギターが、ジミー・ペイジのプロデュースで発売されるんですよ。

T　じゃ、会ったことない一択では、マイク・ブルームフィールドで。

——最高だよね。

T　彼のように弾けたら、それ以外のことは要らないです。それは思う。もちろんケニー・バレルも、ジャズの先生に付けてもらったその教材が結構気に食わなかったってのもあるんですけど、もちろん素晴らしい。ジャンゴの人、名前なんていいましたっけ？

S　ジャンゴ・ラインハルト。

T　ジャンゴじゃなくて、グラント・グリーン。

S　グラント・グリーンはいいね。

T　すごくいい。

S ——ちょっとモヨーンとくるんだよね。あのモヨン感がいいよね。

T あの人のブルーノート時代もすごくいいし、60年代以降のジャズファンクも最高。

S そう。ジャズ・ファンクのときのほうが逆に俺としては、それはいっちょかみみたいなもんで、本当に繰り返し繰り返し聴いたのは、ここ10年だったら、圧倒的にマイク・ブルームフィールドのアル・クーパーのやつ。『スーパー・セッション』じゃないほうの。

T ——『ライヴ・アドベンチャー』。

T そうそう。あれです。あれです。

T ——あのマイク・ブルームフィールド、最高にいいよね。

T 俺、そのとき全部キャリア追ってないから分かんないんですけど、とにかくあの1曲目から最後の曲まで、こういうフレーズはコピーしたいとか、こういうトーンでいきたいとか。

S 音数少ないんだよね。

T そこなんですよ。ちょっと練習してうまくなると、埋めちゃうんですよね。良くないんですけど……

S ——あの2枚目は本当に大傑作。好きな10枚のアルバムに入る。

T 俺がそう考えると、逆だと思った。近年最も、昔から好きなんだけど、今また一番ハマってるのがマクラフリンだからさ。ジョン・マクラフリン(笑)。

S そんなに詳しく聴いたわけじゃないですけど、彼もすごいですよね。

T ちょうど俺が、今年50周年のアルバムばっかり聴いてるの。1969年のもの。

S 『アビイ・ロード』も確か。

『アビイ・ロード』も、クリムゾンのファーストもそう。だけど、いろいろ聴いてるんだけど、一番今でも聴くのが、実は『Emergency！』なんだよ。ライフタイム。

――ライフタイムのね。

S　トニー・ウィリアムズの『Emergency！』なるものがあって、それでマクラフリンが一躍有名になったんだよね。

T　トニー……なんですか？

S　トニー・ウィリアムズ。

――トニー・ウィリアムズの。ライフタイム！　本当に凄いバンドだった。

S　素晴らしいですよね。

――素晴らしい。

S　死ぬほど好きですね。そういうとこですね。

――マクラフリンって、マハヴィシュヌ・オーケストラ作る前って、マハヴィシュヌのときほどひきまくってないんだよね。

S　ああ、あれやっぱり自分でコントロールしてないからね。ちゃんと例えばトニーとかマイルスにちゃんとコントロールされて、「今行け」っていう感じで弾いてた。

――やっぱりマハヴィシュヌになったときに、弾きまくりに……

T　マハヴィシュヌもやってんだよね。

S　マハヴィシュヌ、素晴らしいんだけど、大好きなんですけど、その69年のライフタイムの良さには俺的にはかなわないかなってなって。

――やっぱりあれ、トニー・ウィリアムズがすごいのかな。

S　すごい。

——キーボード誰だっけ。

S　オルガンなんですけど、オルガンで確か、ラリー・ヤングだ。

——そうラリー・ヤングだ。

S　要はオルガン・ジャズの当時の最新系ですよね。3人だから。69年ってのはすごい時代で、当時の音楽がすごすぎて、俺はそこから離れられない。

T　例えばよく思うのが、ロック・ミュージックってものが1人の人間、擬人化するとしたら、人の一生に終わりがあるように、ある種その役目みたいなものも感じる。当然なくなりはしないんですが。それこそ今、じゃあ、ジャズが音楽のメインかといったら、多分それは違うって人が多いだろうし。アメリカでラジオをつければ、今ほとんどギターの音楽なんかなくて、大体がものすごい重低音と高い声の女性ボーカルの人たちがチャートを席巻して。当然日本でも、ある時代、ソロ・ボーカル、男性ソロ・アーティストが大活躍した時代に、90年代なんかはバンド・ブームが一つあって。80年代にももしかしたらバンド・ブームがあったかもしれないけど、それはまだまだチャートに食い込むような成長した時代ではなかった。としたら、やっぱりあるんですかね。そういう、音楽の生まれて、いわゆる青春期を過ごして、そうやって老いるという。多分いってもまた、人に聞いた話なんですけど、ウイルスとバクテリアって、こんなガラスケースに入れるじゃないですか。なんかマックスまで増えると、ぱんってなくなるらしいんです。

——それは自滅するんだ。

T　自滅しちゃうんですよ。でも、いくつかは残ってて。またしばらくするとちゃんと増えてって、やっぱりもうこれ以上入らないってなったら、お互いを多分刺激して死滅しちゃうみたいな。だから、ロック・ミュージックはなくならないけども、今かつてのロック・アーティストが若者たちを先導したようなことは、もしかしたらスポーツ選手なのかもしれないし、IT社長なのかもしれないし、一方お笑い芸人なのかもしれない。

——そうなんだよね。

**T**　いわゆるロック・スターが担ってた。

——ロック・スターの担ってた役目を今は、もしかしたら八村塁あたりが担っているのかもしれないし。

**T**　そう。

——ただ、なんかやっぱりロックっていうものが持ってる何かが、絶対根絶えないものが出てくる瞬間っていうのが今、なんかきてる感じがするんだよね。

**T**　そうですね。

——香港のデモとかいろんなもの見ててもね。SUGIZOもけっこうポリティカルなことには関わってるけど……。今回うまくいった、山本？

**S**　山本太郎さんですか。

——山本さんの応援演説とかやっているSUGIZOの姿とかをニュースで見たりすると何故日本の今のクリエーターの人たちが、もっと政治のこととか社会の動きとかにコミットしなきゃいけないのに何故あまりにも何もしてないのかって僕は思うんだよね。

**T**　随分と様変わりしましたね。本当に言わなくなったというか。住む場所を分けちゃったというか。

——分けちゃった。

T　交流もないし。

――そこはやっぱりまだ欧米のほうがいろいろやってるじゃないですか。

T　大統領選であれだけいろいろと声を上げて、反トランプだっていう、そういったアーティストがたくさんいる中、日本ではほぼほぼ聞かれないですもんね。

――本当にそうだと思う。そう思うから、森永博志とやっているラジオ番組「ラジオ・シャングリラ」でも政治の話がこのところとても増えてきた。

S　そういうと、GLAYは大使とかもやったよね。行ったね。

T　自分たちが知りうる知識の範囲で、自分たちが正しいと思うことを。それこそ先輩アーティストから学んだマナーというか、たしなみだと思うから。

S　すごい好きだった。

T　言いたいことがあったら言うっていう。

S　結構TERUが、なんかボブ・ディランに聞こえたの、一瞬。彼が意識したのかな。

T　ボブ・ディラン聴いたことないと思います(笑)。

S　歌い回しがそういうふうに聞こえたよ。新しいアルバムが。

――でも多分それは、さっきTAKUROが言ってたけど、DNAみたいなもんで。その人が聞かなくても、誰っぽいじゃないっていうときに、多分種族とか血みたいなものの流れで、おんなじように感じるときってすごくあると思うんだよね。

S　この類いの言葉はこうやったら吐いたらかっこいいんだっていうのが、もしかしたらそういう暗黙の我々のルールみたいなのがあるのかもしれない。ルールというか、暗黙の美学があるのかもしれないですね。

——種族みたいなものかもしれないよね。

**T** 俺はあんまり詳しくないんですけど、ヒップホップの人たちなんてかなり、昔でいう、いわゆるジャンルとしてはパンクな、いわゆるYou&Meのラヴソングだけでない、世の中のことわりみたいなものを自分の言葉で言ってるっていう。

**S** そうだね。

**T** でも、そういう意味では、ロック・ミュージシャン、ロック・バンドと呼ばれる人たちが、全くもってそれを歌わなくなったっていうのは、なんなんだろうね。

**S** でも、それは実は俺にとっては簡単な理由。そのポリティカルなこととか、社会的なこと歌い始めるとチャートに入りづらくなる。もちろんスポンサーが、言ったら嫌がられるとか。そういうことなんだよ。

**T** ひとつの姿勢を出すと、こっち側からはノーと言われますね。

**S** 要は自分たちの保身のために触るべからずっていう人が多いってことでね。すごく分かりやすいことで。これは俺、嫌だなと思いながら、今の仕事をしなければならなくてあえて飲み込んでくことがある。これ、書くの危険だけど話します。

——もちろん、もちろん。

**S** 中国のメインランドで今結構活動してるのね。プロデュースしてるバンドがいてね。そのバンドがすごく良くて、これから多分どんどん大きくなっていくと思う。今、彼らも俺のプロデュースを必要としてくれている、自分にとって息子たちのような愛おしい存在なの。でもメインランドで仕事をするってことは現地のTVをはじめとした媒体にガンガン出てしまうわけ。一緒に演奏したときに俺も出たの。でも本当に規制だらけで大変なんだよ。

――歌詞も事前チェックだからね。

S　そう。その検閲から事前も何も、もう数カ月前に曲送んなきゃいけない。

T　いったら、「誘惑」とかも駄目なんですよね。言葉で扇動するみたいな。

S　それは完全に圧政たる所以。なのでいろいろ言いたいこと飲み込んでる状態。本当はものすごく嫌悪を感じてる。何年もずっと。

――坂本龍一もそうだった。絶対中国には行かないって言ってた。今の体制の間は。でも結局行き始めた。

S　やっぱりビジネスとして考えたら。

――そうなんです。もうしょうがないんだよ。

S　中国のアーティストの人たちや、中国の国民はみんな素晴らしいんですよ。ファンでいてくれる人もたくさんもいる。ただ、中国の今の政治の在り方は贔屓目に言っても支持できないよね。国際社会をぶち壊しかねない横暴で自己中心的な態度や、尖閣諸島をはじめ一方的な歴史観を押し付ける日本への高圧的態度は許すべきではないよ。内政も、もう言論の自由も表現の自由も剝奪するファシズムにしか見えない。そして何よりも俺はウイグルの人々とチベットの人々を擁護したい。実際に日本在住のウイグルの家族との交流をとても大切にしてるということもあるし。さらに香港と台湾を応援したい。彼の地は俺たちの大切な第二の故郷。民主的自由と平等を求める彼らの姿に共感している。なので中国共産党の主張は全く支持できない。

――すごくよくわかる。これを言葉にできるSUGIZOのこと、お世辞じゃなくて尊敬できるよ。

S　これは電波やネットでは絶対に吐けない本心だよ。もしこの発言がネットに出回ったら中国当局はすぐに情報をゲットするでしょう。そうしたら俺はメインランドへの入国はできなくなるでしょうね。俺自身は全然それでもかまわないけど、それはそのまま自分のバンドへの影響となってしまう。それはいちメンバーの責任として絶対に避けなければいけない。だから紙媒体であるこの本の中だけで本音を吐きます。この本は絶対に中国語や英語に翻訳できなくなるね……。

——本当に勇気のある発言だ。

**S** なので、話を戻すと現状は本心を飲み込んでもメインランドで仕事をするべきだと思ってる。多くの一般の中国の人は素晴らしい人ばかり。向こうで自分の音楽を求めてくれる人たちがいるし、自分の音楽のスキルを求めてくれる若手の育成はするべきだと心から思うし、なにより彼らにもうとても思い入れがあるから。

**T** 本当にその通りだし、本当に尊いことだし。冒頭から言っている、土地とその音楽の結びつきってことを考えたら、SUGIZOさんはロックの作り方を教えてあげるだけでいいと思う。そこになんの思想もない、器だけを与えてあげることで、あとは何十年後かに、その子たちがその器のやり方を倣って、自分が今抱えてる不満をギター持って歌い出すんじゃないっていう。

——それはすごくいい観点だね。土地と音楽の作り方、それは多分、ベトナムに用水をつくりに行く人とか。アフリカに水路をつくりに行った人とかと同じことなんだよね。

**S** そうだね。音楽って、それを音でできるんですよ。例えば、それこそジュノ（・リアクター）をやってきたじゃない。そこでやっぱりものすごく学んだことがあって。そもそもジュノをなんであそこまで俺が一生懸命やったかっていうと、自分が絶望期に、何もない頃に、ジュノに参加したことで引っ張り上げられたところがある。

T　世界中ギター1本で行きましたよね。

S　ある意味恩人だから、どんな状況がつらくてもやっていけたんだけど。さっき言ったみたいに、やっぱり我々の世代は、西洋の音楽、文化に憧れがあると同時にコンプレックスがあって。それを反作用として成長してきたところがあるから。その頂点が細野さんとか坂本さん、高橋幸宏さんなんだと思うけど。ずっとコンプレックスがあった、自分の音楽性、自分のギター、自分のグルーヴに。片やジュノやったときに、いろんな国のメンバーがいるわけ。南アフリカ人の生粋の大地のリズムをたたく4人のパーカッショニストがいて。首領《ドン》はイギリス人のトランスの巨人。シンガー2人いて、1人は生粋のジャマイカ人で、超レゲエ野郎で。24時間中の22時間はキマってるような。ベロンベロンでグデングデン。でも歌ったらメチャクチャすごい。話し方からしてラップしてる。レゲエの。

――その景色を想像するだけでいい感じ。音楽の力だよね。

S　もう1人のシンガーは、まさにゴスやカテドラル系のヨーロッパの美しさを体現したような声を放つ白人女性。そこに、ドラマーは典型的アメリカ人。その次のドラマーは、元スージー・アンド・ザ・バンシーズのバッジーで、ドイツから来てて。アジア人は俺だけ。だから、多種多様な文化がそこで混じるんだけど、みんなそれぞれの文化を余すことなく、恥ずかしげもなく出すわけ。俺がここで、黒人に憧れてるとか、イギリスに憧れて育ったとか関係なく、自分のやり方でやるしかないの。そうすると、俺が感動したのは、黒人のパーカッショニストの1人が実はマイルスのメンバーだったんだよ。立川さんよりちょっと年上で、マビっていう名の南アフリカの、パーカッションの世界の巨匠。そのパーカッション・チームは、すごいのがネルソン・マンデラが大統領になったときにすぐ行われた南アフリカのラグビーのワールドカップで演奏してる人たち。そういう人たちが一緒に演奏してて。もう感動ですよ。マイルスと一緒にやってきた黒人のグルーヴの本家中の本家が、目の前でバタバタってたたいてる。

——パーカッションって特にすごいんだよね。

**S** すごいんですよ。その本物のグルーヴを生で体感したときの衝撃。それ以上の学びはない。そしてそのパーカッショニストが「SUGIZO、おまえのグルーヴは最高だ」って感動してるわけ。「そうだ、おまえのは最高の日本のグルーヴだ」と。

**T** もう、答え出てるじゃないですか。

**S** だから、我々は日本人のままでいいんだと痛感した瞬間。日本人ができる音楽。

——それは、さっきTAKUROが言ってたことに戻るけど、日本人の間って日本人しかできないから。

**T** なんなら、普段からSUGIZOさんが持ってる〝間〟が、そのまま音楽に出るんだろうから。そこにはある種のジェントルなことだったり、優しさとか、激しさとか、それも全部含めてだと思うんですよ。

**S** うん。だから、答えってのは、我々のままでいいということ。このままでいいの。このまま、我々は日本人の、日本で20年以上音楽をやり続けた今の自分たちのまま、多分どんなアーティストとも交わる。それは、我々は音楽家だから音楽を通して交えるけど、それは料理もそうだし。カルチャー、例えばあるゆるカルチャーも食もスポーツもなんでも交われる。アフリカもアジアもヨーロッパもアメリカも中東も。この前もそういうイベントにちょっと出てきたんだ。この前ふっと知り合いのイベントに誘われて、シークレットで出たときに、俺のユニットと同時に一緒にセッションしたのが、ウイグル族の3人の楽器奏者と、コンゴの2人のパーカッショニストと。いきなり。でもすごくいいわけ。それは音楽と食事のイベントなのね。

――うん。見ましたよ、インスタで。

S　幸せそうでしょ。間違いなくあの場は世界でひとつだという縮図だった。

S　例えば、近年中東に行くけど。イラクとイランは過去は戦争してたから今でも一触即発な微妙な関係。でも国境にはつながってる。何もその印もないし。

T　トランプさんがつくろうとしてるでっかい壁みたいなやつは、別に存在しない。

S　しない、しない、しない。要は日本にいると分かんないですよね、国境感って。

T　それは本当にそれぞれ、SUGIZOさんからも話聞いたことあるけど、難民とか移民の人たちにそういったちゃんとした権利を与えない。この前もドキュメント見たけど、今でもずっと保留にしてるじゃないですか。

S　難民として認定してくれない。残念ながら日本は受け入れがG7の中で最下位。

T　もうこの時代に及んでおかしいですよね。だって、このままいったら日本なんて多分1000年後には、なくなるっていわれてるので。

S　1000年後。

T　1000年後なんだけど、日本人がいなくなるって。

――この前、20年後に、世界はアメリカと中国の植民地になるっていう予測をテレビでやっていた。

S　それは、あながち空想物語じゃないですね。

T　そういう意味でいうなら、その〝イマジン〟を地で行く一歩手前みたいなことね。国境も何もかもが、アメリカ一個になるか、中国一個になるかっていうような。だけど、どっちに行きたいかっていったら、言うまでもないんですが。

S　俺、どっちも嫌かな。

T　どっちかに行かなきゃいけないんですよ。

S　まあ、そうだね。

——でもSUGIZOはどっちも嫌なんだ。

T　それで、山の中とかに行くんですよ、きっと。内陸部と。

S　多分終盤になってきから、1杯だけワインもらっちゃおうかな。こういう深い話をしていいんですよね。

T　全然いいんじゃないんですか。

——そう、こういう話、こういう感じ。これです。

S　やりたいですね。そもそもこの本を作りたいと思ったきっかけは、出会って25年なんですよ。デビュー25年じゃん。うちらは結成30年とか、いろいろ区切りがいいからさ。

——で、69年で71年でしょ。ちょうどすごくいい。

T　その2年の間には、大きな深い河が流れている（笑）。橋を架けますけどね！

——こういう話がしてみたかった。ヴィジュアルじゃなくこれは会話なんだよ。どのぐらい3人で深い話をして。スピリットみたいなものって、どういうふうになっていくのかっていうことを今話しておかないと。SUGIZOがTAKUROと2年違うとこれだけ違うってことも聞けたし、僕はもう70代に入ったけど、この会話のセッションみたいなものは、それこそ残しとかないとね。

T　それは絶対に価値あるものだし、そもそも自分たちが見てきたこと、聞いてきたことを伝えてこそのミュージシャンの端くれ。

――前も話したけど、本が出るときに、ギターのカンバセーション・ピースというのかな。トーク&ライヴみたいなイベントやりたいね。やりそうだけど誰もやってないことだから。東京と……

T　京都。

――京都と金沢。

T　飯と酒いいですね（笑）。

S　ただいい街に行きたいから。

――じゃ、今日はこれで大体。

T　めちゃくちゃ面白かった。

S　これを多分、あと何回ぐらいやるんでしょうかね？　そのうち一回はちゃんとご飯も行けたらいいね。

T　毎回夜空いてますけど。

S　締め切り地獄って、LUNA SEAをやってもやっても終わんないのよ。

T　そればっかりはかける言葉がない。

S　でもLUNA SEAのはもうほぼ終わったの。マネージャーがたくさん出したがるじゃない。DVDとか、このライヴとか。それがなんか5種類ぐらいあってさ。

T　ありますよね。うちらも。

S　それ、全部ちゃんとやるでしょ、なんとか。

T　もちろん、やりますよ。
S　それ任せっきりじゃないでしょ。
T　任せきりです。
S　任せきりなの。
T　任せきりです。
S　これまたいいわね。
T　ああ言えばよかったみたいなの、いっぱいある。もうリリースされました、あ、そう。
S　今ちょうどメーカーから頼まれた、嫌だ嫌だって何度も言ったのに結局ゴリ押しされて（苦笑）、20年前のドームのライヴが初めて出るんだけど。
T　そういうの絶対いいですよ。
S　でもチェックしないと、絶対嫌だよ。チェックすると、もう拷問。昔の自分を見るのがこんなの世に出んの。嫌だ、出したくないって言ったら、もう発表しちゃったから駄目だって言われて。
T　駄目だ、出す出す！ってか、絶対自分が思ったより喜ばれるから。
S　俺は昔の自分を人に見せたくないの。
T　曲がらないですね（笑）。
――それは無理な話。例えばピンク・フロイドが前に一回「アーリー・イヤーズ」出したけど、今度『レイター・イヤーズ』出すって。
S　ホントですか？
――すごいんだよ、これ。これは全部デヴィッド・ギルモアになってからのピンク・フロイドの全部。CDとDVD、ブルーレイの16枚組ね。

**S** すごいですね、それは。

――TAKUROが言ってたけど、絶対全部出すんだよ。

**S** ピンク・フロイドとLUNA SEAって、それは天と地の差があったでしょ、作ってるものの差。

**T** 違う、違う。一緒です。だけど、それは本当は持論があって、ピンク・フロイドに命ささげられないけどLUNA SEAにはささげられるっていう人。

――そういう人がいるんだもん。

**T** その人の人生を尊重するならば。

――そういうことだよね。

**S** する気はないね。

**T** しろや（笑）。20年前のドーム出すぐらいいいじゃないか。

――SUGIZOがちょっとロジャー・ウォーターズになってるね。

**T** どっちかっていうとね（笑）。

**S** 俺は昔のものが嫌いなんだ。昔のものを出す。だからスタッフたちに言うんだけど、できればもう新規のファンには見せたくない（笑）。20年前見た人だけ買ってくりゃいいみたいなことを言ってるんだけど。

**T** SUGIZOさんが信頼した人を3人呼んで、この演奏どう思うって聞いたら、絶対若いいきおいがあっていいし、みんなすげえキレキレだしいいよって、3人が3人とも言いますよ。

**S** 俺は、見てて目も当てられなかったよ。

T　それはそうだろうけれども。

S　OKか否かっていうと、もう全部OKです。なぜかというと全バツだからOKしようがないので、全部いいですこれでって言ってたんだけど。

T　禅問答じゃん（笑）。

S　俺は昔を掘り返すのが大嫌いで。

T　俺ら、昔掘りまくってますよ。こすってこすって。だって。

S　俺にとっては拷問だ。

――アーティストって2つのタイプがある。その人の事務所に行くと、ゴールドディスクを全部飾ってある人と、何も持ってない人っている。

T　いるいる。

――SUGIZOは後者だね。

S　一応あるけど、スタジオの奥のほうにほこりかぶってる感じですね（笑）。

T　俺1人で飲んでて、家で、酔っぱらうと昔のGLAYのDVD見ます。下手だなって言いながら、つれえって言いながら（笑）。

S　逆にそれはTAKURO、打たれ強いんだよ。俺はもしかしたら打たれ弱いのかも。

T　だって変えられないですもんね。

S　変えられないの。変えられないから、変える必要はないけど、わざわざほじくり返すのはないと思うわけ。

――残しとくタイプなのか、残さないタイプなのかって、多分クリエイションしてる人、ふた通りいると思うのね。

S　俺は過去はほじくり返したくない。本当はＬＵＮＡ ＳＥＡの過去を全部廃盤にしてほしいくらい（笑）。

T　廃盤にしないで、上がったお金で恵まれない子どもたちを助けるべきじゃないですか（笑）。

S　そうなんだよね。でも昔の写真とか映像とかも、今ネットで蔓延してるじゃない。それも大嫌いでさ。

T　酔っぱらった俺とＨＩＳＡＳＨＩで見てます（笑）。

――ネットの話は次回のセッションでしたいんだけど。ネットになってから、本当に自分たちが作った音楽、権利をどう守るかって大変なことになってきたよね。

T　その件に関してはなかなかＧＬＡＹは意向ありますよ。やっぱりそこで、なんか自分たちの人生が大きく変わったっていうのもあったんで。

S　切ないのが、俺の娘は普通に普段聴くのは、SpotifyとAppleMusic、それしか聴かないの。音楽を買うっていう感覚がないっていうか。アナログは買うよとかって言うの。かっこいいして言うけど。CDとかの配信は別に買う価値ないよねって言うからさ。娘がね。

T　アナログを買うのは、写真集とか美術品みたいな。

S　物としてのかっこよさね。

T　月に一度のものではないですよね。

――今アメリカって、当然ＣＤの売り上げが落ちたこともあるんだけど、アナログの売り上げがＣＤを上回ったらしい。

S　上回った。へえ。

**T** そうですね。そうかも。それこそ家の近所にベスト・バイっていう電気屋さんがあって、そこはCDは売ってないけどアナログ売ってますね。CD屋さんなんか、どこ探してもロスにはないけど、電気屋さんの中にアナログ盤が売ってますね。

——ニューヨークではもう、マンハッタン島でCD買えるとこがどこもないんですよ。

**T** でもアナログは多分あって。

——アナログもないんですよ。

**T** ないの。

——ニュージャージーのウォールマートで売ってるんですよ。

**T** ニュージャージー(笑)。

**S** すごいのが、近年仕事でインドネシアに何度か行ってるんだけど、ジャカルタでCDが買えるのはケンタッキーだけなの。

**T** ケンタッキーのレジの横に。

**S** ケンタッキーがそれの権利を持ってしまって、ケンタッキーのなんとかのバリューセットとかにCDが付いてくる。

——でも考えてみたら、多分2人はもう絶対分かんないんだけど、僕が子どもの頃って電気屋でレコード売ってたんだよね。

**S** へえ。それはさすがになかったね。

**T** 電気屋さん。

——電気屋さんでレコード売ってた。あと、家具屋とかにあった。ブライアン・エプスタイン、それこそTAKUROの大好きなビートルズの出てきたリバプールでエプスタイン家はネムズという家具屋をやっていた。

T　そうですね。お父さんが。

――家具屋の中で、エプスタインがレコード売ったほうがいいよってやったのが始まり。

T　元々そのプレーヤーが既に家具調ですもんね。

――そうだ。家具調、家具調。

T　家具ですもんね。

――昔のステレオセットって、確かに家具だったね。レコード鑑賞っていうのは、立派な一つの趣味だった。

T　それはインテリの趣味。

――インテリの、そうそう。インテリアも含めてね。じゃ、次回はそこから。

S　撮影するならメイクいる？

T　いや、やりますよ。別にいなければ。それは、まあメイクくらいはあったほうがいいかな。衣装は持ってけばいいから、要らないです。

S　メイクをする感じじゃないでしょ。

T　でも、どっちでもいいです。どっちも好きなんで。シンプルなやつも好きだし。

――シンプルなのがいいね、すごく。なんか本能、今回さっき最初に話したときに、なんかネイキッドって感じがいいと思った。

T　多分それがテーマなら全然、全く俺は大丈夫。

S　俺は全然大丈夫ですけど。もしTAKUROが、ヘアメイクさん必要なんだったら、俺ちょっと手伝ってもらえばいい（笑）

**T**　え。どっち（笑）。

――〝カンバセーション・ピース〟でいいでしょ。

**T**　じゃ、それでいったらなしじゃないですか。なし、なし、なし。

――今日最初のセッションやって、思った通りの面白さだったから。

**S**　相当深くほじくる本になるね。

――本当に〝カンバセーション・ピース〟。

**T**　カンバセーションでありつつ、アプローチの仕方が全く違う。

――そうすると、全然今まであったものとは全く違う、ここまでいくのかみたいな。

**S**　そもそもTAKUROとSUGIZOが本になったことがないので。

――今度持ってくるけど、『もうすぐ絶滅するという紙の書物について』っていう本もむっちゃかっこいいから、それ見せますよ。

**T**　それ、すごいタイトルですよね。

――ロックを守る聖書みたいなものを作ったらいいなと。

**T**　いいですね。

――TAKUROがやっぱり函館から出てくるときの景色って、今の世の中にない。なんか調べればいいみたいなさ。それ嫌なのよ。やっぱりロックってすごいレアな衝動だと思うんだよね。

**T**　それこそ、今いろんなジャンルで成功してる人たちでも、実技でやってる。ITが発達してネットでなんでもってなるけど、それだけじゃおもしろくない。なんならそれで納得するのは、国民のうちの30パーぐらいで、後の70パー、全然まだまだアナログ。

――そうですよね。

T　そういう人たち相手に、今きっちり日々ギター1本で回ってるアーティストがいて、その人は子ども4人を大学まで出してるんですよ。お客さん、30人、50人を相手にずっと。その知り合いのギタリストの生き様を見たときに、やっぱり中央では、やれネットだなんだ、CDだなんだとかっていうけど、いい歌を聴くっていうものに対する対価の払い方はいろいろやり方があるので。

――いい話！

T　だから全く心配してないです。

S　それに、本当に見るのは、お金払って見たい、対価をいただいて演奏するってのは多分永遠に変わらないと思う。

T　変わらないですね。お金を払わないと、多分真の感動は得られないんじゃないかな。だって、自分の汗水垂らして稼いだお金と引き換えてことと意味同じじゃないですか。俺の1カ月ぶんの給料を払ってでも手に入れたい何かっていうその情熱は、やっぱ同じビートルズの「イエスタデイ」でも感動は違うと思う。

――おっしゃる通り。

T　だから、みんな心配してるけど、なんで心配してるんだと。

S　それは多分してない人が心配してるんですよ。我々は音楽家なので、ステージでいい表現ができるかどうか、それができない人が心配するの。

T　そうですね。なんかCDで。

――まずそうそう。

T　コンピューターでやっちゃってっていう。それは、いざ目の前でやってみろっていうときに……

――今、だって楽器を弾けない人とか歌えない人がレコード作れる時代になっちゃったんだもの。大きいのはそこの部分だと思うな。

S　全くその通りで、90年代だと100万枚一発当てた人が、でもライヴだと500人っていう人が普通にいたわけ。

――昔、サンタ・エスメラルダってのもいたね。「朝日のあたる家」のディスコ・バージョンが、すごいヒットしたんでキョードーが呼んだんですよ。チケット100枚も売れなくて（笑）。コンサートは中止。

T　マーケティングってなんなんでしょうって話だけどね（笑）。

S　なので、本当にライヴでのし上がってきて、ライヴがニーズがあるアーティストと、やっぱりその。

――今SUGIZOが言ったように、血肉の人なんだよね。

S　血肉ね。

――血と肉がないと立てない。

T　やっぱり一回でも見て、そのパフォーマンスが素晴らしかったら、その人の本気が分かる。その本気に対してはお金を払うっていう最低限のマナーみたいなものは、必要だと思う。みんな、若い人たちは音楽はただと思ってるかもしれないけど、「いいえ、私はそうは思いません」っていうのは、絶対に数%は存在するから。ここを変えようとするよりは、ここを増やそうのほうが大事……。

――そういうことだと僕も思う。

T　有望ですよね。

――カンバセーション!!　場合によっては「リアル」っても付けてもいい。

「じゃ今日は大体これで」というフリはライヴだと、今夜はありがとう－という感じだろうか、その後の会話はアンコールという感じだろうか。そのラフでリラックスしたノリがまたおもしろく、かつ深い。カンバセーション・ピース・ツアーはこうして始まっていった。

# SESSION 2　2019.10.31

2回目のセッションは、ステージでチューニングをしている感じで始まった。ツアーの時の機材をどうしているのかーという二人の雑談。マニアックな会話だが、実におもしろく興味深い場面。僕は勿論テープ・レコーダーのスイッチをONにした。

T　機材ってどうしたんですか。メキシコのときは。
S　そのときは結構持っていってる。
T　アンプ?
S　でも海外に持っていくときフルシステムやめたほうがいいよ。
T　そう。俺は香港のときは、はじめてKEMPER。
S　どうだった?
T　KEMPERはでも…まあ割り切って。誰に聞いても楽器事情はよくないって言うんですよ。
S　あるだけマシみたいな世界らしくて。
S　すごいのは、Xで最初に北米ツアーしたとき、ロスで用意して各地にアンプだけ持ってったんだ。アンプだけ。エフェクターは全部俺、GT-10でやった。
T　GT-10。それマルチ・エフェクター（笑）。

S　マルチエ・フェクター、Xを（笑）。でも便利だけどライヴはクオリティ的にもう二度とやらない。
T　なるほど。
S　今は海外は比較的ちゃんとした音出せるんだけど、簡易システムでやっていて。
T　そう。だから自分はギリ納得いかないやつです。
S　それで大変だったんで、去年ぐらいから俺はFRACTAL一発にしちゃった。
T　そういうことになりそうなんですかね、やっぱり。
S　FRACTALでもKEMPERでもいいと思うよ、アンプ鳴らさずに。HISASHIだって、日本ではFRACTALをスピーカーから出してるじゃん。
T　出してますね。
S　でも海外だとスピーカーを持ち運ぶとき大変なの。
T　やっぱそれ、こっから、ジャンって。
S　だから、クオリティってことと、値段も考えると、キャビを鳴らさないほうが俺はいいと思う。
T　鳴らさない。了解です。ひとまずそうしましょう。
S　俺の場合は、HISASHIと同じFRACTAL使ってるけど、それを相当深く使い込んでて……ごめんなさい、聞いてないよね。
——そんなことない。こういう話が面白いんだよ。
S　あ、これ、もうテープ入ってんの。
——うん。

S　相当深く使い込んでるから、音のクオリティがかなり本物のシステムに、パッと聴いたら負けないレベルにきてるんだけど困るのが、踏み替えすると、やっぱり機能が追いつかなくて、踏み替えの間に一回タイムラグ。メインシステムだとスムーズに……

T　つながることが。

S　音切り替えるときに一回プツッて音が切れるってことが本当は我慢ならない。そういうリスクはある。それをうまくカバーして。

T　プレイはしなきゃいけないんですね。勉強になりました。

S　でも、それ機材一式持ってってプラス1000万とかより、やっぱりそっちのほうがいいと思う。

T　そもそも、だって持ってくの大変ですもんね。治安というか、途中でなくなったり事故もあるし。

S　やっぱり日本からそのためにいっぱい人を連れていってもしょうがない。

T　そうだよ。もうノリでいこうと。

S　もしメンバーのみんながライン関係に明るくなったときには、絶対そのほうがクオリティーも安全面も金銭面も効率がいい。

T　JIRO、HISASHIは、ほぼほぼそこで今、そこを突き詰めてる状態で。アナログは俺だけでしょ。

S　うん。でも結局誰かテクニカルなスタッフがいるでしょ？

T　1人はいるんですが……

S　KEMPER持ってるでしょ？

T　持ってます。
S　絶対に、予備があったほうがいいと思う。1台しか持ってなかったら俺が貸すよ。
T　ありがとうございます。
S　予備絶対必要。それは海外では絶対あったほうがいい。大事なことは、データは東京で最終データをちゃんとコンピューターにバックアップする。そういうことをやっておく。
T　はい。分かりました。
――でもさ、今の二人の会話を聞いてると、機材って、二人がプロフェッショナルな活動をし始めた時って、かなり複雑になってた？
T　いや、俺今でも作詞作曲は大学ノートと、10年ぐらい前だったらまだ広辞苑とか置いてましたよ。あとウーロン茶、生ギター。
S　ウーロン茶？
T　ウーロン茶を必ず飲みながら。
S　ウーロン茶なんだ（笑）。
T　そして大学ノート。今でもそう。変わったといえば、広辞苑がスマホになったぐらい。超アナログなんで。前のほうがまだトライはしようとしてましたよ。新しいギターに対して。でも今はもう、どんどんシンプルになってしまい。それこそバッキングだったら直とかです。
――ロックの歴史みたいなものをさかのぼって考えるとね。例えば79年ぐらいの現場は、1979年ってちょうどSUGIZOが10歳ぐらいだけど。
S　10歳。
――ポリスの初めてのアメリカ・ツアー、まだオーランドのディズニー・ワールドの中のハンバーガー・ショップの前でやったりしてた時期、ライトバンに機材を積んで移動してさ……

**T**　まだポリスも新人ですもんね。

――そうそう。ライトバンに機材を積めるくらいだから、ものすごいシンプルな形でやってたんだよね。照明も何もかも含めて。でもそれがどんどん巨大化していった中で、2人は仕事しなきゃならないわけだよね。

**T**　そうですけど、GLAYを総合芸術的に見たことがないので。あくまでも高校時代のバンドの延長だと思ってるから。それこそ腕のいいスタッフと出会えたら、GLAYをいい感じにしてくださいねとしかお願いしないです。

――なるほど。それってお一昨日話したときも思ったんだけど、割とTAKUROの姿勢ってシンプルだよね。

**T**　PAさんでもそうだし、ローディーさんでもそれぐらいの距離感で付き合おうとしているので。

**S**　結局、GLAY、ドライなんだ。

**T**　そうとも言えます。いや、そうだと思います。

**S**　スタッフについて「この人がいい!」ってならない?

**T**　いや、何度も言うように、四人の人間関係の基にさえ触れずにおいてくれれば、GLAYっていうところを通りすぎたときに、自分の能力を最大限に生かして俺たちに何かを提供してくれたら、俺たちも何か提供できるだろうと。どっかでまた別れる日も来るでしょうっていうようななかでずっとやってきた。

――なるほどね。

**T**　それこそ昨日たまたまミュージシャンが集まって、ハロウィーンにかこつけて飲もうよってなったときに、ここからまたすごく面白い話になるんですけど。3週間のツアーリハーサルのときに、やっぱりTERUは絶対全部歌います。今、同期ものとかでやれるし、やっぱ喉のこと考えるといろいろあるんだろうけど、リハーサルでも全部歌ってくれないとバンドとしてつまんないかなと思って。なるべく来てねって言ったときに、本人も、いや、楽しいから行くよって言う。だからプロで、ずっと高校時代のスタジオだろうが、これからツアーをやる巨大なシステムを組んで、照明とか仕込んでやれるんだけど、ずっと高校時代のスタジオだろうが、今使ってるスタジオだろうが、変わらないバンド。バンドがやりたい。そのときには、最新鋭のテクニックだとか特効だとかは……

――周りがやってくれればいいと。

**T**　やりたいことは、GLAYってものを使ってキャリアアップしたい人がなんかアイデア持ってきてと。なきゃないで俺らが考えるけどって言ったら、神楽坂EXPLOSION時代みたいに照明は「Winter, again」は白くっぽくていいか、「誘惑」は赤でいいかっていう（笑）もう後は任せるみたいな（笑）ほんと。他のメンバーは、もうちょっと演出とかいろいろなんか口出してるみたいだけど。俺は、永井さんがカウント出したらジャンってひいて、全員でジャンって終われればそれでいいです。

――なるほどね。

**T**　なんのリクエストも、ほぼほぼ。聞かれたら言うけど、聞かれないならこっちからはないです。

――SUGIZOは結構その対極にいるよね。

S　対極ですね。

T　去年でしたっけ、リバイバルリハ中、すげえピリピリしましたね。なかなか演出が伝わらなくて、スタッフの人にすっげえピリピリしてて（笑）。だから、SUGIZOさんのやりたいライヴのコンセプトっていうものがなかなかスタッフの人に理解されず、苦しそうだった（笑）。

——そうなんだよ。だから、今TAKUROの話聞いてて、TAKUROとSUGIZOって、同じロックのベクトルの中の向き合い方が対極的な気がした。そこは自分ではどう？

S　全くそう思います。僕は最初からもうフルサイズのものが見えてる。色、明かり、明かりの弧を描く感じとか、散る感じとか、その照明の形も見えるし。映像、色、すべてが最初に見えてくるので。僕の中では、例えばこの曲のこの部分がグリーンだったら、それはいつまでたってもグリーンです。だって曲の構造変えないでしょ。この曲、じゃあ、ある曲のイントロの最初のコードがAマイナーだとすると、気分で変えないもの。

T　変えない。やべえ（笑）。

S　変えられたらやばいじゃん。

T　結構変わるんで（笑）。

S　それと同じように、俺は色も、音と同じなんですよ。ライヴハウスで、まだ結成1年目ぐらいの頃、やっと150人がいっぱいになるぐらいの頃に書いた曲が、結局3万5000人の前でやったときに、初めてその曲のポテンシャルがはっきりしたんですよ。

T　言ってることはよく分かりました。

S　だから「MOON」って曲とか、あれは100人ぐらいの前のとき作ったんだけど。

T　あの壮大な世界観はなかなか（笑）。

S　そう。初めて横浜スタジアムで野外で月の下でやったときに、本当にこの曲生きたと思ったし。無意識のうちに、19、20歳ぐらいの頃からもう、100人を目に前にしてたけど、自分の妄想の中ではそれは3万人いたり5万人だったんですよ。なんか最初から。もちろんその頃の機材なんて、アンプとペダル数個ですよ。それでも、結局巨大なラックシステムを使ってるのと似たような音を出してたし。自分の中では、巨大なラックシステムを使ってるんだみたいな妄想だったと思う。その頃、U2のエッジとウォーレン・ククルロがすごい好きだったんだけど、既に巨大なシステムを使っていたわけ。そこに憧れがありながら、でも自分は実際はペダル3つしかない大変さ。

T　でもそれは工夫したら、エッジのような巨大な空間でとっても広がりのある音が出せるんだけど。

S　ように聞こえる。

T　でも聞こえるように。

S　そうそう。

T　でも、その後にいろいろと整ったとき、初めてその曲、「MOON」なら「MOON」の作ったときのあの衝動みたいなものが、ちゃんとビジュアルとしても完成したって。

S　成就されたというか。だから最初から何か無意識のうちに、もう全体が見えて作ってます、僕の場合は。みんなでジャンと出して、ジャンと終わってOKって、逆に思ったことはないな。

T　あ、そうですか。

S　LUNA SEAでも、そういうロック・バンドのダイナミズムってほんとは体験したいけど、メンバーがめんどくさがってさ（笑）みんなやんないしさ。だって、巨大なライヴやるにも、これから20本、30本ツアーやるときに結局みんなでリハできたの3日間だけ。

**T**　SUGIZOさんは、昔からそれこそ時間があればあるだけ突き詰めていって、とことんやりたい人だろうし。僕の、ただただ活動休止しない理由なんてシンプルで、週に2、3回はバンドやりたいから（笑）イコールGLAYなんだけど。バンドをやりたいから東京に来た。前も言った、GLAYの人間関係とかも、スタジオの中でのものづくりには触れてくれなければ、いくらでもGLAYを好きにして、自分のキャリアアップなり何か有効利用してくれれば。それはそれで人間としての関わりとしては、縁っていうかな、GLAYのあらゆるものをどんどん使っていただいて。だけど後ろ向きの活動休止みたいなのはさておき、ただ単にワンツアー終わったから半年休もうよっていう発想がないまま25年きちゃったってことはある。半年間そうやっても、2週間ぐらいたったらバンドやりたくなって。じゃ、とりあえず音出すみたいな。

――なるほどね。

**S**　なるほど。むしろGLAYのほうがものすごい変わってるじゃない。

**T**　今25年たって周りを見渡したとき、そんなバンドがなかなかいないとかで理解されない、不思議っていうか、そういうものなんだとは分かってはいるけど。だって、元々バンドを好きでやりたくてやってきたんだもの。

――でも、SUGIZOが言うみたいに、最近やっぱりバンドっていうのが長持ちしなくなってるじゃない。

**S**　最近のバンドは、我々が10代のときに、バンドやりたいんだって熱くなったその闘志が、ないんじゃない？　もう最初から目的があってやってるんですよ。このレベルまでいきたいんだ、何万枚売りたいんだとか。この中で、このシーンの中で、自分がアジテーターになりたいんだとか。何かそういう、バンドを利用した何か目的が最初からみんなあって、ちゃんと計算してるわけですよ。良くも悪くも今の世代はクールなんでしょうね。やってみてうまくいかなかったら、じゃ、やめようかみたいなさ。我々の場合は、バンドっていうのが生き様になったから。

——それは僕もすごく思う。ひとつの例えだけどローリング・ストーンズの、40周年のフォーティー・リックス・ツアーのドキュメンタリーを追っかけたすごくいいDVDの中でキースがむちゃくちゃいいこと言ってるんだよ。「俺たちは3年ぐらい道端に止めて放置しといた中古車みたいなもんだから、今とりあえずスタジオのセッションで、もう一回みんなでエンジンをかけてみてグルーヴを確認しないと車は走んねえんだよ」って。

**T**　なるほど、なるほど。

——言ってたのを見て。それで。

**T**　3年ですもんね。

——3年だからね。スタジオの中にチャック・リーヴェルはいるし、ダリルもいるわけ。でもホーン・セクションとかコーラスはまだいない。

**S**　いないね。

——リハーサルやるんだけど、そこでチャック・リーヴェルが手に抱えきれないくらい譜面を何冊も持ってきて。「この中から急にあの人たち何やるって言い出すか分からないんだよ。それに付き合わなきゃならない」って言うんだけど、それが結構楽しそうでおもしろい。でもキースもミックも、なんかそこでつかんでく。今TAKUROが言った、バンド好きなんだなっていう感じがすごくあるよね。

**T**　そうだと思うし、有名な「サティスファクション」を、いつまでやってんですかっていう意地悪な質問に対して、「いやいや、だって最近ようやくうまく弾けるようになったんだ」と答える。それはもうデビューして当然30年ぐらいたった時ですよ。あれは、多分SUGIZOさんのこの間の言葉と一緒だと思うんですけど、本音中の本音だと思うんです。本当にファンの人たちは、もしかしたら60年代の「サティスファクション」のあれが、いわゆる衝動から何から最高だって言うかもしれませんけど、演奏する側としては、いやいや、やっぱ今のほうがちゃんと弾けるよって。

——分かる、そういうの。それはやっぱりSUGIZOにしろTAKUROにしろある？

**S**　俺もLUNA SEA今が一番だと思います。

**T**　思います、普通にね。

**S**　実際そうです。だってクオリティー全然違うし、深さも違う。だから、昔よりも今のほうがいいんだと思えなくなったときがやめどきです。

**T**　そう。俺たち、俺とSUGIZOさんみたいな、ほんとに幸運な立場だなと思う瞬間。例えば「DESIRE」にしろ、「HOWEVER」にしろ、もうあの曲たちは直すとこなんか1個もない。歌詞もあれで足すとこも引くとこもない。メロディーもそう。だけど、演奏だけはアップデートできるっていうこの幸せ。もう「HOWEVER」にあと2行付けたら当然おかしいし。

**S**　ただ、微妙にアレンジ変えてるんだよね。

T　それはもう。

S　ちょっとしたギターの、ちょっとしたドラムのフレーズとか、少しずつグレードアップしていくんだよね。

T　フレーズなんか変えなくても、グルーヴ感がどんどん変わってくるから。一緒に生きて楽器を弾くってことはそういうことだもの。だけど、過去にもういじらなくていいメロディーを作ったとか、詞を書いたっていうことは、音楽家しかわからないんじゃないかなって思って。これが楽器弾くだけ、詞を、曲を提供するだけだったら、どこかでずっと何かの過去を後悔しながら生きてるような気がするんだけど。そのアップデートできるプラス、アップデートとともに付き合ってたくれた仲間たちが今もいるっていうことがいい。なんか25年たってその幸せをすごいかみしめましたね。インディーズ時代の曲、今、本当はこうやって弾きたかったんだっていう。だけど、この間のアルバムで、僕が19の頃の詞も曲も入れたんですけど、19歳のときの詞なんて見てられないですよ。アホすぎて。英語も間違ってるし（笑）。

S　それと同じことなんだよ。だから、昨日も21年前の東京ドームの映像チェックだったの。もう見てらんないんだよね。

T　それ（笑）。

S　音もしょぼい。ペラッペラ、へっぽこで動きも何もかもトゥーマッチで。

T　それね、KONIYOUNGですよね。

S　そうそう。

T　KONIYOUNGからこっそりHISASHIがその情報得たらしくて、あいつ大興奮してましたよ。21年前のライヴ出るらしいよっつって。俺聞いたって言って（笑）。

S　本当（笑）。

——それすごく分かるんだけど、若いときじゃないとできないものってのもあったわけでしょ。

S　もちろん、もちろん。

——それが、なんか時間の経過と年齢とともに熟成して、新しいアプローチになるわけだけど。やっぱり、振り子みたいに行ったり来たりしてるものだったの？

T　本当に、こと俺は言葉に特化したある種その音楽を作ってる。ほんとに洋楽、邦楽とかではなく、久保琢郎が日本語にこだわったというとこで、13、14ぐらいから詞を書き始めて。だけど、やっぱり大人になって責任を持つとか、親になって何かしら子どもたちの将来を考えるとかっていうときに、やっぱりものすごく失うものも大きいじゃないですか。家族がいて、妻もいて、危ない、それこそ一人旅みたいなのは迷いますよね。SUGIZOさん、なんか俺、SUGIZOさんに思いを託すところは、俺だったら躊躇《ちゅうちょ》してしまって。かわいそうな子どもたちがいるのは分かるけど、現地に行って、なんかあったら…。え、俺もおやじいなかったけど、子どもたちにもおやじいない生活味わわせるの？って思うと、もう独身の頃のように好き勝手バックパックで世界中回れなくなっちゃった。それは言葉に関しても同じで。なんか、女なんか2、3発殴ってキックすりゃいいんだっていう歌詞は書けない（笑）。

S　いや、そんな歌詞ないから（笑）。昔も書いたことない（笑）。

T　いや、少なくとも、でもそれぐらいの、なんか見栄はったり、粋がったりっていうのはあるけど。今は粋がった先に、もう何度も経験して。一度体験したことだから、自分の中でもワクワクしないし。

S　まあ、もう粋がる必要もないしね。

T　ないですよね。40過ぎて粋がってたらやべえなって話になるんで。

S　粋がるのってのは、ありのままの自分を見られるのが恐怖感があるから粋がるわけじゃん。

T　でも例えば、シド・ヴィシャスとかそういう、ある種駆け抜けた人たちは、多分その自意識との戦いに勝ったり負けたり……

――そのシド・ヴィシャスにしろカート・コバーンにしろ、やっぱ20代で死んじゃうんだよね。

T　死んじゃう。でも人間なんて簡単に壊れるから、こんなトリガーをちょっと引いたら、当たったら死ぬだけであって。15メートルから落ちたら死ぬのであって。その死といい、生と死の境目って実はすごい近い。だから、死に損ねたやつも多分いるんですねドラックとかで。ある人はキース・ムーンみたいに死んじゃったりして。だけどある人は、元々の体力なのかなんなのか、そこはサバイブするから。いわゆるロックの世界の死の定義っていうのは、本当に軽く押して弾が頭に当たったら死ぬし、当たらなかったから死ななかった。

S　ただ、シドにしろカートにしろ、結局20代そこそこの粋がってる状態で死んじゃったからさ。彼らが、40、50にもしなっていたら、また全然違ったかっこいいロックな大人になっていたと思うんだよね。

T　多分彼らが悩むとこは名声とかじゃないですか。

S　だから、その名声欲も粋がりの一つ。結局自分をこう見せたいんだって、それは虚栄心とか。だから、50になってくるともう名声欲も何もない。

T　それ、SUGIZOさん自身はそこに溺れたり、そこで迷ったりする、なんていうのかな、ヒット曲を出さなきゃいけない悩みみたいなのなかったですか。

S　なかったよね。まず名声をもらえる立場になったと思ったことがない。

T　なるほど。なんて謙虚な（笑）。

S　そうなの？

T　結構な、いろんな数々の記録を作ったり、影響与えたりして。それに伴う、当然、前回、いろんな大変な、金銭面でも大変な思いをしたと言ってましたけど、やっぱり10代の頃に比べれば考えられないお金や名声や富を手にしたとき。日本のミュージシャンは多いですよ。一番はプレッシャーに耐えられず、曲作りに悩むとか、対人関係がおかしくなるとか。そういう人がたくさんいるでしょうね。

——でもそれは日本のミュージシャンにかかわらず、ミュージシャンとか映画監督とか画家とか、クリエイティヴな仕事をしている人には、もう古今東西ずっと付きまとってた問題なんじゃないかな。

S　でもそれ、成功した贅沢病だよ。

T　SUGIZOさんはそれをさほど感じず？

S　感じたことがない。

T　口笛を吹きながら、スキップしながら歩いてきたから。

S　口笛、スキップもしてないんだけど（笑）。逆に、自分ではまだつかんでないんだよ、そういう立場だと思ってるから。

T　なるほど。興味深いですね。

S　うん。だから、曲はどんどんできる。

T　昔会ったときから偉そうだったし、今も偉そうだけど、確かにぶれてないときはぶれてないのか。22、23ですげえ貫禄だったしな（笑）。

S　でも名声も何もないとき（笑）。

T　そうですね。ないとき。ないときあの雰囲気で、今も変わらないから、そういうことなのかも。

S　ないんだよね。だから満足もしてない。

T　そうですね。

S　もう一つは、幸せだったことがない。

T　聞きました？　こんなことばっかり言う（笑）。

S　そうなんだよ。

T　感じるものです、カーテン開けて天気だったら幸せ。以上。

S　だから、いや、すごく幸せな瞬間あるんだけど、同時にその反対側には、不満や不安や問題抱えてるわけじゃん。人生何も問題なく、何の影もなく幸せだっていうのなかなかないじゃない？

T　顕微鏡で見たらそうかもしれないですけど。大体もっとざっくり生きるでいいんじゃないですかね（笑）。

S　そう。だから顕微鏡で見ちゃうと、だからTAKUROはざっくりなんだよね（笑）。

T　見ちゃうと（笑）。

――おとといと今日、話が進んできて思うけど、ほんとに太陽と月みたいだよね。

S　そうだね（笑）。

T　俺は開けば明るい。SUGIZOの場合、開いてもなんか闇の向こうに（笑）。

S　明るいところもあるんですけど（笑）。

T　絶対俺、TERUの影響で。俺も遮光カーテンしてるんだけど、あのTERUさんの光り方が遮光カーテンを通っちゃって（笑）。もう分かった、起きるってね（笑）。

S　それがGLAYのいいところで。でも実はロック・バンドとしてものすごく希有なのは、メンバーみんなが今でもすごく一緒にいて心地よくて、ハッピーでしょ。

T　ハッピーですし。だから多分、打ち合わせみたいなものをする必要ない。別にリハーサルの間の休憩中で5年後の活動が決まっちゃうんで。それこそTERUが、ある日いきなりなんか、これからの歌う意味を教えてくれたヴェネツィアで10年後にライヴやりたいから、ここにいるみんなも来てくれよなっていうのを、ファンもメンバーもステージ上で知るって。ああ、10年後ヴェネツィア。俺たちにとっては、何の縁もゆかりもないんですが。

——それ？　ヴェネツィアってなんなの。

T　なんか、あいつがみんながそれこそソロ活動みたいな感じになって、ソロ・プロジェクトが始まったときに、ヴォーカリストとして今後10年、20年やるために、ちょっと地球をくまなく回って、ヴォーカリストとしての新たな目標見つけたいって言って、2、3カ国、4カ国、5カ国回ると。1カ国目で行ったヴェネツィアで、3日ぐらいたって、「TAKURO、俺見つけたかも」って（笑）。10年後、俺はここでなんかやりたいみたいな。何言ってんだろなって思ったよ。

S　俺は3日で見つけられなかったな。

T　1カ国目で見つけたって（笑）2、3カ月後に、オフの間ヴェネツィアで遊んで、そのまま日本に帰ってきましたね（笑）。

——もっと行ってるはずが。

T　行ってるはずが。あちこち行くって言ってたのが。だけどバンドの1人が、来年こうしたいとか、10年後こうしたいっていうのが、なんとなく他のメンバーも、あ、そうなんだ。じゃ、GLAYは10年後ヴェネツィアでやるんだ、あ、来年函館でやるんだ、さて、俺は何にいくかな？　みたいな感じ。そうやって、それを目標に今もやってるとこがありましたね。不思議なもんだと、お客さんというかファンの人たちも、バンドが10年後の目標を立てると、ファンの人たちがその10年後に向かって一気に顔を上げるというか。それは、こういう効果もあんのかっていうのはTERUに教えてもらったことですけど。やっぱりロック・バンドの一番難しいところ。10年後を約束するってことね。

――そうだよね。

T　だって約束した瞬間から、ちょっとかっこ悪いんだもん。やっぱりロック・バンドっていうのは、いつもせめぎ合って、ぎりぎりのもろいものだからその感性に訴えてたところがあるのに、10年後もやってますってなると、じゃ、こいつら10年後見れるんだから、今しか見れないアーティスト見に行こうみたいな感じになったりもするんですよ。実際に数字に表れるんです、それは。でも宣言しようもしまいも、どうせGLAYはやってるんだったら、たくさんの人たちの一つの目標になったほうがいいのかも、引き受けようかっていうのを、バンド内ではちょっと話したことありますよ。

――それ、ロック・バンドとしてすごく面白い考え方だよね。

T　前回も言いましたけど、ロックから学ぶべきことは、20代で多分全部学んだ気もするんですよ。だけど、どうしても自分は刹那的に生きられないし、時間も守るし、なんなら10年後の約束もするし。

――今のTAKUROの話聞いてると、デヴィッド・ギルモアは割とそういう系なんだよね。

S　きっちりしてる。

――ものすごくきちんとしてる。ピンク・フロイドが、ロジャー・ウォーターズがやめた後、裁判をして、ピンク・フロイドっていう名前を自分で使えるようにしたときに、最初に作ったアルバム『モメンタリー・ラプス・オブ・リーズン』は、ほんとに自分で全部仕切り、アンディ・ニューマークとかすごいセッション・ミュージシャンを集めて。ピンク・フロイドっていう、歌舞伎みたいな音楽形式を使ってきっちり作ってしまった。すごく批判も浴びたけどね。

T　そうだったんですね。

――ハリウッド型のアルバムとかっていわれてさ。でもあれがあって、第2期っていうか、大きく分けると3期なんだけど、それが完全に軌道に乗って。レコード・セールスに関しても、前よりも売れてツアーも大成功した。そうしてギルモアのピンク・フロイドっていう形ができあがった。TAKUROの話聞いてると、そっち側だよね。

T　そのギルモアさんの気持ちは、知る由もないですけど。でも、ただ単にスタジオの中で楽しかったこと。少なくともほんとだったら、ロジャー・ウォーターズの軋轢がものすごい光を放つだろうけど、人間そんなの5年も10年もやってられないですよ、もたないもん。そんなときに、なんかうるせえもんがいなくなった。じゃ、ちょっと自分なりのフロイドちょっとやってみるねってやってみたら、楽しい。だって音楽って、ほんとは楽しいものっていうのが、俺はファンの人にちゃんと伝わると思うんですよ。それで、新たなファンを獲得する。一番の敵って、さっきの話じゃないですけど、人の目みたいなとか、人の評価みたいなものを気にして、それが自分の音楽や人生を超えたとき、死んだりするし、迷ったりする。それは俺たち、ほぼなかったと言えます。

——それは、すごいね。

T　プレッシャーみたいなもの。なんでかっていうと、レコード会社に入って、事務所に入って、大人たちが、ああでもないこうでもない、GLAYをこうしよう、タートルネック、とっくりを着せようとか、いろんなアイデアを出して。やだなと思いながら。だけど、そうやってそれぞれの担当が全力を尽くしてるとき、ヒット曲ってもの、良い曲もただのパートだな、100ある仕事のうちの1にしかすぎないって俺は思った。「HOWEVER」がヒットしたその裏には、詞も良かったと思う、曲もさっきも言ったように直すとこは一個もない。アレンジも完璧。だけど残りの96%は、ジャケット、売るタイミング、プロモーションにお金をかけるとか、ライヴとか、あらゆるファクターが集まって出るものだから。もうこれは、詞のいい、曲が悪いとかっていうレベルでないなと。ヒット曲というものだけに関してですよ。高品質なものは全然別の話だけど。恵みをもたらすヒットみたいなものは、これ、ただの分業だな。分業で、みんなが最高の仕事をしたとき、初めてレースに参加できて、たくさんいるライバルの中で、1位になんかなるっていうのは、これは総合力だと。

——経済学者的な発言だね。納得できるな。

T　これは多分ですけど、こないだ『イエスタデイ』って映画がありましたけど、今「イエスタデイ」って曲を本当に誰も知らなくて、じゃあTAKURO売ってみろよって言われても、多分売れない。あれほどは売れない。いいや、売れないだろう多分。やっぱりいったら、音楽的なイギリスというバックグラウンドもなく。あれはやっぱり「イエスタデイ」はとってもイギリス的メンタルでできてるから。そういったバックグラウンドもなくヒット曲だけもらって、これもGLAYの新曲ですって出しても、さっき言った総合力、トータルプロデュースの高さみたいなものは当然望めないので。だから90年代、俺一回も、曲が前作より売れなくても、自分を責めたことはないです。まあ、また変わればそういったミラクルもあるかみたいな。

――ヒット曲ってのはやっぱり、バンド活動において重要なものなんですか。

T 重要、俺は重要だと思うんですけど、どうですか。

S まあ、何十年たってもやんなきゃいけないっていう。恩恵をちゃんと享受しながらも、目の上のこぶでもある。

――それは哲学だね。

S LUNA SEAは必ずやるんだよ、そういう90年代の代表曲を。

T 俺ら「誘惑」やんないですよ。

S だから、もうそろそろやるの飽きたなと思ってたの。ミスチル見に行ったら普通にやらないのよ。

T やんないですね。GLAYもやらないです。

S 「イノセントワールド」とか。

T やらないです。

S やらなくても成り立ってるの。ああ、全然いいんだって、逆に周りから教わった感じ。逆にストーンズは絶対。

――ストーンズは絶対やるよね。

T 絶対やりますね。

――ストーンズは逆に新作のタイトルを冠したツアーでも、新曲は多くて3曲。

T　ですよね。

——少ないときは2曲。あとは全部「サティスファクション」だったり、「ジャンピン・ジャック・フラッシュ」だったりするの。歌舞伎だよね。

S　歌舞伎ですね。

T　演目（笑）。

——演目ですよね。

T　そうですね。

S　ポールもそうでしょ。ポール・マッカートニーね。それをどう捉えるかなんですよ。ヒット曲っていうのは、だからある意味、それを過去を超えられないっていう、売り上げでいうと超えられないっていうひとつの限界を自分たちで設定してしまったっていう感じ。自分たちが、TAKUROの言う総合力で、その時期、その年代のやっぱり魔力ってあるわけで。だって絶対にもう普通に500万枚とかは売れないもの。

T　ある種答え出てるけど。それはもう、音楽業界とかCDとかっていうレベルでなく、いろいろ世の中の物価っていう、問題ですからね。過去、1ドル360円だった時代と、今を同じレベルでは比べられないじゃないですか。大卒初任給2万6000円と、今の時代を比べるのもあれだし。だから、さっき言った俺の話のように、ある種その根底にあるものは、その時々の音楽業界ひいては世の中、それこそ地球規模のある種の経済みたいなもの。それを見ないで、前より売り上げ落ちたとか、CDバブルよもう一度とかにはならないですもんね。値段ほぼ変わってないの卵ぐらいじゃないですかね。あとはみんな、それこそウナギなんかは多分50年前とは全くもって値段が違う。そこをいつも思うんですよ。

S　音楽をお金を出して買うっていう文化じゃなくなったってことでもあるのよ。

T　そうですね。

S　基本的には、普通に聴くときはもう無料で聴けるものになった。時代が変わったので。

――僕らはやっぱり、小学生の頃とか中学生の頃ぐらいって、60年代なんていうのは、趣味レコード鑑賞っていうのが、立派な趣味だったんだよね。少なくとも60年代って、今TAKUROが言った物価の構図でいくと、多分大学出た人の初任給が1万円にいってるかいってないときに、LPが2000円ぐらいしてて。なおかつ輸入盤って、エアメールだと6000円してたもの。

T　それはまさに、そこにこのくだりのポイントがあるんですけど。だから、じゃあレコードを当時はいくらで。レコードって当時1枚3000円ですか？

――60年代は2200円とかそれぐらいです。

T　CDは長らく3000円っていう時代が続いたけど、実はほんとにそれは適正な値段なのかっていうのを、ミュージシャンってなかなか検証しないじゃないですか。そういうもんだって思ってやるから、だんだんコンピューターが普及してどんどん音楽作りが楽になったのに、だけど3000円のCDは100万枚売りたいってなるからおかしくなるのね。だって制作費なんかめっちゃ抑えられるのに、それでも世の中の3000円を取ろうとする。それがもう既に間違ってるから、SUGIZOさんが言うように、音楽がただになるなんていうのは当然の流れですよ。だって音楽業界以外が、どんどんベースメントな部分で無料化が進んでいるのよ。それなのに、CDだけは3000円で50万枚売れないかなっていうのは多分、やっぱ世の中と大きなずれが……。

――音楽が配信の問題……僕は一番最初の変化は貸しレコードだったと思うんだけど、貸しレコードとか出てきたときに、あそこから一気に、それが例えば作り手側と聴き手側の関係が変わった。作り手側に還元されることが崩れ始めた最初だったんじゃないかな。どう思います?

T　レコード時代に2500円、CD時代で3000円ってところで、じゃあミュージシャンの生活を維持しようって思って、そこの脅威として貸しレコード屋さんが出てくる。だけどそれは、馬車だった時代に車ができるようなものだから、ミュージシャンもそこは柔軟に。俺が言ってるのは、音楽を作るという純粋な衝動と、それを仕事にするということ。仕事ってなったらやっぱり、これは権利と義務みたいなものが同時に発生する。じゃあ、まず音楽的な環境を今までのように維持できないなら、じゃあどうしよう。ただになるって言いましたけど、でも厳密にいうとただにはならないんですよね。0円にはならない。そこにはやっぱり、YouTubeで見たりとか、何かしら友達からデータでもらったりとかっていう、そういった経済活動のひとつの動きがあるから、そこにたくさんのミュージシャンが鍬《くわ》を入れるべき場所がいっぱいあって。それは今までレコード会社にお願いしてたことかもしれないけれども。ミュージシャン生活を24時間やりたければ、じゃあ20時間にしましょうよ。4時間は、ひとつ経済を学びましょうと。その4時間で理想の環境にならなかったら、ちょっと6時間にして。願わくば元の24時間に戻れるように、そんな時代が来るのを待つなりなんなりってことで。やっぱり今、僕は会社を4つぐらいやってるけど、全部音楽に特化した会社なの。それはまず事務所というシステム、レコード会社というシステム、原盤を管理するという。そうやって自分たちの作った作品を商品としてCDにして、それをレコード会社に売るという。今度Amazonっていうものをみんなが使うんだったら、Amazonのような倉庫の会社を買いましょう、作りましょう。全部俺はGLAYがスタジオ内で伸び伸びやりたいがために、さっき言った24時間を4時間だけ仕事に回したいと。そういうことで、貸しレコード屋さんも、インターネットの無料化時代の準備を相当してきたので、そこに関しては、なんなら90年代の収入ぐらいは多分メンバーにはあげられてると思うんですよ。

——すごいタフなやり方だよね。頭のいい……

T　さっきから何度も言うように、GLAYがスタジオで音楽をやるときに、時間を気にしたくない。プロデューサーは誰でも。海外でもやりたい。音楽的環境のレベルを落とさないっていうためだったら、なんでもするっていう。そこだけ。だってTERUがマイクをいいのもっと使いたいなって言ってるのに、これは勘弁してくれよって言いたくないもん。だから、GLAYの音楽をファンの人たちにダイレクトに届けられるサブスクリプションの会社だったり、AmazonのようなG-DIRECTって会社だったり。

——そこまで考えるんだ。

T　CDを作ったら、G-DIRECTでファンに売る。新曲ができて配信したければ、サブスクリプションのGLAYのアプリで届ける。それは、インターネットでMacがCDをリッピングしだしたときから、そりゃそうだ、CDをカセットに落として、クラスのみんなに配るような、あれの拡張版だなっていうふうに思ったので。ミュージシャンがこれからちゃんと生きていくには、まず一番最初に権利を押さえなきゃいけない。GLAYの権利を前の事務所から全部買おうと。

——それは、ツェッペリンのジミー・ペイジがやったことだよね。

T　YOSHIKIさんとかも多分やってたと思うんですけど。そういった日本の先人たちから学んで、今の21世紀らしい動きに照らし合わせていく必要がある。なんでそこまで頑張れたかっていうのはやっぱり、バンドに手を触れてほしくなかったんです。環境、クオリティーを落としたくなかったんです。そしたら会社ができてました。

——LUNA SEAもシステム的には近いものがあるのかな？

S　まあ、少し違います。LUNA SEAはまず5人でちゃんと代表を務めて、そこで全部割って、発言権も全部同じで。そこに阪上さんも入れて、6人で割ってる、全部。完全に平等で独立して。それぞれが自分たちの会社を持ってて、自分たちの事務所を持って、自分たちのレーベルを持って。でも、そのソロアーティストが5人集まってLUNA SEA Inc.という会社を作る。LUNA SEAはLUNA SEAっていうバンドじゃなくて会社なの。

T　そういうふうに言ってましたよね。

S　一応その頭取に阪上さんを据えた。天皇みたいなもんですね。

——象徴ね。

S　実際は機能はあんまりしてないみたいな（笑）。でも、そういうレベル、ただうちらは粛々とものを作ってるだけですね。ユニバーサルという、やっぱり外資メジャーレコード会社が機能を果たしてる。けど、そのレコード会社の機能というものが、90年代までとはもう全然違っている。レコード会社自体はもう、ものを作る能力があまりないから、やっぱりこちらが作ったものを明け渡すことになる。GLAYはちゃんとそれを売ってる。もう向こうは、だから別のルートでしょ。

T　そうですね。グッズとしてCDは存在してるって感じです。レコード会社が現場の制作費を出してるというシステムは2015年ぐらいからはやってないです。

S　そういう意味でいうと、LUNA SEAはレコード会社側とLUNA SEA側で半々でやったりとか、場合によってはあるんだけど。ただ、どちらかというとバンドというよりはソロアーティストの集合。だから、GLAY／TAKUROがジミー・ペイジだとしたら、うちらQUEENみたいなもんなんですよ。

——QUEENね。

S　QUEEN的な感じ。

——でもTAKUROがやってることって、ミック・ジャガーっぽいよね。ローリング・ストーンズってマネージャーがいなくて、ミック・ジャガーがビジネス・マネージャーみたいなことをしてるわけだから。

T　あちこちで俺言ってますけど、気持ちとしては俺、GLAYのリーダーとか会社の社長っていう肩書よりも、チーフ・マネージャーっていう意味合いのほうが強いってずっと思ってます。

——なるほど。話を聞いててよくわかる。

T　高校生のときから思ってましたね。こうしたい、ああしたいっていう。それは今でも、マネージャー的な側面のほうが自分の中でやりがいを感じてたり。それは最初から、リーダーというよりも。そっちのほうが向いてんのかなっていう。

S　分かる。俺も裏方に行ったもん。

T　そうですよね。

S　俺はLUNA SEAの裏方なんですよ。他のメンバーが伸び伸びできるように、土台をセットアップする役なんで。

――でも、見てると、土台のセットアップって大変だよね。

S　やることが多いんですよね。

T　また1個増えましたもんね（笑）。

S　そうね（笑）。

T　ほんとに（笑）。

S　ただ弾いてるだけなんだけどさ。

T　いや、全然全然。X JAPANはSUGIZOさんがいなくなったら、全然回らない。

――回らない、多分。

T　回らない。

――なんかそういうものを背負ってるよね。

T　多分気づいちゃうんですよね。リハーサルも、こうしたほうがスムーズだっていうのを、みんな頭の中のどこかにあっても、まずSUGIZOさんが先に、ここうしたほうがもっと効率的なんじゃないっていうのを気づいて。それを言う人、実行する人になってしまう。

――建築家みたいなものだ。

S　何故か俯瞰で見えるんですよ。建築家ってそうじゃないですか。立体のものを想像で見なくてはいけない。

――だから、模型を作って、全部設計図も作る。これは建築デザイナーという人が工務店に発注してくみたいなシステムで、ものってできていく。今では、バンドにしろ、アーティストにしろ、レコード作ってライヴをやっていくときに、明らかに建築的な工程を経ないと形にならなくなってきてるもの。

T　立川さんの質問の答えになるかどうか分かんないですけど。まず音楽で飯を食っていくっていうことを本気で考えるなら、今当たり前のようにやりとりしているいろんなシステムとかお金みたいなものが、ちゃんと自分たちの音楽業界が一歩外に出るときの当たり前とちゃんと整合性がないと、ほんとに業界だけでは、90年代は売れて良かったねみたいな感じになりがちなんですけど。3000円のCDが、正しい値段としては3000円なのかっていったら、本とCDは再販制度がなかったから、守られて、そこをものすごい享受してきたっていうことのゆがみがただ出てるだけであって。80年代、70年代はほんとミリオンなんか当然年に1作、2作あればっていうような日本の状態だったのが、すごい30万枚は当たり前、ミリオン年に二十何作っていうところに強烈な印象を持ってた人たちはつらそう。

――そうだよね。

T　とっても。でもCDが全盛期の10分の1しか売れないとしても、それでも全盛期並みにちゃんと稼げるし、方法っていっぱいあったぞと。この20年で分かったんです。

――それに気づいたのっていつぐらい。でも今TAKUROが言ったように気づかないで、変になっちゃってる人のほうが多いよね、世界中。

S　そういう人はもう多分第一線ではできてないんですよ。

――そうか。

S　そういう人は第一線ではできてない。あの頃は良かった。どうすればあのバブリーな時代に戻れるんだろうって思ってる人は、既に前線にはいない。われわれがラッキーなことに今でも第一線で走れてるってことは、やっぱり20年前とは全然違ったシステムのやり方に順応してきた。それで、さらに自分のやり方を開発してきたわけだよね。なので、もう比べられないですよね。あの頃は、CDの印税でこれだけ儲けて。でも考えてみたら、ライヴもグッズも全然お金入ってなかったなと。今とは全然違った収益システム。だからそれを気づいて、変な話、掘り返して、ほじくって、必要なものはちゃんと入るようにして。でもやっぱり、90年代のあの恩恵はもう得られないので、違ったやり方で今自分たちは生きていくしかないので。そういう意味でいうとやっぱり、この前も話したかもしれないけど、ライヴっていう形態がすごく重要で。そこだけは掛け値なしじゃない。値段は変わってきてる。チケット代は、どんどん上がってるけど。努力をして熟練の域に達した音楽家やパフォーマーを、お客さんがちゃんとお金を払って観に来るっていうシステムは、おそらく永遠に変わらないと思う。この前も話したけども。そこでちゃんと順当にわれわれは収益を得て。それが自分たちの食いぶちになってるっていう状況は、むしろ90年代より今のほうが正しいと思ってる。あの頃は、どこでどういうお金が発生して、どこで吸い上げられ、どこで止められて入ってくるとか、そのシステムが異常だったじゃない。やっぱり自分たち以外のいろんな力が介在していたので。今のほうがシンプルで、実は音楽の在り方としては正しいと僕は思ってる。

——クラシックの世界に近くなったのかな。

**S**　ジャズもそうですよね。

——ジャズ。極端なこと言うと、ポップ・ミュージックとかロックの世界って、訳の分かんない人がいっぱいいたじゃない。

**S**　いろんな利権、権力があって。

——80年代、90年代。でもクラシックの世界って、指揮者とソリストとオーケストラのエージェントしかいなかったから。

T　そうでしょうね、らしいですね。

S　ジャズの世界も、一番の食いぶちはステージじゃないですか。1回にいい演奏してなんぼ、取っ払いみたいな。それって、ほんとに自分の実力でお金を得てる。

――昔、MJQが解散したときに、俺たちが25年やって稼いだ金をビートルズが1年で稼いじゃうんだよって言った時に、やっぱり音楽的な深さとか濃さよりも、なんかレコードの枚数で還元されてた時代と、今SUGIZOとTAKUROが言ってることって、やっぱりライヴっていうもののすごい価値観。

T　だから、ほんとに過去の習慣とか慣例みたいなものを。立川さんのさっきの質問にあった、いつそのアクションを起こしたかということに関しては、例えばジャズの名盤が、1日のステージをライヴ録音したもの。それも3000円。5年かけて、スタジオをブロックして、ストリングスばんばん、いろんな外国ゲストミュージシャンを集めたのも3000円っていう、まずその当たり前の常識を疑うところからスタートですね。だって、制作費が10万円だったんだよっていって、3000円。制作費が5000万でした、3000円。今何かみんな同じ箱に入れられちゃってるけど、果たしてそれはそうなんだろうか。例えば俺たちでいうなら、ホール・ツアーみたいなことをやると、ライヴ終わった後に、次の日に次の会場に行って、夜中の2時ぐらいに着いて、寝て起きて、その日のライヴをやって、また移動すると。ライヴが終わって、バスで移動して、次の街に行って。そこのホテルで寝る。寝るだけ。その街でライヴがあって、そのライヴが終わったら、また次。このホテルには、わずか寝るだけの8時間しかいないんです。この8時間の睡眠を取るのにスイートが要るのかって話。そこはスイート・ルームじゃなきゃいけないのか。ツインじゃなきゃいけないのか。俺、メンバーには、寝るだけだったら安ホテルでいいじゃんって言ったの。大きなライヴの前なのでとか、3日、こういった小さなホテルが続いたら、じゃ、いいホテルにしませんか。家も近いんだし、マネージャー4人は要らないよと。2人でピックアップしておろしてっていう、それでいいんじゃないか。これは自分たちの収入に対しての、一つ一つをつぶさに見ていった結果、検証したら、8時間しか寝ないんだったら、ほんとにその街一番のホテルじゃなくてもいいっていうのは常に出てくる。だけど、そこを見直していけば、全然もっともっと音楽、レコーディングやコンサートの演出にお金が回るっていう。その地図も自分で描けるから。

——めちゃくちゃリアリスティックだね。

T　事務所を立ち上げたとき、本当に無駄の多さに驚愕しましたよ。金握ってぶん投げてるような状態がいっぱいあって。メンバーに、おまえの本当にやりたいことはなんなんだって。ファンの人たちから預かったお金をファンの人たちに還元して、俺たちはいくばくかのお金を得て、仕事して飯食ってるとするならば、この部分、この部分、この部分っていうのは、音楽には全く関係ないって言ったら、全員納得してくれましたからね。

——それ、完全にマネージャーの感覚だよね。TAKUROがストーンズのミックとキースをくっつけたマーク・コールマンみたいに見えてきた。

T　それに関しては。で、思いっきりちゃんともうかったときには、分けられるし。ちなみにここ5年ぐらいのスタジアム・ライヴとかは、ほぼほぼメンバーには、「ギャラはファンの笑顔です、以上」。年末にこれを言うのがつらいっていう（笑）。だけど、来年はアリーナ・ツアーがあるから、アリーナ・ツアーのときはがっぽりやるんで。今年のギャラは、「HISASHI、ファンの子たちの笑顔良かったね」「良かった」「あれです」「またか」って

（笑）。

S　HISASHIの顔が思い浮かぶわ（笑）。

T　「ぐわあ」って。あんなに頑張ったのに（笑）、「分かった」みたいな（笑）。

2回目のセッションで、話はエンターテインメントの経済論みたいなところまで発展していった。映画から音楽業界まで含めて、欧米では、エンターテインメント業界を経済の世界のほうから見た本が何冊か出ていたが、現役のフロントラインにいるロック・ミュージシャンがここまでディープな話をしたことはなかったと思う。そして、スケジュールの相談をしているときに、SUGIZOのボランティア活動の話が出てきて、SUGIZOの口から「なんかライフワークになっている。いやライフワークになっていけど、ボランティアワークじゃないな。仕事じゃないからライフ・ホビーなんですよ。昔のTAKUROじゃないけど、ボランティア側に行けば俺は指示側に回ることが多いから。ちゃんと経験があると、初めての人をうまく導けるからね」という言葉が出た。SUGIZOは熱心なボランティア活動と同時にもう何年も前から水素発電の普及にも力を注いでいる。

S　すごいいいことがあってさ。素晴らしいことがあったの。LUNA SEAが水素発電したでしょ。それを実は今年、環境省のある方からお願いをされて。U2に、この日本でライヴを水素でやってくれるように頼んでくれって言われて。ちょうどスティーヴ（・リリーホワイト）がU2と作業中だったから訊いてもらって、U2が水素でライヴやることになったの。

T　さいたまスーパーアリーナ。

S　そう。

T　おお。

S　観に来る?

T　俺たち韓国……

S　ウチらはTV収録。「バズリズム」が入ってるの、U2ライヴのとき。俺行かなきゃいけないと思うんだけど。U2、ツーディズだよ。U2がLUNA SEAと同じ、公式で水素でライヴやるの。

T　本人たちにお会いして来てくださいよ。

S　でも何かしら一緒に動いてくれるってなってるので。面白くない? それ。

T　いや、さすがですね。即決ですよね。U2も。だって緊急でしたよね。

S　お願いしたのは半年ぐらい前。

T　あ、そうなんですね。

S　だから11日は水素周りの……

——その水素って何するの? 発電?

S　そう。水素発電。一般の電気を使わないで、水素の発電で。

——あれ、武史さんもやってるやつだっけ。

S　そうなんですか?

T　ビートたけしさんですか?

——小林武史さん。

S　また別のことですね。

——あ、そう。

S　みんながよくやってるのが太陽光の蓄電池。LUNA SEAが始めたのは、水素燃料電池車。

——何、それ？

S　車。水素カー。水素カーをバッテリーとして、そこからコンバートを通して電気を。

T　水素。最近のすごい実業家、スペースX。YOSHIKIさんの知り合いで。

S　YOSHIKIさんの知り合い？

T　大実業家。

S　日本で？

T　いや、アメリカで。

S　イーロン・マスク？

T　そうそう。

S　イーロン・マスク面白いよね。スペースX、要は結局テスラのCEOですね。

T　水素でしたよね。彼ら作ってましたよね。

S　テスラは電気。

T　電気だけど水素も。

S　そうなんだ。だから、今水素カー乗ってるのね。自分の車で発電できて、この前、生誕祭の俺のライヴは自分の車の水素で発電して。

——サンプラのときね。全部？

T　掘り下げましょうよ。

S　自分のときだけ。他のアーティストさんには、それはまだリスクもあるからお願いはしてないんだけど、自分のときは。楽器の音だけだけど。楽器の音が水素で。それが結構ニュースになったんだよ。LUNA SEAは最後まで全楽器を水素でやって。もちろん環境にはいいこと。実はほじくるといろいろあるんだけど、水素でも環境にいい水素と環境に悪い水素がある。今は残念ながら実は悪い水素しか取れないの。いい水素のシステムを、いい水素のインフラがストップしちゃってる、今止めちゃってるのね。いい水素「R水素」というのが、ちゃんと再生可能エネルギー由来で作られてる水素。悪い水素「ブラック水素」というのは、火力や原発由来で作られてる。水素自体は同じなんだけど、作り方が違う。

T　それはちゃんと常にアピールしていかなくては、それこそ若い科学者とかがまた画期的な水素の使い方とか、そういった、バトンを渡し続けていかないと……。

S　そうそう。でもだいぶできてるよ。もうちょっとなんだ。2020年に日本は、オリンピック、パラリンピックでは水素をすごく使いたくて、それをアピールしたいっていうのが政府の意向で、その一環で初めて海外のアーティストが水素で発電してライヴやります、ってやりたいって。

――それ、いつぐらいからやってたの？

S　2年前。

T　学びですよ、ほんとに。

S　だから面白いと思うよ。水素発電にU2が今度ライヴをやるって。

T　素晴らしい。しかも、それこそSUGIZOさんがつなげた縁ですよ。

――12月だっけ。

S　はい。

――でもミュージシャンって昔から、ジャクソン・ブラウンにしろ誰にしろ、環境ということに目覚めてやり始めたのって、映画の人より早かったじゃない。

S　そうなんですよね。

――全然早かった。映画は今、例えば金額がでかいからディカプリオとかみんな目立ってるけど、やっぱりミュージシャン、すごく早かったですよ。

S　なるほど。

――でも、いつぐらいからそういうことって考えるようになったのかな。

S　僕ですか。

――うん。

S　1998年とか。7年、8年ぐらい。

――昔、スリーマイルの原発の事故があったときも、やっぱりあそこでばあっと立ち上がったのは全部ミュージシャンだったし。映画俳優ってジェーン・フォンダだとか、それぐらいしかいなかったよね。

S　その動きとか、その感性って、例えば60年代後半とか70年代だったら、それがまんま、例えばディランとかジョン（・レノン）が声を上げていたベトナム戦争に対してとか。公民権に関しての周りの声とか。そういうところだと思いますよ。

――そうだよね。その頃を考えてみたら、映画界の人はほとんどいなかったよね。

T　そうなんですよね。

――うん。やっぱりほんとに、TAKUROが好きなジョン・レノンがやっぱり69年に、あの名曲「平和を我等に」を書き「イマジン」につながっていく……

T　それこそジョン・レノンの生き方を通して、いろんなそういった活動をね。割とジョン・レノン、多岐にわたったじゃないですか。平和とかベトナム戦争もそうですけど、なんかちょっとニューヨーカーあたりの人たちに影響されて、刑務所の暴動のことを「アッティカ・ステート」って歌にしたり今刑務所に入ってる、ジョシ・シンクレアを助けようぜとかなって、「カム・トゥゲザー」を誰かの代議士のために書いたりとかって。だけど、ジョン・レノンのあの人間くささっていうのも、なんか10代のときの感性で何か感じたんじゃない。この人なかなか、それこそ本人も言うように、理想家だし夢想家だし。なるほどなって。

S　俺、ジョンのことがすごく好きなのは、実は変な話、すごくいい時期に、ああやって死んじゃったから伝説になってかっこいいんだけど、本人は俺、至ってなんにも深く考えてなかったと思うの。感性だけでやってたと思うの。

T　同意します。

——僕も同意する。

S　平和に関しても、アートに関しても、政治的な意識に関しても、結構なんでも「にわか」だったと思う。実はこの人、本当はあまり深くは分かってなかったんだろうなぁって。分かってたのはヨーコさんで、ヨーコさんがジョンを宣伝塔として使っていた。

——そう。それはすごく正しい。

S　あんなピースフルな活動、あんなに尊い活動した直後に、ヨーコさんとバラバラになった

……失われた週末。

——Lost WEEKEND。

S　セックス、ドラッグざんまいのテンションで行ってるわけで。その直前には平和をって言ってる男が。あ、この人はなんでもにわかで、その時にハマったらとことん行く人なんだ。逆に言うと、ものすごくいい意味でピュアな人。

――だからロックンローラーなんじゃないの。

T　そうですね。本人もインタビューで言ってるように、俺、そこはジョンからすごい学んだことなんですけど、多分10代、20代ってめちゃくちゃ男尊女卑で。それこそハンブルク巡業の時とかのジョンとかめちゃくちゃ。

――めちゃくちゃです。

T　ビートルズの多分初期の何枚かで、すっげえ上から男目線の曲ばっかり。

S　それこそ、こんな女、ぶったたいたり蹴っ飛ばしゃいいんだって。

T　蹴っ飛ばしゃいいんだって（笑）。だけどそれで、ヨーコによって、いやいや違うでしょってなって。そういった自分の生い立ちとかいろんなものが絡んで、どんどん影響を受けて、紳士、ジェントルマンのような感じになっていくわけだけども。やっぱり俺の何か、世の中に対して、恩返し、貢献したいなって思うとき、まず一つは贖罪みたいなものだと。昔、そういった、それこそなんにも関わってこなかった、見て見ぬふりをした自分のことを悔やんでいるというか。それこそ『非戦』のとき、坂本龍一さんが「TAKURO、やろうよ」って言うから、分かりました。でも俺、そのときはGLAYめちゃくちゃ売れて、すごい毎晩楽しい。飲み歩いて、いろんな人と知り合って、ほどほど女遊びもやって。そしたら『非戦』の原稿をめちゃくちゃ坂本さん、催促する。「原稿できたかって」。「いやいや、すいません、待ってください」。「まだか」って。俺、酔っぱらってたんでしょうね。いやいやと。坂本さん、あなた、

29、30の頃めちゃくちゃ遊んだって空さん言ってたよと。今、俺は遊びたいんだと（笑）。

——空さんって昔、PARCOで働いてたんだよね。僕がプロデュースしていた梓みちよの草月ホールのコンサートの舞台美術の仕事、やってもらったことある。

T　聞きましたよ。それは、今すごいエネルギーの問題の、ある種フェアな考え方として聞いてほしいんですけど。中国が経済としてものすごい発展してて、今はフェラーリだ、なんだ、排気ガス規制みたいな感じを、どっか責められない自分がいるんですよ。地球はこのままいったら駄目だっていうのを分かってるけれども、その大きな目的のために、今小さな喜びをようやく手にした人たちの、その欲望を奪うっていうことが、果たしていいか悪いかってことは大体いつも揺れます。だって正義は多分、地球の未来を救うっていう絶対的な正義で。その正義でもって、今はフェラーリだ、ポルシェだ、お金だなんだっていって、その物欲で遊んでる人たちのほっぺた叩くことですよね。それはいっつも揺れるんだけど、ジョン・レノンとかを思うと、なんか似たとこあるなと。なんかどっか、そういった絶対正義の前で、過去を悔やんだり今を迷ったり。だって水素がいいに決まってるもの。そんなの。これだけ日本が、ひいては地球が気候がおかしくなってる。訳の分からない病気も増えていく中で、今ようやく経済的に落ち着いて、さらなる高みを目指そうとするそういった国々に、今からもっと質素な生活を、50年前に戻るようなそんな生活をしろって言うのって、すごいエゴな気もするなっていうことで。

——ある意味、回ってるからね。

T　悩みます。

S　TAKUROは寛容だよね。

T　だからそういった、その坂本さんの話じゃないけど、そのことを思い出します。

S　俺は時代だと思うんだよね。それが70年代、80年代だったら、世の中のそれを知らなかったの。今は知ってるのに知らないふりをするのが、俺は罪だと思うんだよね。

T　そうなんですよ。

S　例えば自然をより大事にする生活、エネルギーをクリーンにする生活が、過去に後退することだと思わない。それが新しい未来で、より豊かな生活になるべき。

T　そう。だからシンプルに、SUGIZOさんがやってるような活動がもっともっと広まって。分かっているけど、今の豊かだけど行き止まりの暮らしを人々が、そうだよねって自分で理解した上でやめられたら一番いいんですよね。

S　そうだね。

T　やめろって言って取るんじゃなくて。

――分かる、分かる。

S　ただ、例えばヨーロッパでは、2040年以降はガソリン車が禁止なんですよね。製造と販売が。それって、素晴らしいことだと思うんだけど、ある意味法律でそうやっていかないとだめだし、無理やりぶんどっていかないと、世の中はついてこないってことだよね。

T　システムとしては、ちゃんと民主主義の名の下で。代議士が選ばれて、自分の意見が反映されて。この場合、大多数の意見が通るだろうけど。それでもまだ手続きはちゃんと踏んでる分、俺はありだと思うんですよ。どうやったって甘いチョコは食べたいから、チョコを禁止にしてくれたほうがダイエットはしやすいってことですよ。だから禁止、法律で禁止されたほうが、自分の中でもやめる理由が見つかるというか。

S　煙草もそうだよね。

T　煙草もそう。でもロック・ミュージックって、いわゆる世の中のさまざまな問題っていうか、ほんとにいろんな人がミュージシャンの、その背中見て、感銘を受けたり、教えられたり、すごいコンプレックスを抱いたり。それはそれは。

――でも今二人から見てて、今50歳と48歳だと、例えばワンジェネレーションとかツージェネレーション下ぐらいの、まず日本に限っていうと、そういうことって真剣に考えてる人って結構いるんだろうか。

S　俺が思うのが、よく若い世代に、ミュージシャンだけじゃなくて会うんですよ。いろんなイベントで。完全に二極化してるわけ。全く認識がない。全くそういう世の中に触れていなくて、自分の表現、もしくは自分の生き方を追求、もしくは自分のファッションを追求する人。片や、大学生で常に自分の意識、自分の精神的な持論をはっきり持って世の中にコミットしてる人も実はすごくたくさんいて。完全に分かれてると思う。真ん中がいない感じ。残念ながら、ミュージシャンは多くは前者だけど。

――そうだよね。よく分かる。

S　でも後者のタイプで、粛々と音楽や表現をしている人たちも少なくないので。面白い時代だと思う。でも僕らが19、20歳の頃は、こんな意識は全然持ってなかったので。今の若い人はけっこう進んでると思いますよ。

――若い人はね。みんながなんか失望してるみたいなこと言うけど、僕はそんなことはないと思ってる。

S　ないと思います。

――結構それなりにはものすごく良くはなってる部分はある。ただ、SUGIZOが言った前者が多すぎるから、後者が目立たないんだよね。

S　そう。ただ、それも3・11以降すごい変わったと思うんですよ。だから今は多くの人が、何か世の中に問題が、災害という意味で。やむを得ないじゃないですか。どんどん災害が増えて、大きくなって。それは地球のやっぱり気候が壊れてるからしょうがないでしょう。その原因は人間が生産活動で作ったもので、だからそれをなんとかしなきゃいけない。今後も絶対災害があるので、そうなったときにちゃんと災害に対して、もしくは被災者や被災地に対して、多くの表現者が目を向けるじゃない。それは大きく変わったと思いますよ。

――19や20歳のときは考えてなかった。

S　考えてなかったです。

――TAKUROは？　詞を書く、曲を作るってときに、それは考え始めてから、反映されてくものなの。それとも、みんなに聴いてもらう曲だから、割とニュートラルなものを打ち出したほうがいいと思ってやるのか、それはどっちなんだろう？。

T　ことエンターテインメント上のことであるならば、そもそも25年やって、いわゆるテクニック的な経験もあったりもするから、難しい問題をやさしく歌にするってこと自体は多分たやすいと思うんですね。興味を持ってもらうことも、いわゆる曲として消化させることは全然できるでしょうけど。それよりもなんかもっと、SUGIZOさんが賞をもらって、それで初めて知る人たち。このことこそが一番、有名人が有名人であることの一番の。

――いいこと。

T　いいことであり、有名人にしかできないこと。そういった名声みたいなものを初めて意識したときは同時にそれもやらないと、多分TAKURO個人としては、バランスを崩すだろうなと。いいとこ取りはできないんです。これ、あらゆる物事を見て、いいとこ取りをした連中がうまくいったハッピーエンドを見たことないので。心からボランティアをしようが、嫌々しようが、でもやっぱりアクションこそ。言葉なんていくら、ちょっと学べばあんなもん、なんとなく体のいい言葉は発せられるけど。やっぱり1週間その被災地に行って、黙々と体を動かすっていうことのほうがよっぽど雄弁だってことを周りの人たちに気づかされてからは、じゃ、この有名性を、あの人たちがくれたのかもしれない、いろんな関係者がくれたのかもしれない、その人たちの思いに恥ずかしくないようにっていう。だから曲うんぬんっていうのは、ちょっと考えたことがないです。たまにありますよ。たまにひとつのロックの表現手段として、弱者に目を向け、今世の中でこういうことが起きている。今回のアルバムでも、SUGIZOさんの話を聞いて、「戦禍の子」っていう曲を作ったけども。それは地球の裏側の難民の子と、隣町の虐待されて死んでしまった子を、どっちが不幸かっていう話じゃないって話っていう。それはやっぱり地域でもって、大人でもって見て、問題があるなら一つずつ解決していこうよっていう歌なんですけど。それは。そういった歌もたまに生まれますよ。でもむしろ、GLAYのメンバーであるということがもし有名でそれを使って何かできるんだったら、貢献したいっていうそういう考えですね。

S　あまり音楽とは結び……結びつくときはかなり戦略的になるかな。

——音楽に結びつかなくても、少なくともTAKURO個人が動いていく。SUGIZOが動いてるみたいに、動き方でやっていくということだよね。

T　共同募金でもなんでもいいんですよ。何かしら自分の身の丈以上に名誉名声みたいなものがもし俺にあるなら、ある程度伸びたら切っていかないとこっちがもたないというか。

——それはすごくいい言葉だよね。

**T** 身の丈とか、今日食べる分だけ海からとるみたいな気持ちはそういう気持ちはやっぱり、ずっと心に持ってますね。

——さっき、SUGIZOが言ってたけど、その場その場のノリでやってたように見えるジョン・レノンがみんなに与えた影響ってあるじゃない。そんなに深く考えなくたっていいんだっていう。深く考えなかったからこそ影響を受けやすかったんだと思うんだけど、軽くこれでいいんだって思うのって、例えばワールドワイドで考えたときに、誰あたりがそういうことをやってるんだろうね。

**S** これは重たいんですけど、U2のボノがそうじゃないですかね。ボノがその代表。あの人は、これはいい意味だけどセレブとしてやってるよね。ダボス会議に出たりとか。時の大統領と会談したりだとかそういうやり方をしてるから。ジョンは真逆だよね。勲章をつきかえすような人だったから。やっぱりそれ以降、まず80年代のライヴ・エイドがあるでしょ、あとは、2005年のピンク・フロイド4人の最後のライヴ、アフリカ貧困撲滅チャリティー・イベント「LIVE8」。ロックが世の中に対して貢献するっていうような動きってのは必ずどの時代にもあるよね。

**T** 入口を広くしてあげないと、知識も何もない10代の子が来て、聴いて初めて自分の家に大きな問題を持ってきて家族と話す。すべての一歩だと思うんですよ。

**S** 表現する側もそうで、にわかじゃダメなのか、にわかが表現して発信したらダメなのか。決してそうじゃないと思う。ジョンがそうだった。例えばいま、2020年にライヴ・エイドみたいなでかいイベントがありました、のべ30万人くるイベントがありましたってなって、そのイベントに出演するアーティスト全員が博士号のレベルがないとダメなのか、否、よく分からなくても自分がこれに出演したら世の中にいい影響が与えられるんだ、それだけでいいと思うんですよ。ＳＮＳ社会になってくると、にわかがたたかれるのが……

Ｔ　深いとかっていうか、自宅のリビングの積み上げみたいなものが、大学教授と同じくらいの力を持ってしまった、ここからは一番たぶんＳＮＳ、発信した側がそれを恐れるし、受け手側の誰だって昨日飲み屋で聞いたこれからの未来にとっていい話、じゃあ例えば俺が「いまの水素自動車ってすごいらしいよ」ってテレビやラジオで言ったときに、「いやいや、水素にはまだ問題もあって」って言われたら、こっちは萎縮するし、なんなら本当に清濁あわせのんで、いきなり完璧を求めないっていう……

——それは、ある種の勇気みたいなものかもしれないじゃない。

Ｓ　完璧なものなんてないよ。何かしら必ずマイナス面はある。マイナス面はあるんだけど、現状の方法やテクノロジーよりは、まだいいでしょうっていうことだよ。一歩でも進めば世の中にとってはいいわけで、社会に対してものおじせずに発信するべきだと思うし、揚げ足を取ってくる人は放っておけばいい。と思ってる。例えば、難民を虐待から救済したいってなっても、裏側をつかれる、その反作用の意見がめんどくさいっていうので口をつぐんでしまう人が多くいる。

Ｔ　議論の仕組みをこう考えていったときに、どこまでもこう感情を、情熱は必要ですけど、感情を抜いて、正しいデータがちゃんと手元にあって、話し合っていくっていうのがあらゆるものの基本なんじゃないかなってだんだん思うようになってきて、やっぱり何かひとつ新しいことをやろうとすると、反対されるのは当然。元来、人は新しいものを恐れるから。恐れずに一歩進もうよって言う人と、ここは慎重にいこうよって言う人がいて、それはたぶんどっちも正しいから。だから必要なのは客観的なデータみたいなもので、すり合わせたときに、目標は10歩先だけど、自分が生きている間は3歩かもしれないっていうそれぐらいのニヒリズムは持って生きたいっていうのはある。何が何でも自分が生きているうちに10歩というのは、やっぱり議論が乱暴になるし、感情のごり押しになったりもするから。お互いが共有できる、1＋1は2なんだみたいな共通の概念を基にして議論しないと……。

――今のTAKUROの話を聞いてて思うのは、コミュニケーションの手段がすごく便利になっちゃった。便利っていうか、それこそ極端なことを言うと、ニューヨークのミュージシャンと何かしようとしたときに、前だったら行くか来てもらうかしなきゃいけなかったのが、「データ送るから入れて」っていうところまで世の中は進んじゃった。会わなきゃならない、会ったからこその良さと、会わなくてもできる便利さとってあるとすると、その辺は二人の世代だとどういうふうに考えるの？

S　そういう意味では、僕は今はいい時代だと思う。会わないとできないことがはっきりしてる。我々で言うと、ライヴと撮影だけですよ。それ以外は地球上どこにいてもできる。その恩恵はフルで使ってますよね。でも、さっきの話に戻るけど、生身で、自分の今までの切磋琢磨、表現する、それでその報酬をいただくという真っ当なやり方はその場にいなきゃ絶対できないと思うので。そのうち数年後には、違った国にいてもホログラムなんかでライヴできるようになると思うけど、本人目の前にいるのと、ホログラムが目の前にあるのとでは興奮は絶対に違うと思うし、感動が絶対に違うと思う。そういう意味では、最後に必要なのは、我々の手段というのはもう実際に目を見て、顔を付き合わせないとできないことだと思う。

――そこはそうだよ。ベーシックは、ゼロのところはアナログなんだよね。

T　俺たちの世代はたぶんそういう結論にいきつくと思うんですけど、じゃあホログラムのライヴが初体験で、高校生とかで俺らのライヴ見て感動して、30歳までホログラム見たことないって人たちは一緒だと思うんですけど、こんなにフットボールが好きなのに一度も生で見たことない、アイダホの田舎でテレビを見て、ないしはラジオを聞いて頑張れがんばれって言ってる人たちがいる現実を知ったとき、まず一番最初に俺たちがニューヨークのミュージシャンとやるっていうことに、そこには別に何の感情はない、だってそこには事実、データをやり取りしてやる。そしていい音楽、グルーヴのもの、あとはこっちがその物語を欲していたって思えれば良いですよね。「まだ見ぬ日本にいないミュージシャンと、今はやりのインターネット、YouTubeでできるらしいじゃねえか。やってみようぜ」ってこっちの日本人2人組と、ニューヨークの人とパリの人が、一曲作ったってことにたぶんこの2人は大興奮するでしょうね。でもこれが実は、ライヴ体験バリバリの、50歳の俺たちのような世代が聞いたら、これもいいけど、会ったらもっといいかもと感じてしまうから。その物語も含めて、お客さんが聞いたときに、さっきも言ったようにヒット曲っていうのはすごい複雑にからみあったものでできているから、お客さんが聞いたときに、はじめてミュージシャンにリターンされるものだと思うんですよ。1千万ダウンロードしたアーティストがなぜお客さん200人しかこないのか。1千万ダウンロード、それは曲としてのクオリティで1千万ダウンロードだから。でもそのアーティストにはまったく物語を感じないから、初めて聞いたその配信でいいと思った、感動した、でも人物、物語に感動しなかったら人はそこに足を運ばないんだってということを思ったら、テクノロジーの進化みたいなものはもう俺たちが望む望まないにかかわらず、戦争があるかぎり進歩していくんだろうけど、職業としてするなら、できた曲がどんな形であれ、それを物語とともに添えて差し出さないと、今の人たちは俺が望む結果はくれないと思うんですよ。金銭っていう意味かもしれないし、声援っていうことかもしれないし。あくまでもお客さんって自分の生活に便利なことを、日々チョイスしながら生きていると思うから。だから今俺がGLAYのライヴに足を運んでもらうっていうことを考えたときに、一番力を注いでいるのは、物語づくりです。『HOWEVER』に足を運んでもらうって、例えば『HOWEVER』もやるし、『Winter, again』もやるんだけども、10年前と今とを比べて、例えば『HOWEVER』をどうありがたがってもらうかを考えたときに、じゃあ5年間やめてみようぜって。GLAYのTAKUROメロディのって90年代めちゃめちゃ頑張ったせいで飽きられてるって感じますもん。だからこの5年間、俺率先してシングル書かなかったですもん。

——そこまできちんと分析して考えているわけね。

T　例えば、被災地でGLAY EXPOみたいなでかいのをやるんだったら、一番足を運んでいたTERUあなたがテーマソングを書きなさいと。GLAYのシングルを、EXPOのテーマを、あなたが書くんです。GLAYのシングルだから生半可な曲ではダメです。EXPOのテーマだから、さして関わっていない俺たちが書いてもダメだ。そういったプレッシャーとか肩書とか理由とか物語とかを与えたときにTERUは化けたんですよ。90年代の俺らだとソングライター俺だけっていうイメージじゃないですか。LUNA SEAは優秀なソングライターがいっぱいいたけれども。一回GLAYのメロディを忘れてもらうためには、他の3人に成長してもらう必要があったし、怖さとか重さとかそういったものを感じてもらったときに、肩書って顔をつくりますよね。化けますよね。40歳過ぎてから、ライヴで盛り上がる曲って俺の曲少ないんですよ。でもそれは、そうなるように物語を作ったんですけど。5年して、久々にTAKUROっぽいやつ書きましたってなったら、めちゃくちゃ受けたんですよ。やっぱりGLAYってこれだよねって。あぶねー。あのまま俺メインなんで、どかないんで、ってやってたら、「お前のいいけど食い飽きたんだよ、そのお前のお涙頂戴の物語もいらないし」、っていう未来をめちゃめちゃ感じてた。

――今日の第一部の最後に言うと、だからバンドっていいのかもしれないね。

T　本当に、良かった。ありがとねって感じですよ。

――ソロ・アーティストはそれがないから、アップダウンが来たときに、果ててくやつは果てるのかもしれない。

T　一番感じるのは取材をやって、他のメンバーのインタビュー取材を聞いたときにTAKUROメロディのTAKUROシングルだったら彼らの言葉の中にも、一時代前の熱は出ないんですよね。毎度おなじみ高品質by TAKUROメロディ、それにTERU、JIROが弾き、HISASHIが彩りを加えっていうそんなのが毎年2回あるなんていうのだとその曲のクオリティっていうのはもう話題にならないんですよ。この曲はHISASHIの「彼女はゾンビ」っていう曲の続編の「シン・ゾンビ」なんですって、彼らにスポットライトが当たった時に、プロモーションが前のめりになるんですよ。そうするとお客さんは、そこに熱や物語を感じて、GLAY買ってみようとか、HISASHIに恥をかかせるわけにはいかないから、私3枚買いましょうってなるんですよ。近々に品質のいいものを出し続けても違うんだなってていう。何が足りないのかって考えたときに、今一番欲しいのは、何を食べるかっていうことより、どこで何を誰と食べるのかっていうのを世の中が求めてるのかもしれない。それはもうライヴってことですよね。いい曲をYouTubeで聞こうが、なんで聞こうが、だけどライヴはまた全然違う体験、今は亡くなったけどお母さんと昔行ったのがGLAYのライヴでしたとか、出産を終えてまた来ましたとか。ある種物語の中で人は生きているのだったら、今もっと力を入れるべきは、バンドの楽曲以外の部分に……

――バンドの構造みたいなことですか？

T　それでもいい。一回目は新鮮にうつる。90年代これはこの曲はこういう意味がありますって、俺がつば飛ばしながら、いくらテレビでラジオで言っても、一人でできることの限界と、人は同じものを食べ続けると飽きるっていう。どんな有名なシェフのものでも。そこに例えば指揮者が有名なオーケストラの音楽もいいけど、娘が学芸会で歌いますっていう歌、これはまったく違った意味で素晴らしい。そんなことばかり考えてます。

――でもGLAY25年でしょ。LUNA SEAが30年。今話してて思うのはバンドっていうもののヒストリーとそこに自分がいたときに、そのときそのときで、自分たちで気づいて手に入れてきたものなのかな。

T　今年、20年前のアルバムのHEAVY GAUGEツアーの再現ツアーっていうのをやったんですね。U2のヨシュア・トゥリー・ツアーみたいに。終わった後にアンケート見る時に、「メンバーに一言」を見ると、だいたい、今日の俺たちがどうだったかなんて誰も書いてないんです。20年前の自分がどうだったか、20年前私は独身だったけど今は旦那と子どもと来ています、20年前一緒に見たお母さんはいま天国だけれども今日のことを喜んでいると思いますとか、私は中学の時GLAYのライヴに行くのを禁止されたんだけどやっとあの一番好きなアルバムの『HEAVY GAUGE』のライヴに参加できましたとか、自分たちのことばっかりですよ。でもそれは20年前の『HEAVY GAUGE』では絶対になかったアンケートの反応、どうとらえようってみんなで話し合うんですけど、でも有難いねと。『HEAVY GAUGE』というアルバムが自分たちの生活の中にそんなにも長く、ビジネスとは全然違う、長くやったものだけが得られる、101個目のエッセンスというか、ミラクルというか。これ10年では絶対無理ですよ、15年でも難しいかもしれない。

——その長くやってることで得られたもの、TAKUROが言ったことでいうと、SUGIZOはどういう風に思う?

S　俺は、LUNA SEAの過去の作品を、恥ずかしいし、基本聴けない。全然満足できていない。あんまり過去を振り返りたくないです。だから21年前の東京ドームの編集も拷問でしかない。でも、出すんだったらいいものにしたいからやるんだけど、自分的には極力、過去の、うん、LUNA SEAも丸めこまれてやったんですよ。アルバムのボーナスディスクとしてね。でもイメージ的には、やったらやったでとても意義は感じている。あの時作ったけど、あの時表現しきれなかったものが今の自分たちだからできる。だから過去の再現という方法には全く興味がないけれど、再構築という解釈であれば大きな意義を見出せる。そういうアプローチはすごくやりたい。表現者としては。逆に言うと我々は、過去に本能で良いものを作ってきたと思うんですよ。ただそこに、自分たちの本能が先に進み過ぎていて、具体的な身体能力、表現力…表現力ってようは身体能力なので、それが全然追い付いていない。知識も追いついてない、もちろん当時は人生の器、ようするに後ろに背負ったもの、責任、義務　様々なものを背負ってないので、25年前とか、デビューしたのが92年だから27年前とかに作ったものを、去年

２０１８年の年末にさいたまスーパーアリーナで再現したときに、それがただの再現じゃなくて、今の自分たちがもう一度それを演奏することでリビルド&リアレンジされて、今の音になったんですね。それは非常に面白かったです。やり方ですけどね。Ｕ２がやってきた〝ヨシュア・トゥリー・ツアー〟みたいなのは、俺はきついかな。

T　自分に厳しい人の生き方ってせつないなあ（笑）。

S　ＧＬＡＹの方法論が例えばＵ２的だとしよう。俺たぶんマイルス的なの。過去を極力見ない、過去を反芻しないみたいな。そうなんだよ。

――壊すの好きだよね。解体と創造だよね。

S　自分が昔作った曲聞くでしょ。

T　めちゃくちゃ聞きますよ。聴いて泣きますよ。

S　それは素晴らしい。俺はほとんどない。仕事で、チェックや編集では聴くけどね。

T　そもそもなんですけど、自分で聞きたい音楽が売ってなかったから自分で作ったんだもの。

――今回も面白い話が聞けたな。

S　真逆だよね。作ってるときは全身全霊だけど、作ったら過去のもの。ぽいって捨てちゃうもの。

T　女も。女もじゃないですか（笑）。

S　ちがう。今はちがう（笑）。

T　愛《め》でるんですできたのを。苦労したなって、可愛く思えてきたなって。老けてきたけど大丈夫だって。愛でる。

S　家族は違うんだよね。

T　音楽も。

S　作ったらさようなら。作って世に出たら人のもんだと思ってる。

T　俺のもん！（笑）。お前らに貸してやる。どうせ飽きてすぐ米津玄師とか行くだろう？でもかまわん。いつか返してもらう（笑）。

S　世の中に出して、ものすごく全身全霊で作った曲が、全然違った解釈になって、ばかやろーとかって思うわけ。

T　なるほどーでいいじゃないですか、それは。

S　だから、最初から自分のものだと思っていない。とくにLUNA SEAのものは。ソロはもうちょっと、パーソナルなものなので。

T　3日ぐらいは愛でるけど。4日目にはみたいな。

S　それは極端だけど、一年ぐらいかな。

T　すごい話、今、俺は聞いてる（笑）。

S　自分でも感動する曲となると、全身全霊で作って思い入れが……あるんだけど……自分で聞いて感動したりは……50曲のうち1曲ぐらいあるかもね。

――展覧会とか行くと画家なんかでもいるよね。本人が持ってる作品、本人蔵がいっぱいある人と、全部売っちゃってるんだっていう人いるよね。

S　絵は素晴らしい。絵は一点しかない。だから素晴らしい。我々複製物の芸術なので絵にかなわない。

T　複製物だから、知らない国の誰かに……。

――そうだよ。TAKUROの言う通りだと思うよ。レコード時代っていうことでいくと、そのジャケット・アート、それまでウォーホルのものなんてだったけど、レコード買えば『スティッキー・フィンガーズ』を部屋に飾れたわけだからね。

**T** なんで俳優さん女優さんが歌うと思います？　彼らは生身じゃないですか。事務所は不労所得が欲しいから、得意じゃないですってなっても、いいから歌えって（笑）。

——一時みんな歌ったね。

**T** でも人気があれば、ボーンですよ。

**S** だから俺よく美術館行くんですよ。本物があるからね。正直、音楽って元々複製物ではないからさ。20世紀に入ってから録音という技術が発明されてからそうなっただけで、元々はその場にしかなかったものだったんだもの。

**T** この巨大なジレンマは、この本で解決するんでしょうか。一生されないと思うな。言いたいことは山ほどあるけど、SUGIZOさんが切ない顔しそう（笑）。

——大丈夫だ。それが面白い。

**T** こんなに人を幸せにしてるのに。

**S** 自分の過去の作品で誇れるものが何もない。

**T** はあああああ（溜息）。

——これを広告のコピーにしたい（笑）。

**S** まったく満足していない。

——この違いが面白い。

**S** しょうがない。自分はこれでいいのかなって思うんすよ。しょうがない。ぎりぎりマイルスが近いと思う。ザッパもね、すごい共感できる。出すたびに、再リリースのたびに手直しする。レコーディングもし直したりしてるからね。俺はそういうタイプ。

——その話を聞いて思うのは、レオン・ラッセルが面白かった。レオン・ラッセルの遺作ってのがあるんですよ。自分が死ぬってわかったときにつくったアルバム『彼方の岸辺』がそれで、半分くらい自分のカヴァーなんだよね。「ハミング・バード」に「ア・ソング・フォー・ユー」。オーケストラがバックでやっていてそういうふうに作りたかったものを自分の死を意識しながら表現させた。でもその中に一曲、ド歌謡曲。ムード歌謡みたいなのがあるんだけど。

**T** 俺死ぬかもなと思ったとき、実は好きだったシリーズみたいなのをやったんですかね。

——「スウィート・ヴァレンタイン」っていう曲。完全に東京ロマンチカがやってもいいような曲で、すごいんだよ。

**T** そんなことは、望んではいませんが、SUGIZOさんの遺作がちょっと楽しみになるっていう（笑）。

**S** TAKUROはいい意味で、〝レオン・ラッセル〟タイプでしょ。

**T** 俺の遺作ですか。その時はその時で、78歳のGLAYをたぶん。ポップでギター持って歌えるような。

**S** 俺超ノイズとかがいいな。

——SUGIZO、意外と70歳ぐらいになったらむちゃくちゃロマンティックなシナトラみたいなアルバム作るかもしれない（笑）。

**S** 昨日、清春のBirthday Liveに俺ゲスト出演してたのね。で、面白かったのがMORRIEさん観に来ててね、ライヴ終わってからMORRIEさんがポロッと、「年をとってくるとな、涙腺がゆるなるんよ」って。「久しぶりに清春とSUGIZOのステージ見たら、こみあげてしもた」って。あの強面のさ、オーラの塊のMORRIEさんが、だんだんロマンティックになってきてる。

**T** そのSUGIZOさんのラストアルバムがあったとしよう！　お願いだからこっちが泣けるやつにしてほしい。わかんなかったなあってやだなあ（笑）。

**S** ボウイの『★』がすごく好きで、あんなに挑戦的で、実験的で挑発的で、泣けるって作品てないよね。泣けない？『★』？　泣けないんだ。

**T** かっこいいことやったまま死んだ人なんだな。かっこいいなって。

――「ラザルス」とかいいよね。

**T** ああいうのなら、泣ける。

**S** ルー・リードのノイズのアルバムとかじゃ泣けないでしょ。

**T** 早送りしますよ。

――SUGIZOは知らないかもしれないけど、あの『メタル・マシン・ミュージック』ってメディアをだましたアルバム。完全に超ノイズの2枚組アルバム。発売された時に、音楽評論家とか、新聞とか、いろんなメディアが新しい挑戦だとかって議論した。そしたら、その後ルー・リードが広告出した。スタジオでノイズを録音しただけなのにいろいろ理屈を言ってくれて、評論とかメディアっていうのは　そういうもんなんだよねって。一番かわいそうだったのは今野雄二さん。マジメにライナーノーツを書いた。あの人らしくロジカルでちゃんとね。

**T** このラスト5分くらいすげえ面白かったですよね。

**S** でも、ラスト・アルバム、自分の死期をわかって作品作れるのは幸せですよね。

――映画監督だけどデレク・ジャーマンとかもそうじゃない？　デヴィッド・ボウイの『★』

も完全にそうだよ。
S　逆に、僕キューブリックめちゃくちゃ大好きなんですけど、『アイズ・ワイド・シャット』はちょっと……微妙だったじゃないですか。キューブリックみたいに、切れ味がなくなって最期死んでくのはちょっとやだな。

TAKUROが「ラスト5分がすげえ面白かった」と言って終わった2回目のセッションだったが、面白いのは5分どころではなかった。本当に濃い会話―カンバセーション。僕の頭の中にはデヴィッド・ボウィやフレディ・マーキュリー、デヴィッド・ギルモア……インタビューをしていい会話ができたなと思う人たちとの時間がフラッシュバックしてきた。

セッションの時間は大体1時間半。僕は会話のテンションがキープできるのはそのぐらいの時間が適切だとずっと思って数え切れないくらいのインタビューなどをこなしてきたが、プライベートな会話というのはまた違った面白さがある。2回目のセッションが終わった後、僕等は3人で六本木の〝ブラッセリー・ヴァトゥ〟に向かった。これまでもよくSUGIZOとのミーティングなどで使ったパリの街にあるようなカジュアルなブラッセリー。シャンパンで乾杯した後、TAKUROが満面の笑顔で口を開いた。

# SESSION 3 2019.10.31 夕食

T こう見えてめちゃくちゃ頑張ってるんですよ俺、お二人にくらいついていくために。
S よくしゃべるもんTAKURO。
T そうなんです。自重しないと。
――でもジョン・レノンの話とかめちゃくちゃ面白いよ。
T 子ども心に感じてました。
――僕たち三人が言うとリアリティがある。実は結局にわかなんだよ。ロックンロールなんだよね。裕也さんと同じようなものですよ。
S なるほど。でも永遠の少年性は感じますよね。逆にデヴィッド・ボウイは昔から人間サンプラーだと思ってて。実は何一つオリジナルのものは作ってない。
T 詳しくないけど自分で歌詞も曲も書くんですよね。
S 詩の才能は素晴らしい。
T あんまりキャラクターが強すぎて。
――キャラクターは時代時代で自分で作っているんだよ。
S ただそのキャラクターもどこからか頂戴しているんだよ。
――それはドイツ表現主義の何かだったり、人が知らない詩人だったり、ビートルズの何かだったりっていうのをちゃんとうまく持ってきててね。いいタイミングでフィラデルフィアにいったり。

S　ウィリアム・バロウズのこともね　すごく。

――かならず、すごいミュージシャン、例えばミック・ロンソンとかとも付き合って、吸血鬼みたいに全部血を吸い取っていく。いいとこ吸い取ってっちゃうんだよね。

S　人材をちゃんと、だから見分ける、その嗅覚ってのはすごかったんだよね。こいつはすごいからって。

T　時代時代で全然ちがいますもんね。

S　自分で作ってたらできない。誰かにまかす。発案をして、プロデュースはまかす。

T　それで自分で作詞作曲だけ。

S　それは70年代に限ってだけだね。80年代中盤になると、急激にクリエイティヴ能力が落ちちゃったように見える。

――ロバート・フリップと一緒に書いたり。

T　共作ですか？

――詞は自分で考えてたけど、曲はけっこう人と。

S　だから『トゥナイト』はたぶんボウイ自身の曲はアルバムのうち4分の1もない。

T　俺が一番好きなアルバムは『トゥナイト』なんですけど、あれもカヴァーばかりですよね。

S　『レッツ・ダンス』で使いきっちゃったんじゃない。『レッツ・ダンス』は本人が書いてる。でもあの『レッツ・ダンス』は音を作ったのはほとんどナイル・ロジャースなんで、ボウイは、もともとアコギ鼻歌であれを作ってて、それを渡して。

――「ワイルド・イズ・ザ・ウィンド」だってカヴァーだもん。あれもともとマーティ・ロビンスが、映画の主題歌で歌った。曲を作ったのはディミトリ・ティオムキン。大作曲家だもの。

T ボウイの曲だと思ってました。

――違うんだよ。でもあれを完璧に自分のものにしちゃうのがすごいよね。

S あの時期いいんですよ。1980年前後。『アンダー・プレッシャー』もそうですよね。あれは書いてますよね、ボウイとクイーンで。

T 作曲能力って落ちるものなのか? それとも、例えば尾崎豊でいったら15歳の時の最初に書いた曲よりも、だんだん、人って学習していい曲になるじゃないですか。メロディで譜面に起こして、どっちが音楽的かっていったら、だんだん上手くなっていく。曲がどうこうより、テンションが下がるんですかね、ボウイの場合。明らかに曲がダメになることはないじゃないですか。

S 逆にいうと、『ジギー・スターダスト』は本人が書いてるし、あの時期。作曲能力的に言うと、70年代初期がすごすぎて、その天分を使い切っちゃったような気がする。

T そういうのあるのかな。

S もう一つは、音楽的な勉強をしているのか、本能で知っているボキャブラリーだけでやってるかってことなんじゃない。ボウイは音楽家っていうよりは、パフォーマーだと思うから。

――いろんなことを使ってるから、例えばリチャード・ロジャースのような職業作家みたいに、曲を作るっていうことだけに専念してないんだよね。

T そうですね。ヴィジュアルも考えなきゃいけない。コンセプトも考えなきゃいけない。

S 曲も含めて全てが総合芸術。そのプロデュースがボウイ自身で、音楽、ヴィジュアル、パフォーマンス、ステージっていういろんな部分に分かれてて、総合プロデューサーのボウイがそれぞれの分野のプロデューサーを置いて、指示を出していく。そういうことだと思う。

**T** SUGIZOさんの場合、外部の評価はまったく考えてないとしたら、自分の曲、今の曲が一番いいってことですよね。

**S** そうそう。

**T** それでいいと思うんですよ。

**S** 売れる売れないは別としてね。

**T** 売れる売れないはあんなもの、時代とか、運とかいろいろ絡んでくるから。だけど胸を張って、今の曲一番いいって言えてる人が、売れる売れないは別にして、一番エッジが利いていいと思うんですよ。

**S** だから過去は恥ずかしい。

**T** それはまた別のはなし（笑）。気持ちはわかりますよ。だんだんわかってきた（笑）。

**S** 例えば俺ベートーヴェンが超好きじゃないですか。晩年が一番いい。第九、最強じゃないですか、晩年。

**T** 日本国民っていうか世界中の人で、ベートーヴェンのどれが初期で後期ってたぶんわかる人あんまいないんじゃないですか。

**S** 第九が後期ってのはわかるでしょ。だって9番までしか書いていないんだから。交響曲はだから最後の交響曲。

**T** 「月光」とかは。

**S** あれはだいぶ前。あれはピアノ曲だし。

T　なるほど。

S　話、急にとぶけど？　ロスは引っ越してないの。あいかわらずベニス・ビーチ？

T　そうです。ずっと。子どもたちが学校終わるくらいまではそこじゃないかな。

――ベニス・ビーチいいよね。

S　瑠奈もあのへんで育ったので。懐かしの場所。

――デニス・ホッパーもあのへんだからね。

T　スケートの発祥の地かなんからしくて。スケーター文化がすごい。

――昔何週間かロスにいたときに〝ビーチカフェ〟っていう店があって、すごく覚えてるのが、ちょうど大統領選挙があって、ジミー・カーターが勝ったんですよ。

S　1977年くらいですかね。

――まだ雑誌文化の全盛のときで、〝WET〟っていうウエストコーストにあったアートとポリティカル中心でまとめてるすごくかっこいい雑誌があった。そこの編集部のエリザベスっていう子とデートして、ビーチカフェにいたとき、ジミー・カーターが勝ったニュースが流れた。当然左翼だから「エリザベス良かったね」って言ったら、「選挙はこれでいいのかもしれないけど、クリエイションにとってはあまりいいとは思わない、よくないかもしれない」って。「規制があって、あれしちゃいけない。これしちゃいけないって言われてるほうがクリエイティブってのは面白くなる。だから全部解禁ってなったら面白くないじゃない」って。

T　自由を求めて10代のエネルギーは爆発するけど、大人になってある程度、好きなことができるようになったとき、敵を政治に求めなくちゃいけなくなる。学校だ親だってのに反抗してたときよりは、よっぽどエネルギー……

S　反骨のパワーってのは、ものづくりにとって根源だったりしますものね。とくにロック的なものとかだと。

――SUGIZOやTAKUROの年齢だと、ロック・バンドをやることで奇異な目で見られることってなかったでしょ。

T　ないですよ。函館市なんて、応援してくれてましたからね。

――僕らのときははバンドやるってのは反社会的行動だった。

S　昨日の話じゃないけど、うちらの時代はまだそれが残ってたのよ。

T　そうですか。だって、いか天ホコ天ブームだってあっても全然?

S　それが俺が高校卒業したぐらいなのね、高校2年生とか。だんだんロックバンドが不良だけのものじゃなくなってきた時期なの。俺の世代は中学、高校とかはギリギリで、親からは大反対された。

――エレキギター禁止令ですよ。SFの世界だよね。ビートルズの日本公演に行ったら停学だみたいなのって。星新一っぽいよね。

S　華氏……

――451かな。

S　あれ本禁止じゃないですか。そんな感じだよね。

T　シンプルに言うと、貧乏すぎて、職業としての音楽と大好きなGLAYが一緒になるっていう。自分の人生まっすぐ見れるというか、芸術云々よりも好きなことでごはんがたべられる。家帰ったら電気がついてるとか、そのためだったら別に、あらゆることが、ある意味妥協できるというか。子どもに給食費を持たせられるならっていう。自分が持たせてもらえなかったから。

**S** そういう意味では夢がかなってるんだよね。

**T** いままだ夢の中なんすよね。ずっと続いている。

——それは素晴らしいよね。

**T** ずっと話してるけど、ドライなビジネスマン的な考えで進めてはいるんですけど。それはただ単に、ごはんが食べられる、職業として成立させたいということと、この奇跡のマッチングを、なるべくこう守りたいっていう。

**S** 世の中全員がそうあるべきだよね。好きなことでご飯が食べられる。

**T** でもライバルバンドいっぱいいたじゃないですか。どうしたらいいかなって考えたときに、「そうだ。世界一のGLAY博士になれば、GLAYに関して右に出る者がいないってことになれば、地球上に存在する唯一の職業としていけるんじゃないか」。ストーリー作りも含めてですけど、そういう偏ったミュージシャンになろうって(笑)。

——それって映画になりそうなぐらい映画的な発想だよね(笑) 今日ちょっと言ってたけど、ダニー・ボイルの『イエスタデイ』って、とってもなんか〝ロック・ファンタジー〟じゃない。あれ、けっこうあたってるんだよ。

**S** 『ジョーカー』観た?

**T** みました。

——僕観てないんだよ。

**S** すごいよね。

T　すごいですよ。

——いい？

S　いい。

T　いい。

——あれ観た？　是枝監督の新しい映画『真実』。

S　観てないです。

——『真実』はめちゃくちゃいい。僕は『万引き家族』みたいなしみったれた映画は嫌いなんだけど、『真実』はすごくよかった。

S　でも『万引き家族』、細野さんが音楽で賞とってましたよね。

——でも貧乏くさいの嫌いなんだよ。耐えられない。（笑）

S　ああ、そうなんですか（笑）。『万引き家族』観た？

T　観ました。

S　一応ちゃんと観るんだね。

T　飛行機でめっちゃ往復するのと、夜が長すぎて。

S　夜が長いんだ。俺は機内でも忙しくていつも時間がない。

T　抱え過ぎじゃないですかねー。

——SUGIZOはワーカーホリックみたいなところがある。

S　好きでやってる。

——僕も他人に言われるんだけど「じじいをこんなに働かせてどうすんだよ」ってこの間言ったら、頼まれるほうが悪いんですよって（笑）。でも断れないように頼んでくるんだもん。

T　どっちなんすか。つきつめて言うと、やりたいんじゃないんですか。

――本当だったら、カーテンあけて目の前に海があって、太陽の下でうとうとしたりしたいよ。

S　なんにもしないで、ハワイでのんびり過ごしたい。そういう生活がしたい。

――SUGIZOゆくゆくはそうだもんね。

T　昔20年くらい前、シシリー島にSUGIZOさんと旅行いって、何の予定もないビーチで、日がな一日、日向ぼっこ。

S　あの時TAKUROはまだ孤独でね。伴侶を探してる時期だったよね。

T　婚活中でしたね。

S　いろんなところで嫁候補を一緒に探しましたよ。あれがちょうど20年前。1999年。

T　赤い髪してた。

S　ピンク。星を観に行ったのも、そのくらいだよ。山梨に星とか観に行ってるんですよ。

――ロマンティック・ジャーニー……

T　星を観に行く。なんてかけがえのない行為(笑)。

S　ハワイで星観るといいよ。素晴らしかったよ。

T　落ち着く予定はないんですか？

S　来年の6月くらい。

T　オーマイゴッド。

S　そうこうしてるうちにLUNA SEAのツアー始まっちゃう。1月末から6月まで。全国40本くらい。

T　40本って。

――40本「くらい」っていいよね（笑）。

S　メタリカとかだったら120本とかやるわけじゃん。

――バッて売れたときのバッド・カンパニーって3カ月90本。

S　だぁー、それほぼ毎日じゃないですか。

――それが解散の原因。ローディと機材は2セットあったんだって。T　人間って面白いですよね。SMAPになれるのって宝くじに当たるよりも東大に入るよりも難しいのに、いろんな理由でやめたくなっちゃう。バッド・カンパニーみたいになりたいバンドなんて山ほどあるのに、自分たちでコントロールすればいいのに、できないで破滅に向かっちゃう感じ。

S　やっぱり何事も、ちょうどいいのがいいんじゃない。

T　ちょうどいいのがいいんですよ。4人、5人のバンドでものを作るっていうのは、実はとっても非生産的かもしれないですよ。

S　そう考えると、オーケストラなんて超非生産的ですよね。

T　でも一緒にものづくりしてる感じはないじゃないですか。

――クラシックのオケ？

S　はい。例えば5人でこれだけかけて、ライヴをこれだけやって、収益はこうです。オーケストラは80人で収益わけなきゃいけない。われわれと同じようなやり方じゃ食えないよ。国やそれぞれの自治体とかが援助しないと食えないじゃない。だからうちの親だって貧乏だった。クラシックの家系ってリッチに感じるだろうけど……

T　感じるなんてものじゃないですよ。

S　エリートだと思うでしょ。全然そんなことないからね。オーケストラ・プレイヤーの家族は貧乏だよ。

T　でもあの教育ってなかなかお金がかかるからお金持ち？　あと両親がそうってことは、SUGIZOさんとかも教室や何かでけっこうな月謝とか。

S　そういうのにお金使っちゃうから、お金ないんだよ。楽器は高いから、そこにお金はつかうんだけど。だから、普通にみんなが持ってるおもちゃとか、買えなかったもの。

T　おもちゃで遊ぶなら練習せい、みたいな世界ですもんね。どこからどうみてもミュージシャンになるような人ですよ。

――他のことはできない。

S　できないですよ。

T　最初のセッションの時の話ですけど、SUGIZOさんと19、20歳で知り合ってたら、俺まじで生徒探してきますよ。1時間でバイトの5時間分稼げるならそっちのほうが全然よかったわけでしょ。

S　そんなこと考えもしなかったよ。だからいつもいうけど、TAKUROはどの仕事してもちゃんと上に立つ人間になる。

――絶対そう。最初のセッションで話してたけど、会社に勤めて、隊長までいった。

T　あれでもよかったのかも。ん〜、もうちょっと好きな仕事探してたかもしれないけど、もうちょっと幸せになれればよかった。ちゃんとひもじい思いをしない。

S　ひもじい思いはやっぱりしたくないよね。

T　ひもじい思いはトラウマですね。トラウマレベルでいやだな。
S　ひもじい状況でも生きてはいけるんだけどね。生きていけるけど、できればそういう心配をしないでいたい。
――ひもじさにデカダンスはないからね。
S　でもチャップリンの映画のようにホームレスでもデカダンを持って生きれるかもしれない。
T　美しく生きていきたいなとは。ずるいところとか、そういうところには踏み込まないで。
S　俺はそこに踏み込んじゃった。けっこう話せないようなこともいっぱいあったもの。
――海外のミュージシャンも同じようなこと言うけど、売れる前のエピソードってコメディ映画になりそうな感じがあるよね。
T　〝おれたちバンドマン〟みたいなタイトルの(笑)。
――ちょっと前にやらせ問題があって終わっちゃったんだけど「クレイジー・ジャーニー」っていう番組、けっこう好きだったんだよ。その番組でBAD HOPって川崎のグループを見たの。メンバー6人か8人なんだけど、全員少年院行ってて、すごいのは「川崎で有名になりたきゃ、人を殺すかラッパーになるしかない」っていうのが自分たちのうたい文句で、去年武道館満員にしてるんだよ。来年アリーナやるんだって。
S　それ本当の話ですよね。
――本当の話。実話。
T　その中のすごい人気者の人が、ソロとかやってないすか？　わかりますわかります。武道館が即完売する、今一番チケットとれない。
――さっきのSUGIZOの話を聞いて重なった。メンバーがサウスサイドとか言いながら地元の案内してると車が来るんだけど、乗ってるのが友達。メンバーはモザイクかかってないんだけど、そいつにはモザイクかかってて「こいつベッドでも何でも万引きできるんです」と言って笑う。凄いよね（笑）

S　これってもう映画の一場面……。

T　『プリズン・ブレイク』ですよ。もうそれ（笑）。

S　BAD HOP。この人たち、良さそう。

T　それでいうと、川崎がそうなら、函館は「車泥棒になるか、ロックスターになるしかない」そういう時代でしたね。俺の友達はマグロ一匹盗んだことがある（笑）。魚屋入って金目の物探したけどなくて、で冷凍マグロ盗んで、あさ友達の家に行って「ごめん、人目に付くから、冷凍マグロを庭に隠していいか」って言って（笑）半分だけ埋めた（笑）。価値があるのはわかるけど、高校生がさばけるはずないですもん（笑）。

——けっこうでかいの？

S　100万円ぐらいするんじゃない。

T　人が持てるから、20キロとか25キロとかだろうけど。

S　かわいいな。こいつら若いよ、俺の娘と同世代だもん。若い粋がった、ツッパリたちだ。

——川崎サウスサイドってエリアがあって、お母さんが覚醒剤中毒とか。だから、それこそ中学2年くらいのときは、おなか減ったら万引きで、自分たちでものを食ってたって。筋金入り。

S　凄すぎる。

T　結婚して、子どもできて、子どもの友達の両親たちと食事するようになって。うちの妻も神奈川なんですよ、で、うちの妻と友達の奥さんは横浜出身で、旦那さんは川崎なんですよ。

横浜出身の二人がディスるんですよ。横浜と川崎は違うって。「出た川崎」みたいな。俺に言わせりゃ一緒なんですけど。

S　でもさ、北海道の中で函館と札幌って違わない？

T　いっても金沢と神戸みたいなものですよ。

――でも、関東地方の横浜のやつらからしたら、川崎は工業地帯で。

T　コンプトンみたいな感じ。

S　俺らからしたらどっちも都会ですよ。うちら、ほぼ箱根だから。

T　大自然からむとまたカルチャー変わりますもんね（笑）。箱根。

S　俺たちもう一つ横須賀ってのがあってさ。神奈川。その3つがやっぱりバチバチやるんだよね。

T　それこそHISASHIと、上京当時に、福生を見に行ったことありますよ。

――米軍キャンプ？

T　ロックのキーワードの中に必ず……

――横須賀と福生は、やっぱり60年代後半くらいは凄かったね。東京・神奈川ってベースキャンプ文化があったから。青森の三沢とかって今でも基地があるけど、米軍基地があるところの周りってほら、FENが聞こえるから。

S　うちらも厚木に基地があった。

――FENが聞こえるエリアとそうじゃないエリアは違うんですよ。

T　うちは青森放送しか聞こえなかった（笑）。

S　青森放送は聞こえたんだ。

T　テレビもねえラジオもねえ（笑）、ラップ聞きましたよ（笑）。車もそれほど走ってねえ（笑）

スマホでBAD HOPを見ておもしろがるSUGIZO。ワインの気持ちよい酔いも手伝って、話は過熱していく。いきなりフラッシュバックしてる10代の頃のまるで映画のような日々。禁止事項は今よりもずっと少なく何もかもが自由だった気がする。

煙草の問題ひとつとっても禁煙についてはいまほどは取り沙汰されず世界中のどこの都市にも煙草の宣伝がビルボードを飾り、カフェでもバーでも紫煙が漂っていた。一息ついたところでSUGIZOがつぶやく。

S　ここひさびさにきました。ここ禁煙になったら最高なんですけどね。

——こっち側の席は禁煙だけど……

S　でも向こうの席のが臭ってきますからね。もう一刻も早く法律でね。

T　昔吸ってませんでしたっけ？

S　昔ヘビースモーカーだった。吸ってた人間がやめたほうが煙草の臭い嫌いみたい。最初から煙草吸わない人は平気みたい。

T　すごく昔吸ってましたけど、SUGIZOさんに一回も文句いったことないですよ。味わかんのかなって思ってた。

S　絶対わからないよね。RYUなんか、昔から煙草吸わないけど。全然平気だもの、もくもくの中でも。

──そういう人たちって免疫というか。

T　けっこう前にやめた？

S　20年近く前。

T　本当？　すげえ吸ってたような記憶がある。

S　90年代は、めちゃくちゃ吸ってた。今はＨＩＳＡＳＨＩだけ？

T　彼やめたりやめなかったり。たぶんやめてないな。

S　うちは、ＩＮＯＲＡＮだけだな。

T　ＩＮＯＲＡＮさん、またよく飲むでしょ。

S　一番心配。逆にいうと、90年代はすごくクールなイメージだったでしょ？　その反動とかがあるかもしれない。素面だと静かな人なので。飲んで自分でアゲてるんだと思うよ。

T　ですよね。ステージで飲むのテキーラでしたっけ？

S　テキーラ。何杯も飲むよ。

T　あんまり身体によろしくないんじゃないですか。

S　そうだね。メンバーで一番心配なの。

T　痩せの大酒飲みってなかなかやっかいじゃないですか。

S　それはＰＡＴＡさんだよ。

T　飯食わなそう。

──誰？

S　ＰＡＴＡさん。Ｘ ＪＡＰＡＮのギタリストの。正真正銘の大酒飲みで、酒飲むと食わないんですよね。

——から酒ってのが一番ダメなんだよ。

S　だから痩せ細っちゃってて。一時、死の淵を歩いて、一命をとりとめた。本当に心配です。GLAYはみんな健康そうだね。

T　とりあえず大病したやつはいないですね。

S　JIROちゃんなんかさ若々しいもんね。

T　趣味登山（笑）。

S　いいね。やりたいんだけど。

T　JIROさん、月イチくらいで行ってる。最高のおもてなしでもって、すごい美味しいコーヒー淹れてくれますよ。

S　一緒に潜りにいこうよ。こっちは趣味ダイビング。

T　その案件は来年絶対叶えよう。

S　あと例えば瀬戸内寂聴さんがすごいのは、あのご年齢で一番食うのが肉なんですよね？ステーキとかバクバク食べてる。それが若さの秘訣よーって。

T　実際に動物、肉食えなくなったらなかなかですよね。死期近いですよ。

S　俺昔から苦手だよ。

T　食ってた人が食わなくなったらですよ。あとはもうものを食べられなくなったらね。

S　TAKUROも酒飲むじゃん？　ちゃんと食いなよ。

T　食ってますよ。

S　PATAさんみたいな呑み方になると本当に心配。

T　もう骨と皮って感じだもんなあ。

S　俺、よく一緒に飯食いにいってPATAさんに懸命に食わすの。「よし食った食った」って。

T　でも48歳ってけっこうもうおじさんじゃないですか。普通に食事しながらお酒飲むくらいで、朝から飲まないし、昼ビールとかもしないし。でも好きな人って朝から。何でなんすかね。

S　PATAさんもそう。INORANもそう。レコーディングでも昼からワイン飲んでる。

――でも変な話、55歳くらいまでは、僕も朝シャン、昼ワインだったからね。

T　そうなんですか。

――昼のお酒の味が好きだったから。他のものを飲むよりもお酒が美味しい。僕は変な酔い方しないもんね、寝るくらい（笑）

S　本当に寝るくらい（笑）

T　それは自然でいいですよね。俺も眠くなりますもん。あとは呂律がまわらなくなる。

――眠くなったら寝ればいい（笑）。

T　どこでも（笑）。

――僕平気で寝ますから（笑）。　でもセッションいい感じで進んでるね。2日間スタジオでやった後に今はクラブでライヴやっている感じ。12月にはSUGIZOも大好きな箱根・強羅の〝円かの杜〟でもやれるし……

S　素晴らしい。本当はその時期北京の予定だったんですけど、決まってこなかったから……

T　面倒みてるバンド？

S　そうそうそう、テレビなのよ。

T　興味あるなあ。

S　いいバンド、よくなるよ。中国のバンド。俺の娘より年下。

T　彼らがこれから切り開く、なんならロックンロール戦後の焼け野原みたいなところから、「俺バンドやる」みたいなことですもんね。

S　向こうはやっぱりシンガー中心、というか日本でいうジャニーズ的な歌って踊れるグループが中心で、いわゆるロックバンドは土壌がない。彼らはそれを開拓したい人たちで。牛耳ってるのは一大エンターテインメントの大御所の社長なんだけど、そこからオファーが来て。メーカーはユニバーサルなんだけど、アジア展開はエイベックスなの。avex asia。

T　北京にもブランチがあるんですか。へー。俺たち2002年に日中国交正常化30周年記念で当時の江沢民主席に謁見してライヴやったんですけど、それはある意味接待だった。中国の政府高官たちと、俺たち四人と中国の人気女優がいて、「あなた何か歌いなさい」「はい、わかりました」って言ってその女優が歌ったんですよね。さっきSUGIZOさんも言ったように向こうは一芸じゃダメなんですよね。唄えて、MCできて、演技できて、踊れて、みたいな。それで今度は俺も「君も何か歌いなさい」って言われて。いくら「俺はギターだ」って説明してもダメで、ちょっと空気悪くなったんですよ。そしたら、TERUが男気見せてくれて。「俺ボーカルなんで歌います」「そうか、じゃあ歌え」と。「日本人が初めて全米1位になった曲でヤキニクという歌を歌います」って言って、「スキヤキじゃねえかな?」と思いながら聞いてたんですけど、そしたら「上を向いて〜♪ラーララララ♪」上を向いての後が出てこなくて、ラララで通したんですよ（笑）。そしたら拍手喝采、大拍手。どっちみちまあ日本語の歌詞はわからないから、ラララでいいんですけど。「上を向いたら歩こうだろうが！」って言って、「あとさっきのあれスキヤキね」つって（笑）。「ヤキニクじゃないから」って言って（笑）。

S　TERU？

**T**　そうです（笑）。でも、おかげで助かったんですよ。

**S**　中国、ロック・シーンがまだないんだよね。でも、そのバンドはかなり人気出始めてて、チャートで一番取り始めて今後の成長が本当に楽しみなの。

**T**　中国でもライヴハウスないかな、ファンキー末吉さんとかがやってた気がするな。

——北京にもライヴハウスあるよ。

**S**　ファンキー末吉さん、やってたね。そう考えたら、韓国はロック・シーンあったんだよね。それこそ紫雨林（ジャウリム）とかさ、仲良かったでしょ。そういう意味では韓国は今、ロック・シーンも低迷しちゃってる。K-POPに押されて。すごすぎて。

**T**　バンド形態としてはいろいろあるんですけど、やっぱりくくりとしては「イケメン」というか……

——だってチョー・ヨンピルだって日本に来て演歌とかやってたけど、もともと韓国のボブ・ディランって言われてたんだもの。

**S**　そうなんですか。

——もともとU2のボノっぽいノリでやってた。それをあの人自分で悔いているんだよね。山にいて、反体制とかでやってたのに、日本にきて「釜山港に帰れ」になっちゃって。

**T**　それで当たっちゃって。

——でも今、本当に世界がすごいことになってるよね。

**T**　そうですよね。俺らが歴史で習ったような、イラン・イラク戦争みたいな　中東戦争みたいなことが、いま実際起きてるんですよね。

——だけどすごく怖いのは、日本のテレビってほとんど報道しないよね。

S　だから何が起きてるかよくわからないんですよね。

――うちはCNNとかBBC見られるんだけど。同じ時間に日本の夜のニュースとザッピングしてみると、こんなに違うんだって思うよ。

T　正直、日本のテレビってちょっとおかしいんですよね。こんなにテレビ大好き、バラエティ大好きな俺でも「なんでそうなっちゃったんだ」って思うくらい。偏向報道も多いし、公正っていうことよりも、激しいとか、面白そうとか、人々が喜びそうとかっていう、若い人はネットで見てるじゃないですか。だからどんどん加速して、50代60代の人たち向けに娯楽番組ばっかり作って。

S　若い人はもうテレビ見ないですよね。

――新聞も見ないでしょ。

S　逆にいうとその情報ソースのほとんどがネット。SNS。

――ネットには長い文章がないんだよね。新聞の社説とかはまだまだちゃんとしてる。それを見る機会を失ってるんだよね。

T　ネットが出てきて10年20年とかですよね。本当はちゃんとしたジャーナリズム、報道っていうのは50年くらいたたないと根付かないのかもしれないですよね。新聞も5年10年くらいは手探りだったんじゃないかな。

S　もう新聞って100年ぐらいたってるのかな。新聞って1800年代からあります？

T　印刷機が……

――100年くらい。

S　ネットはまだ発展途上なのかもね。あとはネットのテクニカルなテクノロジーの部分以上に、ユーザーの心が発展途上なのかも。倫理観とか使い方をしっかりして。常識や倫理を重んじて、何て言うのかな、人間の精神的な成熟がすごく必要。無法地帯だから。やろうと思えばなんだってできちゃう。

T　新しいから、みんなワッてなっちゃってるのかもしれないですね。なんならあいつより面白くして閲覧数稼がなきゃみたいな。ブログの閲覧数を増やすために火をつけてしまうみたいな。

――数字に全部換算しちゃう、今の社会の慣例が本当によくないと思う。ダウンロード数どのくらいとか。

S　再生回数とか。

T　これだけ多様化されてると、みんながいいって思うものっていうのがなかなか……

――そう、そうすると数字で評価するのが一番わかりやすいからね。レコードだって極端なこというと70年代にだって、ボブ・ディランの100万枚売れたレコードってなかったと思う。一番最初、レコード業界が数字に狂ったのは『サタデー・ナイト・フィーバー』のサントラじゃないかな。

S　70年代後半ですね。

――76年だったと思う。まだ当時アナログ・レコードだけど、映画のヒットも手伝いサントラで1000万セット売れた。そうすると、2枚組だから2000万枚。それで入ってきた金がすごかった。そのあとすぐピーター・フランプトンの『フランプトン・カムズ・アライヴ！』が売れた。そのライヴ・アルバム2枚組で1000万セット、2000万枚売れた。それで、レコード業界はおかしくなっちゃった。

T　おかしくなる人がいたし、その人が力持ってたってことですね。

S　ピーター・フランプトンわかるでしょ？

T　もう、スリーピックアップの。

S　ボウイの、ちょうどあの。

――グラス・スパイダー・ツアーだよ。

S　そうそう、だからアルバム的には、『ネヴァー・レット・ミー・ダウン』か。

――そう。『ネヴァー・レット・ミー・ダウン』。ピーター・フランプトンは確かボウイの学友だったと思うんだけど、もともとハードっていう人気バンドのメンバーだった。

T　その後あれですか　クラプトンさんの〝アンプラグド〟がこれまた。

S　あとはMTVでしょ。ダメになったの。

――でも、ピーター・フランプトンってギターうまいのにルックスがアイドル級だったので損したよね。ロック・ファンからは正当に評価されなくて、ボウイのツアーに参加して再評価された感じがする。『あの頃ペニー・レインと』というキャメロン・クロウの抜群にいい映画のテクニカル・コンサルタントもやっていた。

S　そうですよね。80年代後半のツアーね。

――この本が出たら、こんな話とかもしながらこの前も話したけどTALK&LIVEのプロモーション・ツアーやろうね？　二人のライヴと三人のトークを絡めてさ。

T　もういっぱい恥もかいたし。自分の音楽人生がもっと豊かになるのであれば。

SUGIZOさんとのセッションもひるまず、ありがたく。

S　俺ももっと勉強しないと。

T　本当はいやなんですよ。公開処刑みたいになるし。でもトークで取り返す。
S　でも「ブラック・バード」とかスルッて弾けるじゃん。俺全然弾けないよ。教えてくれない？
T　30分で、たぶんポールより弾けるようになりますよ（笑）
――でもさ、僕がやりたいのは、ステージの上にアンプだけじゃなくソファやレコードプレーヤーも置いて。「じゃあ二人で『ブラック・バード』弾いて」とか言って、なんかリビングルームみたいなステージ。
S　贅沢な時間。
T　料理していただいて。
S　立川さんといろいろイベントとかご一緒するのは本当にいいよ。ものすごく吸収できるから。毎回、無理難題がきて、立川さんは「大丈夫、大丈夫。SUGIZOはすぐできるから」っておっしゃるんだけど、こっちはもう（笑）。立川さん、実は俺普段ものすごい努力してるんですよ。
――SUGIZOがなんか新しいことやりたいっていうから、考えるわけでどうしたって新しいことはそうなる（笑）
S　なので相当エネルギーを使う。そしてそれが身になる。新しい扉を、チャンネルを作ってくれる。
――さっきSUGIZOも話してたけど、この間の京都で声明とやったときもすごかった。かっこよかった。でも「ブラック・バード」のタイトル聞いて急に思ったんだけど、ロックが巨大化したきっかけってやっぱりビートルズだったのかな。最初4人でスタッフ2人ぐらいでやってたのが、最後は弁護士が36人くらい周りにいたんだものね。

**T** 36人。

**S** ビートルズって今もう伝説じゃないですか？　でも当時は、人気があるうちの、いちバンドだったんですか？　すでに別格だったんですか？

**T** 生ける伝説でしょ。その段階で。

**S** ――でもね、ビートルズって、『サージェント・ペパーズ・ロンリー・ハーツ・クラブ・バンド』まではまだアイドル的要素が強いバンドだった。

**S** 『ラバー・ソウル』の後ぐらいからアーティスト性が深化していった。

――まだ、ジョンかわいい、ポールかわいいで。『サージェント・ペパーズ』が完全な分岐点でガラッと評価が変わった。

**T** そのときは女性ファンは、離れるんですか？

**S** あとライヴやらなくなったから離れたんじゃないですか。

――ライヴも66年で終わってますから。

**T** でもそのあとでも『ホワイト・アルバム』で予約で200万枚とかいったりするじゃないですか。

――『サージェント・ペパーズ』で完全に大人から評価されるロックバンドになった。

**S** また別の意味で受け入れられたってことですよね。そこでファン層が変わった。

――それまで「ビートルズなんて」って言ってた人が、いきなりビートルズはすごいって言いだした。あれで新しい世界が開けた。

**S** メンバーもあえて髭ボウボウにして、あれ、それまでのキャーキャー言ってたファンを離すためですよね。GLAYもあえて全員髭ボウボウにしてみたら。

T　したいんだけど、JIROが生えない(笑)。一週間生やしてもちょろっとしか生えない(笑)。

S　TAKURO似合うじゃん。HISASHIとJIROちゃんは想像つかないけど、髭ってやったらかっこよくない？　ジョージみたいに。

T　でもそういうバンドの一種の方向転換っていいですよね。

S　ね。

――でもさビートルズって、映画の『ヘルプ！』とかの頃だと、ジョンが一番人気なかったんだよ。

S　ルックス的にジョージでしょ！

――いやポール、リンゴ、ジョージ、離れてジョン。ジョンってもう結婚してたから。ましてやちょっとシニカルだったし。

S　考えてみれば、当時のエド・サリヴァン・ショーとか観てると、「みんな残念！　ジョンはもう奥さんがいるよー！」って書いてある(笑)。

――いじわるだなあ(笑)。男には人気あったけど、女の子はポール、リンゴ、ジョージなの。

T　俺、立川さんに一回聞きたかったのは、ジミー・ペイジはやっぱりツェッペリンとともに心中したんですかね。彼だけじゃないですか、ツェッペリンだけをずっと……

S　いや、そんなことないよ。ファームとかもやってるよ。

――やったけど、結局、今は、ツェッペリンの正しき財産管理人ですよ。

T　そこにすごいシンパシーを感じてる。いい意味でも悪い意味でも。

S　ロバート・プラントは自由な不良ジジイだと思う。

――ボヘミアンだからね。でもアリソン・クラウスとの共演アルバムとかセンセーショナル・スペース・シフターズとやったアルバムとか抜群にいいもの作ってるし。だけど本当にジミー・ペイジとTAKUROは近いと思うよ。

T　なんかすごく感じるんですよ。

S　でもかっこいいよね。ジミー・ペイジの生き方。

T　かっこいいんですけど、ベースのジョン・ポール・ジョーンズみたいに結果出して、でも彼だけ管財人みたいな、

――ジミー・ペイジは管財人ですよ、完璧な。

T　ツェッペリン以外でも評価されたい人No.1だと思うんですけど。

――いやいや、あの人はもう心中ですよ。

T　なるほど。

S　でもTAKUROがジミー・ペイジみたいに年をとってくの、かっこいいと思うよ。

T　今日リハやってて、俺昨日パーマかけたんですけど、ドラゴン柄のテレキャス弾いたとき、ちょっと寄せましたよね、弾き方（笑）。

――SUGIZOが言ってたことだけど、ペイジ&プラントの武道館でやったコンサートが……

S　あれはマジかっこよかった。ほぼツェッペリンでしたからね。

――「カシミール」やったときに、〝エジプシャン・オーケストラ〟が入ってて、めちゃくちゃかっこよかった。

S　あれ〝エジプシャン・オーケストラ〟でした？　日本人じゃなかったですか。

――それを〝エジプシャン・オーケストラ〟って呼んでた。

S　なるほど。6割くらいツェッペリンの曲で、しかもオーケストラ入り。あれは最高にかっこよかった。ペイジもさ、調子いいときと悪いとき音が全然違う。調子悪いときオッペケペーだからギター。

T　なんなんでしょうね。精神的な、メンタルっていうとかっこいいんだろうけど。

S　身体能力でしょ。あれ、25年前くらい前ですかね。

T　当時、30、40代でしょ。

S　いやいや、そんなことない。それこそ、俺のファーストのソロをイギリスのスタジオで作ってるとき、TAKUROがロンドン来てくれたじゃん。

T　97年ですかね。

S　実は、ペイジ&プラントと同じスタジオだったの。あとバーナード・バトラーもいた。スウェードの。それでペイジ&プラントが作ってて、プラントがあのときでおそらく50歳くらい。いまもう70代。

T　50歳か。今のほうが、日本のアイドルも含めて、なんか寿命が長いですよね。

S　違うよ。本当に良いものを作ってる人が寿命が長いんじゃないの。

――言えるよね。ボブ・ディランもウィリー・ネルソンもポールもそうか……

S　スタジオのリビングとかで何日も一緒だったんです。ペイジ&プラント。面白いのがロバート・プラントは、オフステージでも、「俺がロック・スターだぜ」って不良ぶりを発揮するわけ。スタジオのお姉ちゃんをナンパしてる感じ。ジミー・ペイジは逆で普段スタッフみたいなの。静かでひっそりスタジオの隅にいて。最初スタッフだと思ってたら、ジミー・ペイジだった。

T　ちょうどイイ感じで枯れてきたころだったんだじゃないですか。

S　表にいるとき大スターだけど、普段はいたって地味な人だった。

T　あの復活の日の、2007年のライヴ、めっちゃコーラスみたいなのずっとかかってた。ギター・ソロとか。なんでだろう。

S　たぶんそれはDVDでしょ。それはたぶん、差し替えてる。もしくはエディットとしてピッチをなおしてるから、アンビと実際の音と違うから、そういうふうに聴こえるんじゃない？

——だけど、こうしてリハーサルというか、あまり何も決めずにトークセッションをしているの、面白いね。予想通りのおもしろさ……めちゃくちゃかっこいい本になるよ。インスパイアされたのは今度見せるけど、『もうすぐ絶滅するという紙の書物について』っていう哲学者同士が対談した本。めちゃくちゃかっこいい。あの本を読んだ頃から、こういうノリのをやってみたかった。

S　それもプロデュースされてるんですか。

——いやいや海外の翻訳もの。ヴィジュアル的な要素が一切なく話しているだけ。この間、見せたロビー・ロバートソンの自叙伝とかも2段組で全部文章だけど、その渋さが最高にかっこいい。

S　ファンの人からしたら、いい意味で敷居が高いですね。これがちゃんと全部わかったら次のステップに行ける。

——若くない人が読んでもすごくかっこいいのってバイブルになるでしょ。そうか、SUGIZOとTAKUROってこんなこと言ってるんだ。それを、理解するまでに10年かかってもいいんですよ。

**S**　そうですね、その通り。そこで重要なのが我々ロック・ミュージシャンの世界って年を取っていくのが難しいんですよ。どうかっこよく年をとっていくか。

——それに関して言うと、さっきも名前あげたけどディランがいるよね。あの生き様って実はすごいと思う。

**S**　指標がいますよね。

——すごいなと思ったのは、ノーベル文学賞とったとき。受賞式にいかなかった。「先約があるから」って言ってさ。

**S**　理由がかっこいいよね。

——でもノーベル賞をとった人は、次に必ずスピーチをしなきゃいけない。だから代わりにパティ・スミスをいかせた。最高なのは、ディランとパティってのはけっこうタヌキだからさ、A Hard Rain, Sa-Gonna Fallを歌うんだけど。ワンコーラス目の半分くらいで、「間違っちゃったんでもう一回頭からやらせてください」ってパティが恥ずかしそうに言ってまたアタマからやるという……（笑）。

**T**　わざと？

——そう、わざと（笑）。みんな真摯だなって思ったんだけど、アメリカのメディアが「あれはディランの指示だ」と。もう一回やることで、詩の重要さを伝える。ある言葉を間違っちゃったって、もう一回やらしてくださいって言って言葉の重要さを伝える。

**T**　すげえトリック、トリックスターだな。

——ボブ・ディランって芸名だからね。

T　ジンマーマンでしたっけ？

――ボビー・ジンマーマン。デヴィッド・ボウイも、

S　デヴィッド・ジョーンズ。

――すごい人って芸名なんだよ。外国って面白いよね。

T　ボノもですよね。ポール・ヒューソン。

S　ヒューソンって（笑）

――だってスティングだってゴードン・サムナー。

T　マイケル・ジャクソンって、山田太郎みたいな話ですもんね。すっげえキャッチー、キャッチー過ぎるよね。ジャーメイン・ジャクソンじゃこんなにそうはならない。

S　ジェームズ・ブラウンもそうだね。山田太郎。

T　馴染みある、なんてもんじゃない。だってマイケルですもんね。

S　中東だとそれモハメド・アリなんだよ。

T　イギリスだったら、ジョン・スミス。

S　そういう意味でいうと、ファンが歳を取ったときに読んで、ああすごくよかったんだってそういう本にしたい。

――僕が思うのは、ミュージシャンの本というよりも、職業として肩書としてロック・ミュージシャンをやってる人が、こんなに考えてるんだ、考えてるんだっていうより、分かってるんだっていうことを伝えていかなきゃいけない。SUGIZOが言うように、今世の中は二極化してる、何も考えてない人たちっているわけじゃない。でも、考えてる人たちはこんなにちゃんと考えてるんだよねっていうようなものを作りたい。

S　何も考えてない人は、何かのきっかけで、どこかでバコーンで変わるんですよ。それこそ、うちの娘は何も考えてないクチなんですよ。社会に関しては。バコーンって、自分が世の中に貢献するんだって変わってほしいと思ってて。ただいい詩があってね。明日の件もあって、ずっと勉強したいと思ってた里親制度を勉強してて。子どもに対してのいい詩があって。子どもはね、「子どもは自分のものではない」と「子どもは自分が生んだのではなく、自分を通して生まれてきた」「自分の子どもを愛してもいいが、自分の考えを押し付けてはいけない」って。子どもに対することを勉強してて、だから瑠奈に対しても、俺がこういう人間だから、本当は社会貢献とかしてほしいけど、本人は、ファッションとか「顔が―」「メイクが―」って言ってる……

T　坂本龍一さんが言ってたけど、22、23、24、25のころのSUGIZOさん「顔が―」だったけど、27、28のときにバーンってビッグバンが（笑）……　振り切ったから。

S　それを待ってる。俺の場合は昔ひどかった反動が。娘が生まれたときだったんですよ、きっかけは。この服がさ―髪型がさ―って言ってた。

――さっきのベニス・ビーチの話があったけど12月に公開されるデニス・ホッパーのドキュメンタリー映画を観ると30代の時は、「俺はデニス・ホッパーだ！」みたいな感じだったんだけど、それが年々変わっていく様子が面白い。一回めちゃくちゃハリウッドから干されるわけでしょ。40年間付き人だった人がいて。彼の独白をベースに進んでいき、そこに過去のフッテージがついてる。タイトルは『狂気の旅路』。めちゃくちゃ面白いよ。

S　われわれの世代としては、『イージー・ライダー』だからね。あれは69年だからね。

――SUGIZOが生まれた年。

T　SUGIZOさんも、LUNA SEAとして、終幕して、旅をして、また一緒になって実はこのことって俺たちでいったら事務所独立する際にもめにもめて裁判にまでなった。

——さっきの水素のSUGIZOの写真かわいかったね。

T　借りてきた猫のような。

S　賞とかもらうのが苦手で、もちろんそういう経験はあまりないんだけど、いってしまえば俺は現政権は8割方賛成できないから。いいところも2割くらいあるのよ。水素エネルギーとか。安倍さんの指示で、福島を水素エネルギーの聖地にしたい。それで再生エネルギーを担いたいって。それは大賛成。いいプロジェクトとか政策は、それは応援したい。原田大臣が微妙だったんだけど。

T　なんなら日本中が一番期待してる人が今度……

S　でも、残念、だよ。

——だって楽器弾けない人にバンドやらせるようなもんだからね。

T　ドレミファソラシドからですね（笑）。

S　そういう人を任命しちゃう安倍さんがまずい。

——今度の法務大臣の後釜の森まさこなんて、法務大臣のキャラクターでもなんでもない。

T　不思議なのは、そんなばれるであろうことを……、おまえ次やらせるから2年間勉強しとけよみたいなのも……。

S　みんな、頭悪いんだよ。

——今の政権て、本当に頭悪い。

T　わかります。前に南麻布に住んでるときに、近所に超一流の、ほぼほぼ官僚になるっていうすごい中学があった。髪型とか、校則がない、私服だし。どんな恰好してもかまわない。生物学的に理由があるのか、ある時みんなデニス・ロッドマンみたいな頭になってた。いろんな色入れて全員。車でせりと見てて、なんだこの子たちは、髪をそうしたら眉毛も整えなきゃいけない服も髪に合わせなきゃ、なんで第三者の目で見れない。トータル・プロデュースが必要なのにその人たちが将来が7割官僚になるって聞いて、こんなことを言ったりやったりしたら日本国民からどう思われるのか、どっかで学ばなきゃいけないけど、学んでないのかなって……

S　だから「身の丈で」とか言っちゃうのよね。木を見て森を見ずなんですよ。

T　ここを変えたら、眉毛も変わるし、ぶよぶよしててもダメだし。

——今朝の番組で芸人が言ってたんだけど、「政治家は笑いなんてとらなくていいじゃないですか。それは僕たちの仕事だ。だからマジメにやってください」って。正論だなって思った。

S　河野さんもね。

——太郎さん。力も話力もあるのにね。

S　河野さんって防衛大臣に向いてないじゃないですか。外相は向いてたんですよ。考えすぎかもしれないけど、安倍さんを脅かす立場にあるんですよ。実力も人気も。頭もいいし。おそらく安倍さんが潰したいのかもしれない。外相やらせてたほうが良かった。見てると、安倍さんてイエスマンしか置かない、周りに。

——麻生さんの策略的なものもあるかも……

S　ちょうどブッシュ政権時代のブッシュとチェイニーみたいな感じですよね。

——そう、チェイニー、チェイニー。あの映画になった。

S　あれはクリスチャン・ベール素晴らしかった。今年一番だもん実は。

T　あらま。

S　あのクリスチャン・ベールはすごい。

T　もともとすごい俳優。

S　すごいよね、『ダーク・ナイト』だもん。

——昔のデニーロみたい。あんだけ太っちゃうんだから。

〝カンバセーション・ピース〟というタイトルのトーク・セッションは最高にいい感じで進んでいった。〝ブルース・セッション〟のようなノリで会話が弾み、テーマが飛躍していく。そのおもしろさと深さ。70年代に「ロック名言集」という本をまとめたことがあったが、ロックの世界に生きる人間の考え方と視点というのは他のジャンルの人にはないものだということを改めて思った。そして4回目のセッションは、まず〝旅〟というテーマで始まった。

## SESSION 4　2019.11.10

——二人とも旅多いと思うんだけど。SUGIZOも連絡すると急に今イラク行ってますとかあるし……

S　仕事柄旅は多いよね。

T　移動と旅って全然ニュアンス変わってくるんですよ。気持ちが。

——移動。

S　移動多いよね。

——僕もそうだったけど、普通の人から見たら信じられないスケジュールで動くわけじゃないですか。

T　そうなんですか。

——21世紀になってからは、海外に行くのは劇的に減ったけど、20世紀はとにかく多かった。80年代と90年代の多さなんて、パスポートが増刷になってしまう……

T　もう押すとこないと。

——押すとこない。

S　そうなってない？　TAKUROは。

T　なってない、今は。だってパスポート今押さないから。

S　俺毎回押してもらう。

T　押されないんで。

――僕らのときは押してた。それで、なおかつビザの必要な国とかってあると。

S　押しちゃうよね。

――そう、1ページ使っちゃうから。

T　貼っちゃうとね。

――貼っちゃったりすると、だから増刷ですよ。そうなると怪しい日本人になる。

T　まだ80年代って、そんなに海外旅行がポピュラーじゃない。80年代の初期ですか？

――そう。

T　80年代か。

――70年代、73年はパリに行ってから始まって70半ばからはどんどん増えていった。

T　アンカレッジ経由じゃないの？

――そう、アンカレッジ経由。

T　そんな感じですよね。

――パリ、ロンドンはアンカレッジ経由で。で、なおかつロンドンなんて急に用事ができて行かなきゃならないときは北回り取れないと南回りで行ったり、鬼のような移動。

T　南回りってちょっと想像つかないですけど、どんなとこ通るんですか。

――バンコク、それにドバイ。3カ所止まってく。

T　今では考えられないですけど、要するに途中で給油か何かするんですか。

――給油じゃなくて、そこでいろんな人を乗せてく。

T　乗せてくんだ。バスみたい。

――そう、乗ったり降りたりなんだよ。

S　飛行機同じなんですか。

――同じですよ。

S　飛行機同じで経由する。

――だからバンコクで2時間半とかの待ち時間。だからバンコクの空港でビール飲んだりして……。

S　トランジットじゃないんですね。

T　じゃないです。じゃないですね。

――トランジットじゃないです。だからスリーストップの南回り。

S　俺もずっとロスだったじゃない。15年間ずっとロスだったから、一番使ったのがシンガポール・エアライン。あれはサービスも良く、クオリティーも高く、安かったの。その代わりシンガポールから成田に来て、成田からロスっていう。で、ロスから東京。東京toシンガポールっていう便だったので、荷物置きっぱなしにして。

――そうそう。荷物は載せといていいんだけど、そのまま飛行機からは出される。とにかく乗ってちゃいけない。一回全部出されて、また入る。

T　仕事ですよね。

――もちろん仕事。

T　仕事の日数にも今思えばゆとりがあったってことですよね。行くだけだって、丸々1日ぐらい時間がかかるわけだから。

――だけど結構悲惨でニューヨーク2泊4日とか。仕事だからって、1日ニューヨークで打ち合わせ。今みたいにメールもないし、だって海外で最初に仕事した70年代の時って、ファックスもないんだよ。

**S** ないですね。電話ですよね？

——電話はあったけど、あとはテレックス。テレックスっていうのは完全に。

**T** テレグラム・サムですか。

——テレグラム・サムです（笑）。文字だけなの。図面というか絵も送れないからね。ファックスだと絵は送れる。

**T** 書いたものは文字は送れるけど。

**S** ファックスの前の時代がテレックス。

——そうそう、テレックス。

**T** テレックス。聞いたことあるような。

——文字だけ。だから行くしかない。

**T** ナオキ、すぐ来いみたいな。

——そうそう、いつ来いって。だからあだ名がナオキＦＪ立川。〝ＦＪ〟フライング・ジャパニーズ。一番多い時だとよく覚えてるんだけど年26回だった。

**S** 旅してるよね、そう考えたら確かに……。

——住んではないから。

**T** 全国ツアーなんかやったらですけど、そんなふうに日本を刻むツアーは過去25年ずっとやってますけど。

——でも日本でバンドとかミュージシャンとかライヴでやってるツアーのことを考えると、この前オーチャードホールで3人で一緒にライヴ見てた時、TAKUROに飛行機の時間だから早く行けばって僕が言ったら、大丈夫ですよみたいな感じが最高におもしろかった。ロスに行くのは仕事じゃないですよね。

**T**　仕事じゃないですね。

――SUGIZOも仕事じゃなくて行く旅って結構あるでしょ？

**S**　とりあえず90年代、僕は拠点がロンドンにあったから、行ったり来たりしてた。で、2000年代はLAにいる娘生活の一部でしたよね。海外と日本の行ったり来たりっていうのは。海外はツアーで機材をごっそり持って、スタッフと一緒に行くほうが少ないですよ。とはいえジュノとXでやっぱりパスポート増刷するはめになりましたね。特にジュノは細かく回ってたから。スタッフもなしで。

**T**　世界中ですもんね、ほんとヨーロッパの細かい場所とかも回ってるんですもんね。

**S**　だから行ってないエリアはそれこそ南極ぐらいかも。

――ジュノはどのくらいのバランスでライヴやってたの？

**S**　長かったのはヨーロッパ回ったとき。1カ月半ぐらいかけて、ずっとバス移動。拠点がブライトンにあって、ブライトンからバスで行って、何カ所か回ったらまたブライトンに戻って、そこで数日過ごして。ブライトンがベン（・ワトキンス）の本拠地だから。バスツアーをしてると、たぶん経験あると思うけど、自分がどこにいるか分かんなくなる。どこの国にいるかもどこの土地にいるかも分かんない。バスって大変そうに見えるけど、便利なのがドア・トゥー・ドアだから。ライヴハウスの会場出たら、次の会場まで行けるから。

**T**　夜走。

S　夜走。そういうことやりながら、記憶に強く残っているのはドイツのベルリンとかハンブルク。フランスも何カ所か。オランダも行って。面白いのがジュノが多かったのは、キエフとかブルガリア、あと、スロベニアとか。旧共産圏。チェコとか。

T　旧共産圏。なかなか刺激的な（笑）。

S　そう。チェコとかハンガリー。いわゆる旧共産圏が意外と多くて、それはそれですごく面白い旅だったね。で、アメリカをツアーするときも北米をバーって回りながら、メキシコ何カ所か回ったりとか。結構細かく車で回るってことをジュノではやってた。Xもちょっとしたバスツアーあったけど、Xはもうちょっと大きく回る。LUNA SEAはアジアが多くて、ヨーロッパはドイツだけだね。

――ドイツも行ったことあるんですか。

S　LUNA SEAでね。アメリカはロスだけ。そういう意味でいうと、圧倒的に実は本数はジュノが多かったよね。

――いわゆるバンドのツアー、ミュージシャンとしてのツアーはってことだね。

S　はい。その当時は規模も大きくないので、スタッフもいないんですよ。自分でセッティング、終わったら自分でばらし。しかもジュノの北米のツアーとかって、そもそもいろんな国のメンバーがいるから、いろんな国から集まってくるから。ジュノのアメリカツアーはダラスの空港集合とか、そういう感じ。

T　それ、もうお笑い芸人の現地集合。芸人さんのロケですよ（笑）。

S　ブルガリアでライヴやったときもブルガリアの空港集合とかさ。

T　さすがにチケットはエージェントから送られてきて。

S　もちろんもちろん。なんだけどだらしないから、ちゃんとブッキングができてなくて、トランジットしてその先が取れてなかったりとかさ。

T　そうなったらもう意地でも自分で行くぞっていう。

S　で、自分でギター担いでっていう。

T　そうだよね。

S　それを大体2008年ぐらいから、10年近くやってきたんだけど。もういいやと思って。

T　いやいや（笑）。

S　もう50歳だもの。

T　そっちね。確かに。

S　そういう活動本当に面白いし、音楽的にはすごく吸収することが多いし、心から感謝なんだけど、デビューして25年たつ俺が、もう楽器えっちらおっちら一人で背負って、自分でセッティングして自分でバラしてっていうことはそろそろやんなくてもいいかと思い始めた。

T　突き詰めるとそこに行くんですね。

S　せめて一人スタッフ連れていきたいと。もう持たないってこと。そのお金出せないんだったら、じゃあゴメン行かないわみたいになってきて。

――それで結局やらなくなった。

S　そうそう。来てくれって言われるんだけど、一人で楽器だけ持っていって、それもう勘弁してくれって話になるよね。

T　音楽的な魂の結びつきはあるメンバーとはいえ、国も文化も何も違うじゃないですか。それで1カ月半って、ホームシックじゃないですけど、ちょっとつらいなって思ったりは。

S　なんなかったんだよね。

T　ないんですか。そこはさすがは地球規模の。

S　家族みたいだし、そもそもそこはたぶんいい意味でTAKUROと俺のすごい違うとこだと思う。TAKUROってたぶん故郷とか自分の居場所、ホーム、家庭ってすごくあるもの。

T　ありますね。

S　大切だよ、確かに。

T　不動産にはすごいこだわりますね。

S　俺はそう考えると、元来根無し草だと思うんだよね。

T　今の話聞いてるとそんな感じですよね。

S　風来坊というか、自分のほんとの故郷とか居場所って今までなかったから、どこでもいいんだよね。

T　どこでもいいんですか。

S　うん。

T　でも一応落ち着く場所とか。

S　やっと数年に初めて自分の物件を買ったけど、基本的にどこでもいいというか、どこでも生活できちゃうの。

T　それこそ人も職も、こだわるというか一番恋しくなる食とかも別に。

S　大丈夫。どこ行ったたって日本食あるし。

T　ヨーロッパないですよ（笑）。

S　ほんと。

T　チェコとか行ったけどすごい和食出てきたもん。

S　でもチェコで1カ月いたら日本食が恋しくなるかもしれないけど、ライヴでぽんと数日いるぐらいだったら別に。

T　そうですね、まあまあ。

S　でも、TAKUROって本当に自分の地元を愛してるよね。

T　愛してる。とっても。

S　いい思い出たくさんあるでしょ。

T　はい。

S　俺は自分の故郷にいい思い出がほぼないんだよ。だからそれで出てってるから。確かに親がいるけど。ごめんね。

T　どうぞどうぞ（笑）。

S　親がいるし、自分の実家があるから故郷には帰るけど、実は未練も何もない……。

T　そうやって故郷っていうもの、その定義みたいなものはだんだん考えるようになりましたね。

S　だってTAKUROの故郷は函館だけど、そう考えたら子どもたちの故郷は、たぶん今住んでる所になるわけでしょ。

T　なるのかもしれないですけど、たぶん本人たちは子どもの頃からロスだ日本だっていう生活をしてるから、東京っていうのは故郷と捉えてないんじゃないかな。

——今SUGIZOが言ったみたいにTAKUROは函館っていうか、故郷に対する愛みたいなのすごく強いよね。

T　そうですね。

――郷土愛っていうのとは違うのかもしれないけど、ふるさとっていう感覚。

T　それはほんとにこの10年15年ぐらいで、ある意味貧しい環境にあって、例えば市の援助みたいなものを受けながらじゃないけど、そういう暮らしの中で冷てえな函館。函館というかこの町は冷たいなと子どもの頃思ってました。

S　昔は、冷たい感じだったんだね。

T　それこそ前に立川さんに言ったかもしれないですけど、俺は音楽、ビートルズってものが気になりだして、よっしゃって言って、NHKかなんかでポール・マッカートニーのソロ特集みたいなのを半月前から楽しみにしてて。6時から放送されるぞっていう時に。

S　それって80年代？

T　80年代。だから俺が14歳とか13歳の頃で。

S　ポールが『パイプス・オブ・ピース』の頃。

T　『パイプス』とか『ヤァ！　ブロード・ストリート』の頃なんですけど、6時から番組始まるというのに、5時半に電力会社の人が来て、電気止めてったんです（笑）。

S　かわいそう（笑）。

T　姉がいたんですけど、姉ちゃんこれどうしようと。姉ちゃんが一言、冬だったら大変だったねみたいな（笑）。たぶん秋とか夏とかだったから良かったんですけど、そこから家中の電池探して、それをラジカセに詰め込んで。

S　聞けた。

T　なんとか聞いて録音して。で、それを何回も聞くことによって、今の音楽的な下地みたいなのができたんだけど、よくあるじゃないですか。電気止められて、兄弟でろうそくで宿題やってたら燃えたみたいな。あれを地でいってたんで、ひでえ町だなと。無慈悲なとこだな。中に子どもたち住んでるだろうに、ひと言言えばいいのに、いきなりバチンと落としてったんで。

S　人がいること気づかずに。

T　だってこれで俺が例えば呼吸器とかの機械とかやってたら、どうするんすか。

──通告とかなくやるんですか。

T　いや督促状はめちゃめちゃ来てたんですよ。でも事情が事情で延ばし延ばしにしてたんでしょうね、うちとしても。

S　今の時代だったら、それはすごく良くないことだよね。

T　問題になったかもしれないですね。

S　子どもが家にいて、支払っていなかったから勝手に電気消してくっての、今だと問題になるな。当時だから許される。ちょっと非道な。

T　結構乱暴。80年代の函館はこっち来ていろんな東京の人たちとその当時の話をすると、感覚的には70年代の後半ぐらいなニュアンスだったと思うんですよ。

──函館が？

T　道路事情とか、そういったいわゆる文化的な成熟というか。今でこそ沖縄行ったたって稚内行ったたって、例えばパラボラアンテナとかネットとかで情報は一瞬にして駆け回るけど。

──確かに文化格差だけじゃなくて、生活格差っていうのもあったよね。間違いなく。

T　文化っていうものは、生活がある程度成熟した隙間に生まれるもんだったりするじゃないですか。だから生きてるので精いっぱいなんていうような、そういったような時にそんな文化的な、それこそラジオだって聞けなくなっちゃうぐらいだから。

S　そう。だから生存することで精いっぱいのときって、文化、音楽もアートもエンターテインメントや芸術、実は用をなさないんだよね。

――SUGIZOは、世界中のいわゆる貧しい国々とか行ったりしてるじゃないですか。そういう人たちの暮らしの中での文化っていうのは、どういうように映るの？

T　当然ロック・コンサートは観れないわけですよね。演劇だって観れないでしょうね。

S　人はだから生存が危ういときは、生きることに本能的にまず集中するから。食うことと暖をとることとか寝る場所になるもの。

T　きれいな水とか。

S　そう、だから紛争地で爆撃を受けた直後とか、まず生きることに精いっぱい。怪我した人はまず体をケアすることで精いっぱい。難民キャンプに行くと、まずは生存は守られた。で、なんとかぎりぎり食える。そうなってくると、みんな欲するのは次は楽しみだね。例えば難民キャンプだと、みんな暇でしょうがないの。そんなときに音楽や例えば書物でも、映画でも、ものすごく喜ばれる。

――でもそういうときって映画の長さとか。

S　まだ映画はほとんどないです。

――ないからこそ、音楽ってそういうときすごいよね。

T　そうですね。歌だけだったら楽器も何もいらない。

S　ザータリ難民キャンプっていうシリアの難民の、

――シリア？

S　ええ、シリアの難民の人たちが生活しているヨルダンにあるキャンプには、ちっちゃいミニシアターができた。そこで映画が観れる状況なんだけど、まだ行われてない。そういうときにほんと俺はそれこそジブリとか持っていきたいよね。子どもたち絶対喜ぶし。トトロとか見せてあげたいと思う。生きるため、心や魂レベルな豊かさを欲するときってのは、音楽・文化はものすごく重要な意味をなす。けど生きれるかどうかってときにはどれもどうでも良くなっちゃうっていう、そのギリギリを見てきたので。それは3・11にしてもそうだった。直後からこれはなんとかしたいと思って、最初はもちろんわれわれ音楽家だから何か音楽で支援できないかとか、向こうに行ってチャリティーコンサートとか考えた。

T　あの時ね、ほんとみんな。

S　そう。考えたけど、震災直後の1週間後2週間後にそれやっても、たぶん迷惑なだけだと俺は思ったわけ。まだみんな生きられるかどうか分かんないあの極寒の中で、被災者の多くはまだ避難所にいて、まだ仮設住宅にも入れてないって状態で、そこでコンサートやっても迷惑なだけかもと思って、俺は音楽を一回捨ててっていうか、その場では一回横に置いて、ボランティアに行ったわけさ。生きるか死ぬか食うか食えないかってときはそっちのほうが遥かに重要で、その次の段階で生きることが保証されたときに、音楽がすごく求められる。段階によるんだよ。そこを間違えちゃうと慈善事業というかチャリティー事業が自己満足になっちゃうのがいやだなって。

――直後に行ってテレビ向けにやってるものって、何かちょっとアーティストというかそういう人たちの宣伝みたいに見えちゃうと、違うよね。

T　何気に文化全般。文化っていうぐらいだから何かしらメッセージ入ってるじゃないですか。例えば生きるって素晴らしいとか、地球の裏側ではこんな悲惨なことがとか。そのメッセージがまだいらない時ですもんね。

S　そうそう。

T　希望も何もまず行方不明になった愛する人を見つけるのが先決だというときに、そのメッセージによる情報みたいなものっていうのは、ほんと当人たちにとってはほんとにそれどころじゃないんだっていう。3・11直後って、本当ミュージシャンみんな一回大混乱しましたよ。

S　何もできないと思ったよ。

T　うん、だから無力感を感じ。それこそSUGIZOさんみたいに現地に行って、お手伝いをするとか、お金を集めて何か壊れたものを再生させるということは、とても素晴らしい。音楽単体とかの無力さは。でもあんな大きなことが起きないと分からないのかって言われると、ほんとに恥ずかしい話だけれども。

S　恥ずかしい話だね。

T　でもほんとに知らされたっていうような気がします。

――SUGIZOが言ったことでいくと、ある程度落ち着いてからコンサートをやるとか、そこに行って歌を聞かせるとかっていうことは、ものすごく有益なわけじゃないですか。

S　そう。だから物事は全てタイミングなんですよ。TPOなんです。そのタイミング間違えちゃうと、迷惑にしかならない。

T　そうですね。

S　例えば飢えてる、ものすごく食事を必要とする人に、やみくもに1トン米をあげたって困るわけ。そのままじゃ食えないし。しかるべきタイミングで、しかるべき量とかしかるべき内容のものを人は欲するので、それをちゃんとディレクションできない人は困っちゃうなっていう。震災の話に戻るけど、3月から4月にかけて最初行った時は、音楽なんてどうにもなんねえ。だって10日間風呂入れなかった状況だから。次6月に行った時はだいぶ良くなってて、コンビニもやってるし。10日間ぐらいいて、1回だけシャワーに入れたの。で、その時に押尾コータローさんが、僕たちがボランティアをしてきれいになったお店で、ミニコンサートやったの。その時はすごく喜ばれた。俺たちはそのスタッフだよ、押尾コータローさんの（笑）。

T　尊い。

S　そうそう。タイミングがすごく重要で難民キャンプもそう。で、LUNA SEAは、結局震災が起きてから7カ月後ぐらいに、やっとチャリティーライヴをやった。それを例えば震災が起きた3週間後にやっちゃったら、間違いなく良くなかった。

T　そうだね。

――その7カ月後ってのはどこでやったんですか。

S　さいたまスーパーアリーナで。

――あれね。

S　うん。さいたまスーパーアリーナがまたちょうど福島の人たちの避難所だった。

――埼玉には結構福島の人たち避難してたんだよね。

S　避難所だったところでライヴをやることにすごく意味があって、そこではすごく大きな寄付ができた。タイミングを間違えちゃうと良くないなってことです。

――シリアとかは何で最初に行こうと思ったんですか。

S　別にシリアの難民の人に対して、最初からすごく思い入れがあったわけじゃないんですけど、難民の人たちの支援はずっとしていたんです。むしろ最初はスーダンをはじめとしたアフリカに意識がいっていたのね。で、数年前にシリアの難民キャンプに行ってみませんかっていう話があったの。UNHCRという国連難民高等弁務官事務所と10年ぐらい付き合いがあって、そこが手はずを整えてくれてたまたま行くことになったんです。ヨルダンにあるシリア難民キャンプ。で、人って本人たちもしくは現地と触れ合ったり、そこでつながりができちゃうと、やっぱり思い入れができるじゃない。

T　できますね。

S　それ以降シリアの人たちと知り合ってすごく感動し、いろんなこと学んだから、そのままシリアの人たちにコミットするようになったけど、別に最初から特にシリアの難民の人たちと会いたいんだっていう強い気持ちがあったわけではなくて。そしてもう一つ、俺の活動仲間がいるわけ。一緒に行動するフォトジャーナリストや、一緒に向こうで演奏する人間もジャーナリストやNGO職員だったりするわけ。と一緒にやるんだけど、彼らがシリアに住んでいたり、シリアの難民キャンプで働いていたり、そういう仲間がつながって、だからそのつながりで僕がシリアにコミットするようになった。もうほんとに人との出会いとかタイミングなんですよ。去年は去年でまた全然違うパレスチナに行ってたんですけど、それも人とのつながりありきだった。実は自分からどこに行きたいとか、どこの国の難民のこの人たちと会いに行きたいって行動したことってほぼなくて、行ってみませんか会ってみませんかっていう話をいただくので、それをありがたく頂戴してるっていう感じ。

——そういうときって政治的なことと。

S　ぎりぎりですね。

――ぎりぎりのとこでいるわけじゃないですか。この前のジョン・レノンのにわかの話じゃないけども、ミュージシャンとかアーティストが、政治とぎりぎりのところでこうなっていくときって、好意的に見る人もいるし、批判的に見る人もいるじゃないですか。GLAYだと「元号」って曲をTAKUROが書いたことにしても……

T　ですよね。

――あれはかなり意図的に、ああいうメッセージみたいのが必要だなと思って自分で作ったの？

T　僕の曲作り自体が、曲を作ろうと思って何かしらスタートすると、メロディーと詩がほぼ同時なんで、何かを書こうと思って書くわけではなくて、さてそろそろ何か心の中にいろんな伝えたいことがたまってきて、ギターを持ってジャーンってやったときにそれがラヴソングなんだとか。

S　ギターを持ってジャーンってできるのね。

T　ギターを持ってジャーンで。

S　それはすごい。

T　ギターなしでも大丈夫で、GLAYの初期の作品は、ほぼ警備員時代の朝霞市役所の改装の時に黙って立ってるだけで、頭の中でダラダラ。あ、彼女の曲ができたみたいな感じで、そのままいけたりする……

――それはすごいね。

T　楽器いらずの、ほんとコスパは最強なんですけど。だけどある程度形が見えたときに考えることは2つかな。今自分が世の中に叫びたいメッセージなのかと、今世の中に足りない部分はこれなんじゃないかっていう、この2つの条件が満たされると、わりと仕上げて、メンバーを説得じゃないですけど、今こういうような思いで伝えてこうかなってことで、だから協力してもらうっていう形のほうが強い曲とかあります。どっちかというと。ほんとに何がありがたいって、歌い手が全くその辺に関して嫌だって言わないという。

**S** それは素晴らしい。

**T** 俺こういうんじゃないんでっていうのがまずないんで。

**S** LUNA SEA、それがあるからね。

——LUNA SEAはそれがある（笑）。

**T** そのジレンマを感じたことがないのが、すごい。

**S** それだとストレスないよね。

**T** ないですね。

**S** 逆に他のメンバーがTAKUROこれやりたいんだけどってなったら、気持ちよくやれるようになるよね。

**T** なりますなります。

**S** それはいい循環だよね。

**T** ありがとねって感じがあったりするので。で、だからこそ他のメンバーにそれこそいろんな、簡単にいうと、そういったメッセージ性を出して嫌がらせとか来ないように、これ俺なんでっていうある意味声明じゃないけど、姿勢は世の中には出さないと、これ別にTERUとかJIROとかHISASHIとかの思想ではなくて、俺個人の。

――まとめ役としてのＴＡＫＵＲＯの力だね。

Ｔ　積極的にメンバーにも、これは俺の思いが強いんだってことはちゃんと言ってくれっていう。そこでちゃんと矛先が間違われないようにっていうのは。

Ｓ　素晴らしいのはＴＡＫＵＲＯがそれを作って、ＴＥＲＵがちゃんとそれをＴＥＲＵの思想のように表現できるんですよ。それがすごいと思う。

――そうなんですよね。

Ｓ　ＴＥＲＵは借り物の言葉で歌ってる感じがしないんだよ。

Ｔ　16歳からその感じでやってますからね。

Ｓ　ＴＡＫＵＲＯの思想に対してＴＥＲＵは、にわかかもしれない。だけど彼がちゃんとそれを表現してしまうから、説得力を持ってくる。それは幸福なことだよな。

Ｔ　言ってましたけど、俺デビューしてすぐぐらい、こっぴどく東京の女に振られ……

Ｓ　ＴＥＲＵが？

Ｔ　俺が。もうやんなっちゃってやんなっちゃって、悲しい別れの歌を作って、こういうのやりたいんだけどって言ったら、しょうがねえなもう、ＴＡＫＵＲＯ励ますように歌うねって（笑）。新しい二重構造だなって（笑）、なるほど、その主人公になりきって歌うんじゃないんだみたいな。何か知らないけど元気出せよと。ＴＡＫＵＲＯが元気になるように励ますように歌うからさってていうのは、涙も止まったけど、あれなんかＧＬＡＹを一番表しているすごい構造だな。代弁ではないんだっていう（笑）。

Ｓ　ＴＥＲＵはそういう意味では天才的だと思うよ。けど、俺も1曲ソロでＴＥＲＵに歌ってもらったんだけど、めちゃくちゃネガティヴな詩、ネガティヴというか生きることに絶望しているような詩なのに、それをＴＥＲＵが歌うと、絶望してる本人を励まして光に導いてくれるような。

**T**　それあの時の俺と一緒で、ＳＵＧＩＺＯさんを励ますような感じになってるんだ(笑)。

**S**　その詩ももう10年以上前のもので、当時の壁にぶち当たってる自分の苦悩の歌だったんだけど、でもその苦悩を今している、真っただ中にいる人たちが多いわけ。孤独の歌だったので、孤独に苦しんでる人、自分の立場が追われてる人、たくさんいる。施設の中でも。障害持ってる人たち、マイノリティーの、孤独を感じてる人たち。当時めちゃくちゃ孤独を感じてた俺の言葉なんだけど、それをＴＥＲＵが歌うと、孤独の人をＴＥＲＵが救ってあげる感じになる。ＴＥＲＵがその内容を。

**T**　救済の歌になるわけだ。

**S**　内容の言葉を吐いてるんだけど、彼がネガティヴな苦しい詩を歌っていても、彼が放つ光が強すぎて、いい意味で闇にならない。救済。ＧＬＡＹの宝はＴＥＲＵなんだ、っていうことを一緒にやってみて痛感した。

**T**　そうですね。だから最近だとコンサートで別にヒット曲とか関係なく、この人たちＴＥＲＵの心臓の音でも聞きに来てるのかなと思う時ありますよ。ただ彼の持ってるポジティヴなエネルギーに触れて帰ったら、あしたから頑張れそうな気がするみたいな、そういう。天然発言も含めて。

**S**　そんなロック・ミュージシャン、俺見たことない。います？　そういう人。

——あんまりいないだろうね。

**S**　いないでしょ。僕らが影響受けた外タレでもそんな光持ってる人いないもん。

――いない、いない。

S　ある意味めちゃめちゃ希有な人だと思う。

――希有な人だよね。会話を聞いて思うのはバンドにおけるヴォーカリストとギタリストの関係っていうことで、二人の考え方には結構差があるのかな？

T　どうだろう。

――要は二人とも当然バンドで活動してる部分と、ソロ活動してるみたいなところで考えると、ヴォーカリストのいる時の自分のプレイの仕方とか、音楽に対するアプローチの仕方とかっていうのは、すごく変わっていくものなのかな。

T　たぶん16歳の頃にTERUの声を聞いて、「これを世に出さなあかんと」。これは俺の使命に違いないと思い込んだ時から、たぶんそれだけを考えてきた男の末路がどうなるかというと、結局TERUの歌に対して最高の詩とメロディーを持ってくことだけを考えて生きていくと、自分の中でもそうだし世の中的にもセットですよね。だから俺が人に送った曲が売れない。

S　そんなこと自分で言うの（笑）。

T　事実ですからね。一人だとGLAYで感じてもらえるようなカタルシスを与えられないんだと思うんですよ。それはたぶん自分の中ではコントロールしきれない。16歳の時から、よしこの声に合う最高の曲を作ろうってばっかり考えてきた男の末路なの（笑）。

S　末路（笑）。TAKUROのソングライティングはTERUありき。TERUのため。

T　ありき。いつも思うんだけど、言葉の強さとかメロディーの強さとTERUの声の強さ、3つが一番バランスいいものとして考えながらやるんですね。言葉は芯を食った、よし！　この詩はいい、これは世の中に文章だけでも感動させられるだろうと思っても、TERUに歌ってもらったときにちょっとくどく感じたり、暑苦しく感じたりすると、その言葉をやめてもっと普通な言葉に変えたりする。

——そういう作業をするわけだ。

**T** ちょっと料理みたいなものですよね。素材の味と何かの味とっていうことを考えたときに、自分の中のいい曲の基準っていうものが彼が歌った後でないと判断できない。詩と曲だけがいいものができても、まだ俺の中では料理の途中なんだと。

——そこにいわゆるTERUの歌が。

**T** いいメロディーだと思ったけど、歌ってみてもらったらそうでもないなって思って、おいしいなと思ってるメロディーをやめたりとか、付け加えたりとかっていう25年。ていうかもう16歳からだから三十何年か。三十何年そういうありきでやってきたんで、自分の中では人に提供するときとかも良しあしは実は分かってないと思う。

——曲だけの単体だとね。

**T** 曲だけの単体の提供のときにこういうのができましたって言って、だからそこに一抹の不安があるから、書き直しはいくらでもするし、いくらでも書き直すからと必ず言う。

——GLAYの中ではね。

**T** いや一人でやるときも。

——なるほどね。

**S** 結局歌ものはシンガーが歌わないと、その曲がほんとにいいかどうか、どういう輝き持つかって分からないからね。

**T** そうなんですよ、ほんとに。

S　声でまるっきり違うものになる。

T　なるっていうか完全にそういう作家だなと、自分では思ってます。

——でも二人ともTAKUROにとってのTERUだったり、SUGIZOにとってのRYUICHIだったりっていうのは、自分がずっと音楽活動をしていく中の主軸たるところでいうと、すごくいい人と会ってやってるなっていうふうには思ってるわけでしょ？

T　そりゃ。

S　音楽を本気で始めた当時から、横にこれほどまでのポテンシャル持った歌い手がいたっていうのは、われわれ幸福なんですよ。

T　ですよね。

——共通点だよね。

T　函館っすよ。

S　うちだって神奈川の田舎だからね。始めた頃から一緒にいたシンガーがショボイだと、われわれのギターもそこに絶対影響されてるはずですから。TAKUROのギターや俺のギターっていうのは、TERUやRYUICHIありきでたぶん大きく育ってきたと思うので、実は横にすごいシンガーがいたってことが、ロックバンドのギター弾きとしては最もありがたいことで、すごい感謝してる。今はもうメンバーに対して感謝の気持ちがあって活動してます。一緒にやっていてくれてありがとう。生きてくれて。特にRYUに関しては病気もしてるし……

T　そうですね。

S　それでも元気でいてくれてありがとう。こうなってくるとまず心配するのはメンバーの体調だったりするからね。そう考えるとわれわれがラッキーだったのは、横にそういうやつらがいたってことなんだよね。

**T** それほんとに思いますね。それこそオーディションで集まったわけでもなく、同じ町にすごいのがいて、後々それが日本中を席巻するっていう。

――TAKUROの新聞記事に、俺のピークは氷室さんとセッションやった時だって話が載ってたけど……。

**T** そうなんですよ。今の俺の音楽人生は余生と呼んでます（笑）。

――その話は聞いていたのね。そうすると今の話だと、例えば布袋君が氷室さんとやってた時もそういう感じだったんだろうね。

**S** 布袋さんも間違いなくラッキーな人なんですよ、すごい人と。

――そうか。

**T** そこはね、もちろん。

**S** 俺もずっと余生だよ、この10年。余生。

**T** これもう遺言ですよ。俺たち二人の（笑）。

**S** LUNA SEAの復活した最初のアルバムのタイトル〝遺言〟だもん。

**T** そんなんでしたっけ。WILL？

**S** 『A WILL』。

**T** あれ、遺言。

**S** Aを付けると、A WILLっていうと遺言っていう意味なのよ。

**T** 考えたの。

**S** RYUと俺なんだけど（笑）で、今回「THE BEYOND」って曲があるんだけど、

ＢＥＹＯＮＤって有名な言葉じゃん。飛び越える、向こう側とか。ＴＨＥを付けると、ＴＨＥ ＢＥＹＯＮＤだとあの世になる。

**Ｔ**　死んじゃうから（笑）。

**Ｓ**　そんな曲ばかりなんだよね（笑）。

**Ｔ**　死んじまっただ（笑）。

――余生っていうのはどういう意味で？　ＳＵＧＩＺＯも俺もそうだよって言ったけど、余生ってどういう意味で余生？

**Ｔ**　ＧＬＡＹの活動はさておき、ＧＬＡＹを始める前のＴＡＫＵＲＯ少年の音楽で受けた感動。感受性の一番強かったあの10代に、氷室さんの声を聞いて、それこそ救われたし、後々の自分の人生の方向が決まり、今家族を持ったりとか、友人を持ってたりするのも、そこで東京を目指したっていうことも含めて、とんでもないヒーローなわけです。そのヒーローの人たちと一緒に仕事するっていうことの喜びは、当然ありますよね。

――分かる、すごく分かる。

**Ｔ**　それに加えて、一緒に曲を作って一緒にライヴをやった時のあの喜びは、一個人としては仕事で得られる喜びだったら、もうピークです。その前もあれ以降も、あれ以上の喜びはないって今でもはっきり言えるぐらい。これからどんな活動をしようとも、自分をつくってくれた救ってくれた育ててくれたヒーローと一緒にステージに立つ。そして、一番感謝すべき人に認めてもらえたっていうあの喜びは、これから何をどうしても、もう得られないでしょうね。だってＧＬＡＹとしての名がある時に何か偉業をやったって、それはみんなのおかげだし、何者でもなかったＴＡＫＵＲＯ少年の一つの夢があるとしたら、ほんとに夢ですよね。いつか、いやそんなことも考えてないか。すごいな、かっこいいな、こういう人になりたいなと思ってた人と仕事をする。その何者でもなかった時に夢見たことがかなうっていうことのほうが、たぶん僕の中で大きかったんでしょうね。GLAYは簡単に言うと、GLAYが今までやってきたいろんな数々の例えば偉業と呼ばれるものがあるとしたら、それはそうなるように生きてきたんです。

――計画的にね。

T　そう。こうなればいいな、こういう山を登ろう、仲良し山っていうところを登っていこう。毎年活動する山っていうところを行こうっていう、そうなるようなことを順序立てて準備立ててやってきたから、それは夢ではなく目標ですね。

――夢と目標は違うもんね。

T　全く違う。俺の中での夢のかなった瞬間っていうのは、あのことなんだと思うんです。

――SUGIZOはさっき「俺の余生だよ」って言ったところでいうと、今TAKUROが話した氷室君みたいな人とのコラボみたいなものってあったの。

S　憧れの人と一緒にやるとかですか？　憧れの人とセッションするとか……

――うん。じゃ、ちょっと質問を変えるとTAKUROがそこまで傾倒したような氷室君のような人って、誰かいるとしたら誰なの？

S　いるけどみんな死んじゃいましたね。マイルスだしザッパだしボウイだし、もう少し身近でいうと、元JAPAN勢もそうですよね。だからミックと仲良くなり、ミック、スティーヴたちと一緒にやったってのはあるけど、それは比較的早い段階でかなってしまった夢で、夢は夢でも最初からかなり現実に近いものだったと思うんですよね。

T　そうなんです。本当に早熟な天才は大変だね。

S　いやいや。夢ではあったけど、まだでもデヴィッド・シルヴィアンと一緒にやったことないしね。夢は本当に何気なく持っていた夢って、例えばいつかデヴィッド・ボウイのツアー・ギタリストやりたいとかさ。っていうのはあったんだけど、それは実現しなかったし。

T　その喪失感が、なんか分かってきた。マイルスと本当はやれば良かったんだと。そしたらSUGIZOさんのこの対談における喪失感は、もうちょっと小さいものだった気がする。

S　俺はそういう喪失感の塊みたいな（笑）。

T　塊になってる（笑）。だってそもそもがいない人に憧れて続けてさ、だっていない人ってもう……

S　いやいや最初はいたんだよ。当然だけど（笑）。

T　そっか。

S　90年代までいたわけ。

T　そうですね。現役じゃなきゃ駄目なんですか。氷室さんの話で言うと、彼がバキバキじゃないと、こんなにまで傾倒というか燃え尽きられなかったんですか。

S　だからミックとやった。数々セッションしてきた。ミック・カーンとスティーヴ・ジャンセンとやってきた。でも実はその頃のミックってのは結構活動が苦しく、昔の名声はあるけども、当時は食うのが厳しく、変な話すごく言い方は悪いけど、ある意味僕らとやることが彼の経済的メリットにもなり得たわけ。その場合ってまたTAKUROが氷室さんとやったときの感動とはちょっと違う。

T　そうそう、そうなんですよね。

S　昔っから大好きだった人、今は救えるみたいなとは違うじゃない。そういう意味でいうと、俺は夢がかなったことは何もないような気がしてる。

T　そうなんですよ、そこなんですよ（笑）。

――でも、今日で4回目か、こうして話してて、喪失感を背負ってる人と、夢と目標は違うって分析できてて計画的に活動している人、太陽と月なのかは分からないけど、その二人が誰よりも仲がいい感じなのがおもしろいね。

S　もしかしたらお互い持ってないものが多いから、お互いが刺激的かもしれないし、ある意味うらやましいのかもね。実はこういうダークな闇がもっと欲しかったとか思わない。

T　それでいったら、前々回も言ったかもしれないですけど、好きなギタリスト3人っていったら、名前が挙がるSUGIZOさんの俺が本当にずっと喉から手が出るほど欲しいものは、俺が思うロック的な生き方というか、ロック・スター然としたたたずまい。

S　TAKURO、たたずまいロック・スター然としてるじゃん。

T　俺のはまたちょっと違うんですよ。本当はこうなりたいわけじゃないの。でも自分で鏡見て、自分でこんな感じだろうなっていうのと、何年たってもいつ会っても、その喪失感に対してそれをぎゅって絞り出してメロディーを作ったり曲を弾いたりするじゃないですか。それは人の心打つもん。それは時々切なくも……「切ない」なんていうのは音楽においての最高の感情の揺さぶりですよね。楽しい。例え俺の背中に焼けた石を乗せようとも。

S　腹。腹腹（笑）。

T　俺が一緒に海水浴行って、海水浴して体焼いてたら、めっちゃくちゃ浜辺のあっつい石を俺にのせるんですよ。なんかあっつい、あっつって（笑）。狂ってんなこの人と思ったけど

（笑）俺はしないもん。

S　TAKUROは自分の理想がちゃんとあって、そのとおりにちゃんと物事を経てきて……

T　特に家庭に関してはほんとにそう思ってます。

S　俺真逆なの。考えてみたら、喪失感から生まれてる。思い浮かんだんだけど、そもそもGLAYの10代の頃の結成から、いろいろ紆余曲折して今のメンバーに変わって、じゃあ東京に行こうぜ。全て自分が思い描いたとおりに動いてきたわけじゃない。それはどう考えても思い描いたとおりに進んできたわけじゃん、歌詞書くのも。

T　はい。

S　俺、逆なのよ。まずほんとにやりたかった高校の時のバンドはすぐ解散しちゃって、真矢と次につくったバンドも駄目で、どうしようやることがないって時に、最初LUNA SEAをつくったのはINORANとJでさ、「二人がうちに入ってこない?」っていうふうになった。ある意味その二人にバンド生命は救われたわけ。まだ10代だよ。実は自分がいろいろなくして喪失した上に、流浪の末に漂着したとこがLUNA SEAなの。本当に自分がつくりたくて、元々つくったものじゃないんだよ。加わってきたの。そこから始まる。

T　興味深い。

S　そう。だから始まった頃っていうのは、主導権はINORANとJにあったの。30年前ね。後から入った組だったからだんだんその構図は変わってくるんだけど、その段階で実は心のどっかにはあるよね。俺が生きてきて、俺を大きくしてくれて、自分の代名詞になってる場所って元々俺がつくったんじゃないんだと。要はXにおけるHIDEさんに近い立場ね。U2でいうとラリーがつくったバンドにボノたちがはいるようなね。

T　そうなんでしたっけ。

S　そうそう。

T　すごく意外。

S　例えばストーンズだって、実は最初ブライアン・ジョーンズだし。

――そうそう、ブライアン・ジョーンズがリーダーだもんね。

S　だから決して最初にバンドを創業。創業じゃないか。何て言えばいいのか（笑）。

T　創設。

S　創設（笑）。創設した人間が必ずしもそのバンドをキーとして、いつまで引っ張るわけじゃないから、別にいいんだけど、LUNA SEAってのが俺にとって元々は、挫折に挫折を重ねて結局ここに来てしまった。ここにしか来れなかった失意の産物だったんだよ。

T　10代でそれは早いっすよ、早い（笑）。

S　もちろんそうそう。

T　今の話聞いてて、思い出したのが、子どもって生まれるとお母さんの羊水みたいなの入ってるから、オエってなるじゃないですか。で、オエってなって息を一発目に吸ったりすると、その空気って肺の奥に残るらしいんですよね。だから世界中どこに行っても、ふるさと行ったときに細胞レベルで懐かしくなるのは、肺の奥にあるふるさとの空気が残ってるんじゃないかと。だとしたらSUGIZOさんのある種のどこいっても所在ない喪失感っていうのは、もしかしたらほんとに一番最初のバンドがそのままいってたら、うまくいってもいかなくても、またちょっと違った生き方になってたかもしれないですね。

S　そうかも。最初自分のバンド大切につくる。GLAYがそうであり。俺はそれが失敗したからね。もう高校の時の話だけど。

T　ちなみに何で駄目だったんですか、その一発目は。

S　ヴォーカルが辞める。ヴォーカルのレベルも当時高くなかったんですよ。だから厳しくやってたらもう無理だって辞めて。もちろんその高校の時のバンドに未練は全くないけど、当時は大事に大事にこれで大きくなるんだって気持ちがあったものがある時なくなって、だから喪失感の元に生まれて、結局たどり着いたのが誘われて妥協の中でやってみるかみたいな軽い気持ちで入ったLUNA SEAで。

――そこは書けないな。

S　いやいいんだよ。当時のことは全然書いていいんだよ。

――そうなの？

S　もう既にそういうこと言ってるから。

――他のメンバー寂しいと思うな。

S　いやそれも言ってる。

――言ってるの？

S　なぜかというとそれも幸福な落ちがあるんだよ。当時はまだ昔のヴォーカルだったの。俺と真矢が参加して、数カ月後にRYUと出会って、彼が入った途端にこの5人がバチンって固まって。稲妻が走るように。そこからここが最重要な場所になったんだ。それまではもう、すぐ辞めるかみたいな。なんか微妙だな、このバンドが始まった時の自分の心情って破れかぶれだよ。もう居場所がないしここでやっておこうか。どうなってもいいやみたいなとこから始まってるの。

T　バンドってもっと楽しいもんじゃないかな（笑）。

S　そう考えるとLUNA SEAって最初から楽しくなかったよ。

T　確かにならず者、何ていうのかな。エグザイル感っていうか。EXILEってグループのほうじゃなくて。

S　分かる分かる。漂流者。

T　漂流者的な発想。

S　19歳ぐらいからそうだった。18、19からそうだから。ただその破れかぶれ感、どうでもいい感みたいなのをずっと引きずってるから、それはそれでバンドの過激さとか闇につながったかもしれない。今となってはいい要素だったと思うんですよ。

――それは確かにあるね。

T　そうだね。人々が感じる普段口には出さないようなそういったものをLUNA SEAは体現してて、それこそ狂気とかそういった日常生活では、めったにお目にかかれないようなものをステージで。

――それでいうとSUGIZOが、LUNA SEAはキング・クリムゾンを目指したと話してくれたときにバンドのいる場所というのがよくわかった。

T　キング・クリムゾンを目指した。なるほど。

――そして、X JAPANはKISSなんですと聞いたときにわかった。ロック・バンドにはアート系と芸能系があって、どっちが正しいとかどっちがかっこいいかっこ悪いじゃなくて、アート系と芸能系っていうふうに、大きく分けられるじゃないですか。

T　そうです。だからアート系を体現してるSUGIZOさんには、それこそ知り合う前から並々ならぬカリスマ性みたいなものを感じていたし、よくもまあ仲良くなったもんだと（笑）。あんまりこういう人が近くにいなかったから良かったのかもしれないけど。うれしかったし、そんなに頻繁に会う機会もなかったけれども、いつも思っていましたよ。

S　ありがとうございます。俺はTAKUROに比べたら持ってないものだらけだからね。昔はうらやましいと思ってたね。この年になったから自分が持ってないものを無理して得ようと思わないけど。

T　そうですね。人の人生うらやましくなったりしなくなりますよね。

――それは自分のカラーみたいなものだもんね。

T　そうそう。

S　当時はほんとはああなりたかったってのはあったよ。

――TAKUROみたいに。

S　うん。だから自分の描いた絵でちゃんと成功してきて、自分がほんとにやりたいこと、自分がほんとにやりたい言葉、一緒にやってて幸せなメンバー。俺はそれ1個も片時も得たことがないから。必ずどっかにしこりがあったから。

――それってでも、SUGIZOが好きだった、好きだったっていうか今でも好きだろうけど、すごくデヴィッド・シルヴィアンと近いよね。

S　うん、そうかもしれない。

――ものすごく近い。僕は結構一緒に仕事したわけですよ。とにかく自分のバンドに対する不満とか、それからスターシステムに対する反逆的な姿勢とか、人からどう思われてもいいとかみたいなとこは、まさにデヴィッドを見てるような気がすごくするんだよ。

T　つらいよな。

S　シルヴィアンはそこに本気に、傾倒してしまったから。

――いっちゃったんだよね。

S　いわゆるロック・スター然としたものは全て排除していったね。

――そうそう。

S　だからそれはそれで孤高でかっこいいと思うけど、片やどっかでカリスマ性に憧れる自分もいるわけ。じゃなければ、亡くなるまでボウイを敬愛してないしさ。例えばボウイやイギー・ポップや、ロック・アーティストならではのやばさとかかっこよさって憧れがあるよね。

T　あります。ありましたね、ありました。

S　その憧れに対していつまでも少年的な気持ちが強いから。そういう意味でいうと、デヴィッド・シルヴィアンって達観しちゃったんですよね。

――うん。すごく早く。達観というか、向こう側に行っちゃったんだよね。

S　あのまま、もしボウイ的にグラマラスさ残したままアートやれば、すごいことになってた気がするんですよ。

――そう。すごいことになってたと思うよ。

T　今どんな感じになったんですか。

――今は隠遁者ですよ。

T　隠遁、なるほど。

――隠遁して物は作ってるけども、ほんとにこうなっちゃったんだっていうぐらい。

T　なるほどなるほど。いわゆる俗世間との接点を否定して、みたいな。

S　すごいいいものは作ってるけど、もう分かる人だけ分かってくれればいいっていう世界になってる。

――映画でいうと、いわゆる商業的な作品ってのは作る気もないだろうし、もしかしたらあそこまでいっちゃうと作れないかもしれない。もう一回作ろうと思っても。

S　なので音楽の永久的な理想っていうのは、芸術性と商業性の最高のバランスじゃないですか。やっぱりいまだにその世界の最高峰はビートルズだけだし、そこにずっと目標を持っていつまで経っても作るってのは、すごく純粋なことだと思いますよね。

――たまたま今日TAKUROも言ってたけど、ビートルズとそのあと次のとこだったらデヴィッド・ボウイだよね。芸術性と商業性の二つのバランスがとれていたのは。

S　そう考えると、あとQUEENもそうじゃないかな。

T　デヴィッド・ボウイとかQUEENは分かるんですよ。それこそフレディ・マーキュリーはわりとちゃんとした音楽的な教育を受けた、ピアノとかも子どもの頃からやってるような人じゃないですか。でもビートルズって年に2枚アルバム出してて、最初から『プリーズ・プリーズ・ミー』『ウィズ・ザ・ビートルズ』とか出してるけど、何なら昨日作って今日レコーディングして、テイクもそんな厳選してるようにも思えないじゃないですか。

S　でもそれって初期の話でしょ。

T　それでも。

――でも『サージェント・ペパーズ』の時からは、明らかにビートルズが一番スタジオワークに耽溺していったバンドだったと思うけど。

T　そうですよね。でも初期のエイヤッていう感じと『アビイ・ロード』だ『サージェント・

ペパーズ』の完成度の高さも、そんなに違わない気がするんですよ。だから20代前半のエイヤッも『アビイ・ロード』の作り込んだあれも、本人たちはそんなに芸術だとか何とかっていうのは意識してたんですかね。

――僕は、ビートルズに関してはジョージ・マーティンの存在がすごく大きかったと思う。

**T** そうですよね。

――まとめる役割！　5人目のビートルズって言われ方も伊達じゃなくて、スタジオワークをほんとに分かってたジョージ・マーティンが、見事にまとめてたと思う。

**S** ビートルズのメンバーだけだとまとめられなかったと思う。

**T** だってジョン・レノンなんて「ストロベリー・フィールズ・フォーエヴァー」作って、適当につなげといてって言って、サイケデリック感って結構ジョージ・マーティンのストリングスによるとこも大きいじゃないですか。アレンジとか。

――そうそう。

**T** だから当時まだ現役だったビートルズのことを思うと、意外にメンバーはこんな曲面白そうだなぐらいなもんで。

――『ヘルプ！』のサントラで日本では出なかったんだけど、片面が全部ビートルズの歌もので、片面は全部ジョージ・マーティンが書いたスコアが入ってるアルバム、強力だもの。

**T** 『イエロー・サブマリン』ですか。

――『イエロー・サブマリン』もあるけど、『ヘルプ！』も出てるんですよ。

**S** われわれは持ってないんですよね。

――そう。『ヘルプ！』もあるの。『ヘルプ！』のいわゆる映画音楽スコアもの。

T　それはすげえな。なるほど。

——『イエロー・サブマリン』のスコアものも完全にそうだけど、ジョージ・マーティンはレコードに関してはまぎれなくビートルズの、5人目のメンバーだと思うな。初期のレアなものでもものすごくうまくできてるもの。

S　だって考えてみたら「グッド・ナイト」なんかメンバー誰も演奏してないもんね。

——うん。

T　そうだね。

S　アレンジと演奏がジョージ・マーティン仕切りでやってるから。

T　それを踏まえてデヴィッド・ボウイにおける芸術性みたいなものは、彼は元々どんな人にもなり得る才能の持ち主だとして、何か今これが流行ってるからっていうわけじゃないですよね。それじゃあ遅いですもんね。

——あの人はアンディ・ウォーホルみたいなとこがあって、流れを自分のとこに引き寄せる力と、それをやるには誰が必要かってのを見極める力を持ってたんだよね。

S　まさに音楽界のウォーホルですね。

T　世の中を読む力のほうが音楽よりも。

——そう。ボウイはすごい。面白いなと思ったのは、70年代の頭に〝ジギー・スターダスト〟を出した時に新聞のインタビューで、自分はバイセクシャルだって言った。すごい衝撃。

T　当時。

——当時イギリスってまだその数年前までは同性愛って犯罪だった時代背景を考えるとすごいよね。何であんなこと言ったのって、本人に聞いたことあるんだけど、だってあの時自分がそういうことでも言わなかったら、僕の記事なんて出ないでしょって平然と言い放つ。すごく戦略的。自分でアーティザンっていう言い方もしてた。職人っていう。この前SUGIZOも言ってたけどキャラクターもその時その時で作ってっちゃうわけじゃない。すごくウォーホルっぽいと思うな。

S　実は自分でオリジナルを創生したことがないよね。デビュー前はひたすらモッズっぽい格好だったり、デビュー直後は超サイケデリックだったり。

――サイケデリックの時もシド・バレットがお手本みたいな。必ず元ネタがほとんどある。

T　だからある程度長年成功してる人で、天然はいないという説。わりとちゃんと、いわゆる商業音楽としての一つの交差点を、ちゃんと見極められる人というのは。

――その天然いない説っていうのはすごく分かる。ボブ・ディランもそうだもん。

T　自分のひらめきや感性だけで、いわゆる世の中という広い海の中、泳ぎきれないと思うんですよね。あっちのほうが凪だなとか、ここは波があるから下げていこうとか、ちょっとここは黙っていようとか、今ここでは倍ぐらい発言しようとかっていう、それは音楽作る力とはまた全然違う洞察力がないと。

S　それ全て持ってないと成功するのは難しいんじゃない。

T　一発、ほんとにドーンっていう人はたぶんすごくいると思うんですよ。世の中の粋な計らいというか神様の気まぐれというか。だけどそれを継続的にやるっていう行為自体は芸術とはまた全然。

S　ピカソもダリも、それこそウォーホルもそうじゃないですか。天才性と流れを見極める力があった。その真逆がゴッホじゃない？　ゴッホは生前全く絵が売れなかった。でもやっぱりできれば前者でいたいよね。

**T** できればっていうか絶対前者がいいですよね（笑）。

――それはこの前最初のセッションの時にTAKUROが言ってたけど、人間は富と名声って欲しいわけじゃない。でも富と名声の度合いってあって、行き過ぎない程度の適当なところの富と名声ってのが、一番居心地がいいわけじゃない。

**T** 自分の中で処理できる。それを己の器と見極めないと、長きに渡ってそれを飼いならすことはできないんじゃないかなと。これ、あんまり関係ないんですけど、妻がモデルをやってて、LDHっていう強い事務所がいろいろ仕事を取ってきてくれるんだけど、いや『さんまのまんま』はちょっととか、断るっていう。「そんないい話ないじゃない」って言ったら、「いや忙しくなりたくないし、これ以上有名になったらちょっと困るって」。「何で」って聞いたら、「あんまり有名になると、10代の頃の悪さがばれる」と。

**S** （笑）。

**T** 横浜のやんちゃなグループの中にいて、いろいろといろんなものを見てきたらしいんですけど。

**S** 悪さをしてきたんだね。

**T** あんまり有名になると、当時のその連中が私のネタ持ってどっか行かれても困るから。あなたに付いてるマネージャーはたまったもんじゃないよと。一緒になって売れて自分のキャリアアップだってしたいじゃないかと。そんないい話。いやちょっと私はそんなんじゃないんでみたいなことで断る。何その出口のない感じ。でもそれで俺、なるほどと思いましたよ。

――それはものすごく賢いっていうか、たぶんさっき言ったデヴィッド・シルヴィアンのほうはほどほどにって言うと、ほどほどを超えちゃって、あまりにもスター・システムに背を向けすぎちゃったけど、デヴィッド・ボウイってやっぱすごくうまいなと思ったのは、イギリスからアメリカに行ってやったら面白いなと思って何年かは仕事をし、そこでぼろぼろになると、ドイツに行っちゃうわけじゃない。

**T**　そうですね。

――ベルリンに行って自転車に乗ってスタジオに行ったりする生活を手に入れられたわけじゃない。ジョン・レノンもイギリスにいたらロールス・ロイスに乗って、どこ行ってもジョンとヨーコだって言われるのがいやで。

**T**　おらが町のスターですもんね。

――ニューヨークに行ったら二人で自転車に乗って、グリニッジ・ヴィレッジに行っても、声はかけられても、イギリスにいておらが町のっていうふうになんなかったからっていうエピソード。そう考えると、人間って移動する手段の選び方っていうのも、スターになったときにすごく必要な気がするんだよね。あとほどほどのところで、ここでやめとこうみたいな。

**T**　そうですね。だから20万人ライヴとかやった後に、「次は25万人目指しますか」とか言われるんだけども、きっとスターシステムとしてはそうなんでしょうね。100万枚いったら150万枚なんだろうけど、でもその時感じたんですよ。20の次25万人やるんだったら、俺たち今24時間しかない一日を全て売り払ってるのに、28時間も30時間も売らないと、その富と名声ってたぶん自分の時間を換金してるような、その当時の時価総額、自分の時価総額をただだ時間とお金を換金してるような錯覚に陥ってたんですけど。その当時『HOWEVER』のセッションの間にHISASHIが、「ごめん俺ラジオの録りがあるから」ってレコーディングの最中にラジオに行っちゃうのを後ろで見てて、こりゃいかんと思ったんすよ。こんなことのためにー番大事なレコーディングの、スタジオの仕事ほっぽり出して、ラジオのゲストに行くっていうそれの対価は何だろうって思ったときに、それはいらないからレコーディングにいてくれと。そのラジオ出たら1000枚売れるかもしれないけど、じゃあその1000枚は要りません。この仕事をしてこの仕事をしない、ここで失うものはじゃあ10万枚かもしんない。だけどこっちのほうが大事なんじゃねえか。常に自分の時間との換金を繰り返す中で、本当に自分たちの時間っていうものを〝売らない時間〟っていうものを発見したとき、GLAYの道がまたちょっと開けたというか。

——今の話はどう?

**S**　ずっとがむしゃらだから考えたことない。

**T**　そうですか。だから、これに尽きます。だって3年か5年ぐらい前にSUGIZOさんの夢は、何だろう世界平和かなと聞いたら、SUGIZOさんって「ハワイ旅行」って言ったんすよ。いやいやなんぼでも行けるじゃないかと。ロンドン行ってレコーディングして、ロスで生活してた人が何でハワイ旅行いけないの。だけどたぶんこういうことなんですよ。たぶんXとかも引き受けたし、いろんな世の中のためになんだけれども、それは言葉は悪いけどSUGIZOさんの時間がどんどん、人助けとかお金とかに変わっていくだけで、ハワイ旅行の時間は売らなきゃいいのになっていう。

**S**　俺時間の概念破綻してたのかもね。

**T**　そう、だから人助けも。24時間ドクターみたいなもんだから、24時間のドクターは一年に3日だけは絶対に電話でないらしいんですよ。その代わり普段は24時間必ず患者受け入れるけど、この一年間3日間だけは死のうが知らんっていうそのニヒルさがないと、ハワイ旅行が夢になっちゃうんですよ。あのLUNA SEAのSUGIZOみたいに。これはおかしい、いかんと思いましたよね。

――よくわかる。でも、その過酷なまでの埋め方をしてる人って僕が知ってる限りもう一人いるんですよ。久石譲さん。

S　なるほど。

T　ああ、そうなんですか。

――僕からいうと、完全なワーカホリック。

S　分かる気がします。

――久石譲さんとSUGIZOの共通するとこってのは、時間をそこまで全部自分のものをあれしても、全部音楽とかそういうものに使っちゃっていいのかみたいなぐらいすごい。

T　世の中で絶対的なものは1個だけあるとしたら時間ですよ。後ろから前にしか流れない。誰に対しても平等。

――時間についてはかなり長いことそうなの？　今のハワイ旅行の話に集約されるみたいなとこで、時間の概念が狂ってるっていったところで。

S　お話したように30代の終盤で1回ずり落ちてるじゃないですか。1回崩れ落ちて、1年ぐらい仕事があまりない時とか。

――それは何。LUNA SEAやってた時に。

S　LUNA SEAはやってないです、その時は。LUNA SEAは無期休止してる最中。

T　解散して。

S　一応解散じゃないんだよね。

T　解散じゃないの？

S　あれは無期休止なんだよ。

T　世の中全員解散だと思ってるよ。

S　そうなのかね？　で、そこから少しずつ少しずつまた状況が戻ってきたときに、音楽をやらしていただけることに感謝しかないんですよ。だから極力いただいた話は断らなかった。自分から何かを分捕りたいって動いたことは、実はこの10年ないんです。

――頼まれたらまあしょうがないところもある。

S　そうなんです。

T　頼むよね。

S　ありがたいと思って、ありがとうございますってやってるうちにこうなっちゃった。最近はそろそろ断り始めてます。

T　断らないのをいいことに。

S　この10年、自分発信ってほとんどないんですよ。

T　それは分かりますよ、XもLUNA SEAも。

S　両方とも裏方なんですよ。感じはね。

T　そうですね。

――それは僕も分かる。結構40代の頃とか50代の頃に、自分からやりたいことよりも頼まれてやるのが多くて、それでまた流れで次にじゃあこれもやってもらえますよねって来てるだけで、スケジュールが全部埋まっちゃってた時に自分のやりたいこと、その中では自分のやりたいことはやるんだけど。

**S**　うまくその中に忍ばせるんですよね。

――忍ばせるんだけど、でも最初から畑に種をまいて、食物を作ろうとかこれをやろうっていうのは考えてみたら、それこそ20年以上ずっとなかったかもしれない。

**T**　じゃあお二人にこの話を聞いていただいて、感想聞きたいんですけど、ベテラン刑事の話をしますね。

**S**　刑事？

**T**　ベテラン刑事。まだベテラン刑事が若い頃にある殺人事件が起きて犯人が捕まりませんと。それで使命に燃えてる刑事はその犯人を時効までの20年間毎日毎日捜査をして。それでその間は家庭そっちのけ。奥さんも子どももほっぽりっぱなし。で、いよいよ明日時効だっていうときに、駅でその犯人を見かけたと。で、取り押さえるために追いかけたと。でもその時に電話が鳴るんです。「お母さんが倒れた、今すぐ来てくれ」。息子からですよ。で、ぎりぎり時効までにとっ捕まえて、ぶち込んでから慌てて病院行ったら間に合わず、亡くなっていたと。息子はこう言いました。「お前が殺したんだ。お父さんあんたのせいだよ」。はい、どうです？

**S**　それは息子がよくないね。

――僕もそう思う。

**T**　エエーーッ？

**S**　息子が間違ってる。

――僕は自分で20年間だったら、絶対自分が先にそうやって。

**T**　読者は全員俺の味方ですよ、きっとこれ。

**S**　たぶん嫁だったら何で私のとこ来たの、何であなた逮捕しないのって。嫁が怒るよ。

**T**　嫁はもう口聞けない（笑）。

――それって極端なことというと、歌舞伎俳優がお父さんが危篤だって知らせを受けても、その日舞台に上がらなくてはならず、終わって行ったら死んでたっていう話を引き合いに出すとどうかな。

**T**　いやいや、その3時間はいいですよ。だってそこには心温まるものが、今までの父と子のいい思い出が、その悲しみを温めてくれるからいいとして、20年間を家庭を省みずに。だから何が伝えたいかというと、二人にとって幸せっていうものをもし定義できるとしたら、じゃあそれは何なのだろうかと。俺は最初の回で言ったけど、バンドの成功よりも個人の幸せの追求が、子どもの頃からの目標で夢で一番欲しいものだったから、今そこを追求してたらバンドを大切にしたりとか、家族を大事にとか友達を大事にっていうふうに、逆算したらそうなっただけで。

**S**　若い時からその定義が分かってることがすごいよ。

――確かにすごいと思う。

**S**　普通はそこまで考えてやらないもんね。それがやっぱり常人とは違うよ。

――だから僕は思うんだけど、一般的に見ると常識的だし、社会的に見るとものすごくちゃんとしてる発言なんだけど、若い時から……今みたいな仕事をしながら、そういうふうにしてられるっていうことは、僕からするとかなり常人を超えてると。

**S**　いや、ある意味変態なんだよ。

――僕らは変な話、そこまではできない。二人ともそういう意味では破綻してるかもしれないけども。

S　社会的には破綻してるかもね。

T　破綻してるっていうか、いや何が伝えたいかってのは、だから二人の才能を持ってすれば、世の中が欲しがるのは分かるとしても、それを差し出すことによって世の中が良くなることも分かっているのですが、お二人の個人的な幸せの追求っていうのがずっと後回しになってるとしたら、一番近くにいる人がつらいというか切ないというか。

——そりゃそうだろうね。

S　普通に(笑)。

T　分かってんのね(笑)。じゃあ、もう言わない。

S　俺はほらずっとそういう人がいなかったから。

T　そんなことないですよ。

S　いなかったよ。

T　いるんだけどね。

S　だってもう20年前離婚してるでしょ。で、娘が成人するまで、もちろん仕事が最優先だったけど、本当の最優先は娘だったよ。

T　そうですね。それはそうだ。

S　だから、バコーンって仕事もこじ開けたし。

T　それをもうちょっとナチュラルにできたらなっていうのを。

S　たぶんその刑事が自分の仕事を追求しながらも、家庭を大事にしていて、何かあったらお父さんこっちに行くぞってことを、妻も息子も分かってれば良かったの。説明がなされてなかったの。

**T**　――絶対そうだと思う。

**S**　そうかな（笑）。

**T**　そうだよ。例えばせりちゃんだったら、あなた何で来たのって怒るよ。向こうに行ってよ、あたしに気使わないでと……

**S**　だけど人間ってそんなシンプル、そんな単純じゃないから、99%あんた何で来たのだけど、1%うれしいと思うんです。

**T**　もちろんもちろん。1%うれしいけど、旦那さんはそれで取り逃がして一生後悔するかもね。変な話、それで妻がまた生き返るわけじゃないじゃん。

**S**　生き返らないですよ。

**T**　難しいところだね。

**S**　そうなのよ。この問題難しいんです。難しいんだけれど、考え続けているんです。

**T**　あと出会いです、出会い。TAKUROは早いうちにそういう人と出会ったんだよ。

**S**　そうですね。バンドメンバーもそうですし。

**T**　バンドメンバーも家庭も。出会ってなかったから。一応ご家庭あるけど、たぶんうまくいってないと思うよ（笑）。

**S**　あれだけ旅してりゃね（笑）。私と仕事って……、ほんとにシンプルな文句言われるだろうな（笑）。

**T**　もしくはすごい淡泊な家庭かね。

**S**　それぞれの幸せの形は十人十色として。

S　俺は今は休みたいな。今は休みたい。まだあと1年ぐらい無理だけど。

――でもそう言いながら時は経つんだよ。

S　そうですね。

――自分で思ったもの。60になったら仕事辞めるって周りに言ってて、無理ですよって言われたけど、絶対辞められると思ったの。でも今年70になって、もうしょうがないなと思ってる。これはもう、こういうふうに生きていくしかないんだと。

T　そうですね。でも仕事っていいですよね。だって喜ばれるじゃないですか、やればやるほど。一番人が孤独だって思う瞬間って人に。

S　求められてない時。

T　求められてない時って言いますもんね。確かにそうなんですよ。

S　やっぱり感謝しかないんですよ。こういう状況にあるってことは。大変だけど、できるだけその感謝を返したいと思うんだよね。たまたま俺はそれで自分の個人の時間を海外の難民のところに行っちゃったり、ボランティアに行っちゃうから時間がなくなるんだけど、それをしないとたぶん心にしこりが残って気持ち悪い。

T　逆から考えたら、自分が作りたい音楽をとことん追求したら、そのある種の思いって遂げられるような気もしませんか。その作品がだって世界中を照らすんですよ。

S　成功すればね。

T　そうそう、成功させる。

S　願望はずっとそうなの。幸せ、家庭とか故郷とか、今はすごく大事に思う。今は欲しいけど昔全然興味なかったのは、自分の幸せ以上にすごい作品を作って、認められたいって気持ちがあったの。自分が認められたいわけじゃないのよ。自分は表に出ても出なくてもいい。たまたまステージに出てるだけだから。俺は自分の作品を知ってほしいから、自分の顔は知られても知られなくてもどっちでもいい。

T　もう比叡山の高僧ですね（笑）。

S　そうなの（笑）。

T　比叡山の高僧。

S　そう。だからそれは昔からそう、実は。作品が最優先で自分はそのためにいる。

T　それこそSUGIZOさん、自分の生き方にこいつ近いなって思う人って、さっきデヴィッド・シルヴィアンの名前出ましたけど、他にいます？

S　近いというか理想はやっぱりボウイだね。作品性と成功と家庭と全てを最終的にうまく得た人だと俺は思うよ。逆にマイルスは大好きだけど、ああいう生き方したくないけどね。

T　マイルスはどんな方なんですか。

S　もうドラッグ中毒もいいとこで。酒、ドラッグで体ボロボロで、結局ボロボロで死んでったから。最先端の音楽はやっていて成功はしていたけど、最後の最後まで生活が安定せず。

T　その当時のマイルスの成功っていうのは、彼は今振り返るとすごいジャズの金字塔だけど、ずっとそうだったんですか。ずっといわゆるスターで？。

――いや、例えば『ビッチェズ・ブリュー』ってエレクトリック・ジャズのアルバムが出た時でいうと、それまでジャズの世界はこの前、じゃありー・リトナーとかを三人で見てて、あの時本当に二人は仲良しだなと思ったけど、でもマイルスがエレクトリックやった時、そん中にシンセサイザーを入れるとかエレクトリック・ギターとやるなんていうことは、マイルスはロックに魂を売ったって言われちゃうぐらいな世界だったわけですよ。

**S** そういう話はディランのエピソードとかも聞きますけど、今はさすがにそういったファンいないですよね。

——ほとんどね。だけどディランの時なんかは完全にそうで、あのニューポート・フォーク・フェスティバルの時にはピーター・ポール＆マリーのピーター・ヤーロウがプロデューサーでいたんだけど、ほんとにアンプの電源抜こうとしたっていうぐらい……

**S** ディランがエレキ持った時ですよね。

——そう。フォークとロックの距離。フォークの人はエレキギターなんか弾いちゃいけなかったわけですよ。日本だって内田裕也さんが、フォークとの戦いっていって、日本語でロックをやるのはロックじゃないってことまで言っていつもケンカしてたもの。

**S** その辺の。

——論争があったわけ。

**T** 当時の彼らの思いっていうのは何でなんでしょう。その不寛容は何なんでしょうね。世の中も不寛容だったってことですかね。

——世の中も不寛容だったね。つまりバンドをやるっていうことは、反社会的な不良だっていう。だってエレキ禁止令ってのがあったぐらいから。

**S** 何にせよ俺は不寛容って未熟ゆえだと思うよ。例えば100年前200年前、いろんな国でいろんな対立があって、不寛容なことがあったでしょ。それってただただ心が未熟なだけで。

**T** 無知であり未熟であり。

**S** 何事もそこに負の要素は本当はないはずでしょ。これとこれを組み合わせちゃいけませんとかさ。極端なことというと、ムスリムでは豚食べない。でも他の宗教は食べる。それもある意味不寛容なんだけど、その不寛容が戒律としては美徳になる。難しい話だけど、でも不寛容ってその多くはただ未熟なだけだと思う。知らないだけだと思うよ。

**T** うんうん。世の中の宗教的な対立が大きいものとするならば、日本の中でバンドやったら不良とか、マイルスがシンセサイザー入れたら……

――ロックとフォークの対立とか、シンセサイザーだってブロードウェイで、今はもう亡くなっちゃったけど、伝説的なボブ・フォッシーっていう素晴らしい演出家がいて、彼が最初にシンセサイザーとエレクトリック・ギターをブロードウェイに持ち込んで、なおかつ彼はストリップの振り付けの方法を持ち込んで、ブロードウェイで大変な論争が起きるわけ。でも今になってみたら、ボブ・フォッシーが全て「シカゴ」にしろ何にしろ、今のブロードウェイの繁栄のベースを作ったと思う。むしろボブ・フォッシーがいなかったらブロードウェイって、ヴォードヴィル・ショーみたいなので終わっちゃったかもしれない。時代の変わり方ってそういうことなんじゃないかな。

**T** ある種すごいショック療法だと思う。

**S** どの時代も必ずリベラルとコンサバがいるじゃないですか。どの時代も革新と保守がいて、必ず保守は新しいことをただただ否定する。うちの父親もまさに考えてみたら、子どもの時にオーケストラにシンセサイザー入ってるの聞いて、こんなの音楽じゃないって怒ってたもん。おかしいでしょ。シンセサイザー、当時は50年代から電子音楽が作られるようになり、電子音楽って結局は現代音楽。現代音楽は本当はクラシックの流れで、シュトックハウゼンはヴェーベルンに強く影響を受けている。クラシックの世界の最も新しい手法を、古い手法を好む人たちは毛嫌うの。うちの父親なんか、シンセサイザー、こんなもん楽器じゃないって憤慨してて。

**T** その当時のお父さん、もう俺の年より年下。子どもの頃嫌いだったものが、今食べられるようになったお前に言われたくないと。味覚なんて変わるんだし、にんじん食えないっていったって、大人になったら食えるじゃないですか。

**S** うちの父親ポールと同じ年なの。ポール・マッカートニーと同じ1942年生まれ。かたやポールは最も新しいことやって成功してきた。かたやうちの父親はクラシックの厳格な考え方で、楽器に電気なんかあり得ないっていう人なんで、それはそういう人たちがジャズの世界でもリスナーはほとんどだったわけだから。ポールのように革新派だったマイルスが、新しい楽器をばんばん使えば、古い観客は……

——自由過ぎちゃうと。変な話、アメリカも昔ハードコア・ポルノも規制があったときは、どのぐらいその規制の中でエロティックで売れるものを作るのかと、アンダーグラウンドのすごいものが栄えたわけじゃない？ でも規制がなくなり、アンダーグラウンドシーンは縮小しちゃった。日本でもいろいろ自由になっちゃったことによって、寺山修司みたいな人が出てこなくなっちゃった。

**S** ロックもまだぎりぎりわれわれの世代では、まだ反抗の象徴だったりとか、それこそわれわれが高校の時は、暴走族かバンドかみたいなとこもあったじゃないですか。

——そう。向こう側の世界に行ってしまうんだみたいな……

**S** それってもう現代ではあり得ないじゃない。今だとロック・ギターやりたいんだ。じゃあ教室に習いに行こうってのが普通だから、ロックをやるためには誰に習えばいいですかって訊かれるわけ。アホかと思うんだけども、そういう時代なんだな。

T　成熟を意味するのかもしれないですね。ロックという業界が「おぎゃあ」と生まれて、それこそ70年代が青年期じゃないですか。

——今の暴走族か、ロックかだってことでいくと、それこそSUGIZOが生まれた69年、TAKUROの生まれた71年っていう頃でいったら、ロック・バンドってレコードなんかそんなに売れなかったのよ。日本は特に。だって1万枚でヒット賞だもん。そうすると暮らせないわけじゃない。そうすると、どうしたって稼ぎのいいモデルの女の子と一緒に住むとか。

S　なるほどね（笑）。

——本当にある意味でロックバンドの成功というのが、そのまんまTAKUROの言葉だけど、富と名声につながってったってのは、80年代に入ってからだと思う。

T　そうですね。それこそヒットチャート1位になったり、テレビで歌謡界の人とか演歌界の人たちと同様に、ヒットスタジオに出てるっていう。で、空前の90年代のCDバブルが来て、その恩恵にあずかるわけですけども。確かに言葉は悪いですけど、迫害されてるときのほうがたぶんエネルギーの濃度は高いですもんね。

——お世辞じゃなくて、LUNA SEAとかGLAYみたいにちゃんと長くやってバンドとして続いて、レベルが高いものを出し続けてる人たちと、一過性で出てきて、一発屋とはいわないまでも短期間でわあっと恥も外聞もなく、訳の分かんない売れればいいんだみたいなものを作ってやってる人たちのものは、SUGIZOが一番唾棄すべきものだと思うようなものだと思うんだけど、全然ものが違うと思うんだよね。

S　確かにそう考えると、この20年以上このレベルでやってる同期ってほとんどいないよね。ネームバリューが大きい人しかいない、われわれの世代だったらそれこそミスチルとかスピッツとか、GLAY、LUNA SEA。ほんとにごく一部なんですよね。当時の仲間の大体80%はいなくなってる。当時からその違いがあったと思うよ。ニューヴォーグはいないわけだし……。

——え、ニューヴォーグ？

S　いやいやそういう知り合いのバンドなんですけど（笑）。

T　やっぱり表現者は表現者なんでしょうね。それこそ表現者と真逆のような計画立てて、物事進めるような俺みたいなやつでも、世の中に伝えたいという表現欲求、その火は消えないんですよ。もっとより良い世の中になればいいなとか、自分ができる仕事を音楽を通してやろうっていう、そういった思いはSUGIZOさんは言うに及ばずほんとに表現者だけど、表現するものがない人とか、この人歌いたいこと、もうないなって人は確かにいる。

S　いるよね。そういう人は間違いなく、ものがもう作れなくなってる。

T　いろんな経験って言葉はつづれるんだけど、そこにその人の人生とか魂とか、心が、熱量が見えない。

——だから結局そういう意味ではリアルなものじゃなくなっちゃったんだよね。

T　そうでしょうね。

——だからリアルなものが残っていくし、伝わっていくんだけど、リアルじゃないものって、歌でも映画でもすごく短命じゃない。映画も前にSUGIZOとも話したけど、マーベル・コミックスの映画って見てる時はそれなりなんだけど、ゲームっぽいじゃない。最近マーティン・スコセッシがマーベルの映画を「テーマ・パークのようなもので、私が考えている映画とは違う」と言って物議を醸《かも》したけど、音楽も21世紀になってから、ゲームに近いような音楽が出てきちゃってさ。この1年だけ成功すればいいやみたいな。

T　でもAKBというアイドル集団が出てきて、10年近く日本の年間チャートを席巻してる。その人たちが10年、嵐かAKBかで日本のシングルチャートは全く動きがない。何とか坂かAKBか嵐かで、20位ぐらいまでぶわって。もしかしたらこの本なんかを読む人は日本の音楽業界を憂うかもしれない。でも、知り合いがいるから聞いたんだけど。10代の女の子たちが1日8時間とか握手するんですよ。これやってごらんって言われたら俺無理ですもん。労働の対価としてえぐいなと。

S　最初から求めてるところが違うよ……

T　そう。違うから、最初はそれこそえらいことになったなと、最初の何年かは思ってたんだけど、命の危険もいろいろあったじゃないですか。自分の娘が1日、何ならその危険にさらされながら知らない人と百何十人、二百何十人、三百何十人、毎日というか毎週会って握手するっていうリスクを換算したら、100万枚売れていいと思いましたよ、俺。音楽とは全然話違うんですけど。

——それは音楽とは違う話だと思うんだけど、ただヒットチャートとかっていう中で一緒にやっていかなきゃなんないっていうか。

S　それもおかしいの。じゃあその子たちと、だからAKBの子たちと一緒に日本でリー・リトナーが発売されたら、同じヒットチャートに入るわけじゃん。そんなの比べもんになるわけないよ。日本でじゃあ、あるオーケストラの新譜が出たときに、ケヤヌキ坂？　ケヌキ坂？

T　ケヌキ坂、抜くんかい（笑）。欅坂。

S　欅坂。ケヌキ坂（笑）恥ずかしいな（笑）。

T　ブラジリアンワックスですよね（笑）。

S　と同じ物差しで比べられるってのはこれおかしいと思う。だって目的が全然違うもん。

T　でもいいんです。それは合ってるんですよ。だってヒットチャートという仕組みは、最初のほうでも言ったけど、作詞作曲能力なんていろんなエレメンツのうちの一つ二つでしかなくて、そこに俺が言う10代の女の子たちの時間を売るっていうことも含まれてのヒットだとしたら、途中から尊敬の念すら覚えましたね。

――売るという行為に対して？

T　売るという行為に。やるっていう本人たちの意思もやらせるというスタッフの覚悟も、えぐいなと思うけど、正しい商業行為だなっていう。

――アイドルっていう商業としては正しいかもね。でもそれ物の生み手とは全然違うから。

T　そうそう。だから聖子、明菜は良かったねっていう、アイドルとしても芸術性としても高かったあの頃も一つあるとしたら、平成のラスト10年は自分たちの生まれた国のチャートがそうだったっていうことは、ただただ嘆くだけじゃない。何かあるんじゃないかと思って、いろいろ調べた。

S　80年代70年代とか大きく違うアイドル文化で思うのは、結局今の子たちって替えが利くんだよね。

T　はい。

S　だってメンバーどんどん入れ替わって、気がついたらもうオリジナル・メンバーいない。それが当たり前でだからもう賞味期限が短くて、それはそれで本人も受け手も納得してる、ある意味。

T　利那的ですよね。

S　利那的でそこに本質、その人のパーソナルな力とか表現力とか、スターとして存在求めてるってのはたぶんないよね。もうロボットと同じ。

T　受け手側もそうですし、やるほうも青春の思い出の一発になれば、有名にちょっとなればいいやっていう、俺みたいなこの野郎、絶対成り上がってやるぜという感覚じゃない……

S　それはそれで自分にはない感覚だから、すごいなと思う。

T　ないけど、すごいなと思う。

S　松田聖子さんは、中森明菜さんは、そしてアイドルじゃないけどユーミンさんは、絶対替えが利かないじゃん。

T　はい。

S　当時の歌謡曲のクオリティーのすごさ、芸術性って本当に。

——すごい。山口百恵のレコードなんてすごくよくできてる。

T　そうですよね。

S　書いてる作家……作曲家、作詞家。

T　あと編曲ね。編曲。

S　そして演奏家。いずれもが超一級で、今思うとそれは音楽っていう芸術の、かなり総合レベルではトップクラスいってると思う。

T　それと同時にコンビニがこれだけ日本中に普及したりとか、シェアカーでいいやっていう若者たちがいるっていうことと。

——同じ。

T　同じなんじゃないかな。所有というかその欲はもう。

——ファッション・ビジネスというのがほとんど今はもう死滅してる。昔DCブランドってのがあって、ファッション・デザイナーのブランドの服ってのが売れてた時ってのは、いつしか終わっちゃったわけじゃない。

S　ファストファッションが普通でね。

——昨日か一昨日のニュース番組のコーナー特番でやってたんだけど、ほんとに今ジーンズメーカーって売れないんだって。昔は七、八千円するジーンズがすごく売れてたんだけど、今はもうユニクロさんが服飾業界というか、服の世界を変えてしまったんだって。まさにそうなんだよね。

T　親戚の10代の子たちに聞くと、シマムラ〝が〟いいって言いますね。〝で〟じゃないんですよ、〝が〟なんです。高いデニムとかっていうよりもシマムラがいい。そっちのほうが安いし、その分携帯にお金使えるし、何に使うと、限られた自分の小遣いの中でベストをチョイスしていくんだったら、本物のデニムではないいんですね。

——春服、夏服、冬服みたいな概念はもうないんだよね。

T　でもそうなってくると、いいものに触れないっていうのは、一般の世の中、俗世間の中で文化の意識を高めていかないと、なかなか思考がそこにいかないですよね。ファストファッションでいいやっていうか、ファストファッションがいいんじゃないっていうのは、何かの底が下に地に着いちゃった感じ。

——音楽も短いもんで、ちょっと聞けばいいやとか、映画だってちょっと観ればいいやっていうものが。……

T　高音質じゃなくてもいいやですよね。

S　音楽も映画もファッションも全く同じ状況だと思う。で、逆にいうとクオリティーの高いものって、＝アートの域じゃないですか？　音楽はもちろん映画、服だって例えばトム・フォードだって。もちろんディオールだって、あの人たちが作るものは服っていう表現をただ利用させてもらっている彼らのアートなんだよ。服ってずっとそうじゃん。そう考えると同じスーツでも、100万円のスーツと1万円のスーツと5000円のスーツと、着るって意味では変わらない。クオリティーとか表現の美しさとか文化やアートとしての服、文化やアートとしての音楽、映画。その逆もあって、ファストファッション。使ったらすぐ捨てられる。音楽もそっちもあって、それは別にペッシャペシャの音でも構わないし、音楽を制作するのに5万円でできましたってものが100万枚売れましたっていう時代でもあるから、両方とも必要だと思う。けど、子どもたちがファストファッションやペッシャペシャの音だけしか知らなければ、それは問題だと思うんだよ。

T　そこ、より掘り下げたい。例えばどんどん環境破壊が進んだりして、川に魚がいないとか田んぼにアメンボだドジョウだのがいないって、そもそもいない環境で暮らしてきた子どもたちは、当然ちっちゃな虫、ミミズだって、「うえっ」てなるでしょうね、きっと。

S　そうそう。

T　それとおんなじでそういうような音楽を聞かされ続けというか、聞き続けてきた人たちが大人になって作る文化って、また何か違った新しいものを生み出すんでしょうかね？

S　と同時に俺は大切なものが欠如する危険性もあると思う。

T　たぶんそっちのほうが大きいですよね。

——例えばロックという20世紀の生み出した最大のカルチャーっていわれてるものが、21世紀になってロックというものがいろんな変化を遂げたり、ロックってのはハイブリッドで何かと交わって枝分かれしたりして進化成長してきたけども、ラップよりもパーセンテージが落ちましたみたいな、数字で換算されてるみたいになっちゃったのが大問題。でもそれが現実で、実はロックってもうシェイクスピアとか歌舞伎なんかと同じように、明らかに守っていって、語り継いでいかなきゃいけないレベルのところにもう入ったのかもしれない。

T　そうですね。

——年度に関してはいろんな諸説あるけども、仮に1955年にロックンロール、ロックが生まれてからってことを考えたら、もう60年以上たったところで考えると、守るものって何なのかっていう概念は、今日たまたまAKBの話が出て、SUGIZOが言ってることを考えたら、この本を作る意味ってそういうとこにあるような気がする。

T　そんな気がします。どんな世の中でも、そこに文化は必ずあるんでしょうけど、それこそ2000年前から今時の若いもんはっていう言葉があるみたいなもんだから、そしてこの、電車に乗ったら全員スマホを見ている。信号待ちの時、全員がスマホで何か。そういう暮らしをしてきた先に生まれる文化って、それを知るまで死ねないな。

——結局世界を極論すると、アプリしながら電車の中で歩いてまでやってる人たちって、世界を見てないような気がするのね。見てないし、世界を聞いてないような気がする。

S　ただ難しいことにちょうどうちの娘がそれ世代。で、何を見てるかっていうと人とつながりたくて見てるんですよ。LINEでもそうだし、SNSでもそうだけど、何かつながりたい。あれがあの子たちの世界なんですよ。

——気があるんなら会いに行けばいいと思うけどね。

S　そう。で、SNSで知り合った人の話だけど、まだ本人同士会ったことない。SNSで知り合った友達だけど、お互い名前知らない。でも今となってはネットで知り合って、2回目で結婚を約束するような人たちも出てきてる。大きな何かが欠如してる気がしてならない。

T　俺たちはきっとそれを受け入れなきゃいけないんでしょうね。

——いや、そんなことはないと思う。

T　いや俺はもちろんノーですよ。だって昭和を通っちゃったから。

S　いいところもあれば危険なところもあると思う。みんな人とつながりたいのはつながりたい。人とつながりたいから携帯見てる。でも立川さんがおっしゃるように、だったらちょっと一手間かけて会いに行ったほうがいいんじゃないかということ。

T　そうなんです。でも結局物事が何か大成するとき、大きく波及効果でもって人々を感動させたり幸せにしたりするときって、どうしても昔ながらのやり方が絶対不可欠になってきたり、嫌な相手とずっといなきゃいけないっていう状況だと、これからどんどんその時にコミュニケーションがうまい人が、一抜けするんじゃないのかなというふうに思うんですよね。

S　本質って人と対面したときにフィジカルでしか生まれないじゃない。本当の愛情って。だって家族だって一緒にいなきゃできない。で、思うにそれを音楽に話をトランスフォームすると、結局いろんな音楽の形があり、CD、昔はレコード、その前は蓄音機、その前は録音技術もなかった。今は最新鋭のレコーディングで、安いバジェットである程度の音が作られて、それがお金は払わずに毎月Apple Musicしてれば、いつでも聞ける。それでみんなオーケーってなっちゃってる時代に、やっぱりライヴはすごく重要じゃない？　ライヴにみんな来てくれる。そういう時代だからApple Musicとか困るのは、われわれはそれで食えない。その分われわれの食いぶちが昔と違ってライヴになっていて。それってとても、真っ当なことかもしれなくて、TAKUROがさっき2000年前って言ったけど、2000年前からコンサートって形式はあったと思うよ。

——音楽家はレコードがまだなかった時に王様たちとか貴族がクラシックのミュージシャン雇って、それを聞かせてたわけだしさ。

T　確かにレコードはないですもんね。

——そう。ミュージシャンの収入源っていうのは生演奏だった。

S　生演奏は絶対に昔からあって、2000年後も絶対あると思う。

T　ここ100年とかですよね、レコードができたのは……。

——100年です、100年です。

S　要は録音が。なので音楽に例えていうと、いろんな時代の進化やニーズがあって、形は変わってるけど、生演奏をお客さんが聞くって構図は絶対永遠に変わらないと思うわけ。

T　本当ですよね。

S　そのうちあと10年もすれば、違った国にいるけど、そこで撮影をしていて、違った国のライヴ会場でホログラムで演奏ができるかもしれないとか、ほんとにそこにいないからある意味バーチャルで、だからバーチャルじゃないリアルな関係性、フィジカルなものっていうのは絶対にどの時代も必要だと思う。

T　二極化っていうものって世の中になくて、例えばこれから俺たちが武道館でライヴやってて、ブラジルの人がカポッてなんか機械を付けて、360度カメラでどこ見ても客も満員いるし、俺たちもいるっていう楽しみ方にもなると思う。ライヴビューイングってもっと発展系になると思う。だけどその二極化の間にはゼロから100があって、じゃあビール・ストリートには今もストリートミュージシャンたちなんかもじゃんじゃんやってるじゃないですか。

S　そういう時代になって、ほんとあと10年後にはそうなってると思うね。VRか。バーチャル・リアリティーの時代でコンサートはどこでも見れる。それが常になった時代、例えば50年後彼らお客さんの夢は「いつか本物を見てみたい」だと思う。

T　野球なんか見に行くと、いつも思いますよ。野球っていうのは昔からお父さんがナイターで見るもんだったけど、球場行ったら、あらゆるところでエンターテインしてて、これは来る価値あるな。チケット以上だなと思いますよ。

——いつか本物を見てみたいっていうことでいくと、ライヴに来ることとの導入の役割はできるんだけど、その時にレコードっていうメディアがすごかったのが、いいものさえ作れば、そのことによって作り手にその対価は入ってきたわけじゃない？　それは肉体の消費じゃなくて頭脳の活動と、頭脳とかそういう心の活動の産物ってのがあったんだけど、今は全部それが肉体の労働のほうに寄りすぎちゃってることが、大きな問題じゃないかと思うんだけど。

S　確かにもう昔と違って全身全霊で作ったレコード、われわれの時はCDだけど、その対価って昔とは比べものにならないので。でも対価が返ってこないからって、昔と違って手を抜いて作るわけにいかないじゃない。

——そりゃそうだ。

S　実はそういう意味でいうと、ちょっと悪循環起きてるんですよね。

T　そのことって、大きな問題になったのって、この15年ぐらいじゃないですか。

S　そうだね。

T　世界規模でインターネットってものが出現したことにより……

――一番最初は貸しレコードですよ。

T　貸しレコード、そうですね。それでもまだかわいい戦いだったと思うんですよ。しかも貸しレコードって世界的な流れですか？　あれ日本だけですかね。貸しレコードって。

S　日本だけ。

――日本。海外にないよね。

S　アジアは貸しレコードじゃなくて、海賊版なんだよね。

T　海賊版。３０００円のものが３００円とか２００円っていう。ちょっと楽観的かもしれないけど、ある時世の中全員が芸術家たちに敬意を払わないと、自分たちの暮らし自体が味気ないものになるっていうふうに気づく１０１匹目のサルみたいな状態に陥ると思うんですね。ある時何か象徴的な事件が起きて、昭和の頃は飲酒運転なんかやってる人もいっぱいいたのに、今では絶対にやっちゃいけないっていう意識がほとんどの人に。で、最近だったらあおり運転ていうのもあるけど、ここへ来て一つの象徴的な事件でもって世の中全体の意識が変わっていくっていう、令和への時代も意識の変わり方もそうですけど、何かしらそういった象徴的な出来事が近い将来起きる気がするんですけどね。

S　俺は音楽のあり方が中世に帰ってる気がする。要は普通にいいものを作って、演奏してるミュージシャンがそれだけじゃ食えなくて、基本的には貧乏で、だからお金持ちのパトロンがいて、お金持ちが雇って生きているっていうさ。その時代に戻ってきてる気がするよ。

――確かに構図はすごく近いものがあるかもしれない。

S　じゃないと昔のように、いいもの作るにはそれ相応にお金がかかるわけじゃないですか。そのお金を普段は捻出できない人が増えてきてるから。

T　画期的な何かを示して、若手ミュージシャンに喜んでもらって励ましができるような本になればいいですね。今はまだ3人でうーんって言ってるけど（笑）。

S　まだ答えは見つからんね。

T　これ見つけたいな。俺としてはこういう道があるよってことを示したいわ。

S　ただわれわれはでもこれは楽観的な意見かもしれないけどラッキーだと思う。なぜかというと旧体制の音楽の世界のあり方と、新しい体質のあり方を両方真っただ中で経験していて、ラッキーなことに旧体制で成功できて、じゃあ新しい体制に追従できなくて落っこってるわけでもない。

――そう。でも移行したときにどんなジャンルでもそうなんだけど、旧体制から新体制にものが変わったときに、いなくなっちゃった人っていっぱいいるんだよ。どんな職業の人でも。そこで完全にサバイバルしたわれわれ3人が話してるわけだから、すごい意味がある。

T　そうですね。だっていきなり新しい価値観になって、さら地にしたところでここにこずえがあるよとか、この季節になるとバッタが来るよってことを知ってる人がいないと、国として町として発展しないですもんね。

――そうそう。ほんとにロックというものが何なのかっていうことが、分かんなくなっちゃったとことかあると思うのね。クリエイションってものは何なのかとか……

T　そうですね。たぶんロック的なスピリットみたいなものは、何か他の芸術や他の動きが担ってるのかもしれないですね。ロックという音楽としてのジャンルはあっても、それこそ。

S　それたぶんネットの世界な気がする。

T　YouTubeのほうがたぶん今新しい道を切り開いてるのかもしれないし。

――プロバスケのNBA行った八村なんて見てると、非常にロックっぽいよね。

T　そうですね。富山から。

――出てきて、それであの技で。なんかジミヘンみたいに見えるし……(笑)。

S　なるほど。

T　ロンドン行って、バインってやったら、もうみんなびっくり(笑)。

――そう。

S　でも彼は黒人とのハーフなんですか?

――うん。

S　で、テニスの大坂。

T　なおみ。

S　彼女もそうだけど、日本人です、日本人の代表って言いながら日本語ほとんど話せないとか、そうなってきてるから。

T　それって今までが、あまりにも外国人を受け入れなかったから。

S　そうなると、別に日本を代表してって概念もだいぶ薄れていいと思うんだけど……

T　俺もそっち派なんですよ。だから高校野球とかでも、地元出身の選手が一人もいない優勝チームとかいるじゃないですか。やれやれと思うんですよ。やれやれだけど、それを否定してしまうと、じゃあ日本代表っていったら、全員日本生まれ日本育ちじゃなきゃいけねえのかって。

S　純血主義みたいに。

T　なっちゃうからいやだなとは。

S　いいことだ。そこでこの元々の民族にこだわらないっていうの、いいことだと思うよ。この前のラグビーだってキャプテン日本人じゃないしさ。

T　そうそう、そうよ。

S　主要メンバーは日本人じゃなかったりするから。

――たまたま、昨日の夜やってたんだけど。ジャーニーの新しいボーカリストの話。フィリピンかインドネシアの……。

T　YouTubeか何かで。

――ジャーニーがヴォーカリストが怪我か何かで辞めちゃって、ヴォーカルいなくなって。

S　スティーヴ・ペリーそっくりな人。

――スティーヴがいなくなって、全然売れなくなっちゃった時に、たまたまメンバーがネット見てたら、スティーヴ・ペリーそっくりにジャーニーの曲を歌ってるやつがいて、連絡してメンバーにした。そしたら大復活して、本人も大統領が招待するぐらい国でも英雄になっちゃったという現代のおとぎ話。

T　そういうことがあるんだ。型を守るというかなんというか。

――あれは型ですよ。

T　型を守る、そうそう（笑）。

――ロックは絶対型なんだよね。ピンク・フロイドって完全に型でしょ。

S　そうですね。

——ストーンズももはや。クリムゾンもそう。でもLUNA SEAだってGLAYだって型になってるんじゃないかな。

T　そのジャーニーの例って、そうか。じゃあ俺の代わりで、うーん。TERUの代わりだから、うーん。これでツェッペリンの2007年の復活みたいなこと、2007年でしたっけ。あのジェイソン・ボーナムが入ってやったあれ。リアルタイムじゃない俺からしたら、それもまた一つのツェッペリンの形ですもんね。

——やっぱり型だなと思ったのは、フーのキース・ムーンが死んだ後にジョン・エントウィッスルも死んじゃって、ロジャー・ダルトリーとピート・タウンゼント二人でフーが復活した時に、ドラムがサイモン・フィリプスだったんだけど全然フーじゃないんだよ。なんかさ。

S　うますぎるでしょ。

——うますぎた。リズム・キープのパターンも違うし。ところが代わりにザック・スターキーが入った時に、完全にフーになった。

S　ザック・スターキーってキース・ムーンから習ってたんですか。

——そう。

S　って言ってますよね。

——だと思う。

T　習ってたって子どもの頃にちょっと。

S　手ほどきを受けた。

T　手ほどきでしょ。

——でもブリティッシュ・ロックの始まりであるビートルズのリンゴんちの子だから……

T　そりゃ壮大な物語はみんな好きだと思うの。

——そこに僕はロックの永遠性があると思う。

S　そう考えたら、ジェイソン・ボーナムはばっちりじゃない。直々の息子だから。

T　こんな泣ける話というか、天国のお父さんもこれは。

——それ小説書いたら面白いんじゃないかなと冗談で話したこともある。ロックの襲名みたいなのがあったらすごくいいと思うよ。襲名の時にみんな口上で並んで、中村のおじいさまには子どもの頃からお世話になったみたいな感じで、ジミー・ペイジが今日はようこそとか始めて、亡きジョンの命を受けた、ついに今日はジェイソンが2代目ジョン・ボーナムの襲名をって感じでね。

T　そこの前には当時から応援してた、ごひいき筋がいて、拍手するっていうね。

——絶対いいと思う。

T　ある種のロックバンドの継続性というか永続性みたいなものが今後もあり得るとしたら、それはとってもありというか、一番世の中の人々がすっと受け入れやすい。

——そう。だから結構昔のPFMとか、まだやってんのみたいなバンドが来て、すごく入るじゃない？　あそこにもっと若い子たちが行けばいいと思うんだけど。最近はヘヴィメタルのファンが高年齢化してるってのが問題になってるらしいけど、やっぱそこは（笑）。

T　そうなんですか（笑）。

——うん、そうなんだって。すごく高年齢化してるんだって。

S　でもアイアン・メイデンが来たところで、何年か前に俺は初めてジューダス・プリースト見たけど、これは若い子には分からないと思った。

T　そこなんでしょうね。どっかで断絶させない手だてが必要だったりする。

――必要です。

S　世代溝が前にもあって。

T　そうそう。だからほんとに襲名披露みたいな、そういった何十年かに一回イベントみたいなのがあって、そこで一回世間の注目がわっとなるような、そういうことが今後必要になってくるのかな。

S　襲名制になって、LUNA SEAもGLAYも100年後もあるわけ。そうなると。メンバー全員もう生きてないんだけど、新しいメンバーが襲名されて、その多くは子どもだったり。

T　そうなってくると、だんだん宝塚みたいになってくる（笑）。だから大抵宝塚の母ちゃんって娘入れるじゃない。入れたいよ。入れるもんね。

――ずいぶん前にキョードー東京の内野さんがまだ生きてた時に、ビートルズの息子たちでバンド作って、ワールドツアーやったら儲かるんじゃないかって話したことある（笑）。

T　儲かると思う。

――ジュリアン・レノンと、ジェイムズ・マッカートニーと、ザック・スターキーと、ダーニ・ハリスン。

S　それ見たいよね、みんな。

――ダーニ・ハリスンとかギターの弾き方がジョージと同じなんだよ。

S　見たことないです。そうなんですか。

T　やっぱおやじから習うとそうなるんすかね。

――ジョージ・ハリスンのトリビュート・コンサートに出てきた時に、ほんとにこう縦乗りで低い弾き方おんなじなの。気持ち悪いぐらい。ジュリアン・レノンは声そっくりだし。

**S** そっくりですね。

**T** 『ヴァロッテ』とか好きだったな。

――『ヴァロッテ』良かったよね。

**S** そしてショーンはすごくセンスいいですよね。全然お父さんと違う新しいニューヨークな。

――そう。

**T** でも宝塚だって最初は襲名制、だってね。宝塚の1期生はスタートから5年10年とやってきて、次に2期生が入り3期生が入った。学校スタイルになってるから違うように見えるだけど、いったら襲名制。

**S** だからそういう意味でいうと、今でもモー娘。とかAKBはそうでしょ。

**T** それをロールモデルにしてる可能性はありますよね。

――次は箱根、円かの杜でのセッション。そこで撮影もしようと思うんだけど、テーブルの上にテープレコーダーが1個ポンと置いてあって、その写真撮りたいな。

**S** テープレコーダーだけ?

**T** テープレコーダーだけ。で、椅子があって。その椅子は空の椅子と、あと二人が座ってるようなことでいいのかなと。カンバセーション・ピースっていう感じの潔くしちゃったほうがかっこいいかなと。で、今日さっきSUGIZOが部屋に入ってきて、Tシャツに着替える前にTAKUROと並んだのを僕がこっちから見た時に、写真ってこれでいいんじゃないのって思った。

**S** 私服ってことですよね。

――ナチュラルな感じで。

**S** 要は、しゃしゃっと撮るだけですよね。

――うん。

**S** メイクとか大丈夫だったら俺はこのままでいいよ。

――さっきのあの二人の感じは、むっちゃかっこよかった。

**T** でもテープレコーダー、みんな知らないんじゃないですか？　テープレコーダーを知れってことは……

――これが1個ポンと置いてあるの。

**T** 今でもライターさんってテープレコーダー使う人多いですよね。

――うん。

**T** 聞き直した時、キュルって戻せるっていうあの便利さ。

――DVDより実はビデオのほうが便利なのと同じこと。何でかというと、ここまで見といたところで止めといて、他のに入れ替えてもそこからまた見れるわけ。DVDだとカウントで押してっても、ぴったりのところには……歌えるから歌ってって言って。俺ちょっとコーラスの練習するんでって言って。そうすると、もう一回同じとこを繰り返して見なきゃならないときに、気分ってそがれるんだよ。

**T** そうだよね。こうやってぐるぐるんってやるのはあれですもんね。

――ビデオはほんとに止めといたとこからいけるし、カセットテープもそうなの。

**T** そういったことに代表されるのは、膨大な情緒があって初めてその感覚って生まれますもんね。

――うん。

T　だからビデオテープの良さを知らないで、次から見るときはまたチャプターでかけなきゃいけないんだってことしか知らない、ビデオを知らない、情緒の意味を知らないから。

――TAKUROが言った言葉って見出しにしてもいいと思うんだけど、膨大な情緒があっての便利さなんだよね。

T　月がきれいとかも、ほんとに月がきれいなのの後ろにはしばらく会えてない誰かがいるとか、死んだ誰かを思うとかっていうような。ただの月を月として見るか、そこに芸術とか文化とかの何か機微が。

――だからもう10年以上前に愛知万博の仕事をした時に、ユーミンと一緒にやったんだけどユーミンと多国籍ユニットをつくったんですよ。万博だから。中国のサンディ・ラム、シンガポールのディック・リー、韓国のキム・ヒョンジュとか入れて。その時にユーミンが歌作ろうって言って、「カラー・オブ・ザ・ムーン」って曲を作ったんですよ。それが今まさにTAKUROが言った月ってやつで、何でみんな同じ月を見てるのに、こんなに戦いとか起きちゃうんだろう。北京から見ても東京から見てもソウルから見ても、どこから見ても、月は月なんだよねっていうのって情緒なんだよね。

T　それは地球は回ってて、どこから見てもおんなじだっていう情緒がないと、俺とお前は考え方が違うから戦おうみたいな感じになっちゃう。正義とか悪とかでなく、人間しか持ってない情緒みたいなものが、一番めんどくさいものですもんね。どんどん減らしていこうっていう世の中の動きは分かりますよ、コントロールしづらいし。情緒が豊かな人ほど。

――食事をしながら話そうとか飲んで話そうとかっていうのって、そこに情緒が生まれる一番大きなファクターじゃないですか。

T　俺たちがバンドが長くやれた理由は、そこの情緒ですよね。こいつの差し出した音楽性がどうこう言うよりも、今乗り越えなきゃならないものからたたずまいから感じますもん。じゃあ俺の曲はいいやとか次でいいやとか、こいつが今乗り越えるべき壁を一緒に登ろうみたいな。それはほんとに近くにいた、それこそデータのやりとりで聞いた、データ送って音楽を作るのとはまた全然違う。

――話してて楽しいとか面白いとか刺激があるっていうのがって、すごくいいことだと思うんだよね。僕SUGIZOと会って、SUGIZOと何か二人で長めの打ち合わせっていうと、今度行く、円かの杜の露天風呂でやるのが慣例化してる（笑）。

T　出たり入ったり（笑）。

――そう、出たり入ったり。温度がちょうどいいんだよ。

T　入りっぱなしですか。

――入りっぱなし。ほんとに寝ながら話せんだよね、寄っかかって。

S　それが本当に入るアートなの。

T　僭越《せんえつ》ながらじゃあそこの横に俺も。

――入るアートですか（笑）。

S　そう。さあ俺戻らなければ。LUNA SEAの締め切り事に追われて。

――でもSUGIZO、そのセーターめちゃくちゃいい。

S　本当ですか。ありがとうございます。

――そのかっこでいいんじゃない？　むちゃくちゃかっこいいよ。

S　これ、無印ですよ。

――僕はTシャツ、ユニクロですよ。SUGIZO、何度も言うけどそれいいよ。絶対。

〝旅〟に始まり、〝故郷〟〝チャリティ活動〟〝ロック襲名論〟……4回目のセッションも話は盛り上がり、マイルスの音楽のように予測のない展開になっていった。

次から次へと飛び出してくるおもしろいエピソードとユニークな意見。言葉の力が増幅し〝カンバセーション・ピース〟が大きな曲になり始めている手応え。

箱根のセッションはどんな展開になるのだろうか。

# SESSION 5　2019.12.19　円かの杜　撮影

——今までの4回のセッションで相当量がとれてて、目を通してみたら実に面白かった。

S　素晴らしい。

——TAKUROもそれは面白いねって言ったけど、同じ話が出てきても、違うふうに話してるところなんかも。

S　使ってる言葉が違うから。

——そう。言ってることは同じなんだけど。

S　表現が違う。

——表現が違うのね。普通の対談本、編集し過ぎちゃうんだよね。生な感じがいいのに。リアルな感じの面白さがあるんだよ。

S　なるほど。音楽的ですね。

——今日もスーッと始めるね。最初に二人が会った場所ってどこだったんだっけ？

T　目黒の鹿鳴館だったと思います。間違いない。

S　しかもこの前俺行ってきたよ。LUNA SEAみんなで鹿鳴館で撮影をしてきたの。

T　権之助坂の。

S　GLAYのステッカーがあったじゃん。

T　あったあった、そうそう。5人で行ったんですか？
S　5人で鹿鳴館でドキュメントのインタビュー。
T　はいはい。
——それはじゃあ30周年関連の流れで？
S　そうですそうです。
T　貼ってありました？　じゃああれ（笑）。
S　あったよ。
T　良かった良かった（笑）。
S　GLAY貼ってあったよ。全然今と字体が違うよ。あれ昔のやつでしょ。
T　昔。今のバンド層ってどんな感じなんですか、ラインナップは？
S　全然知らない。コテコテのヴィジュアル系っぽいポスターだらけだったけど。
——ヴィジュアル系？
S　出てると思うんですよ。
T　ヴィジュアル系っていえば最近SUGIZOさんのYahoo!のインタビューがきれっきれでしたね。
S　あれね。
T　いい。
S　インタビューは別に悪いと思わないんだけど、一つの言葉だけが見出しになっちゃって……
T　今っぽいですよね。
S　変な言葉だけ抜かれて見出しになって。

――そうなんだよね。昔話だけど慎重にならざるを得ないのはジョン・レノンが死んだ時に、すごく覚えてるんだけど、新聞社の人が電話してきて、コメントをいただけますかって言われてしゃべるじゃない。で、見せてくださいって言ったんだけど、新聞だから取材したすぐ後にもう出ちゃうわけ。後からこっちが怒っても後の祭り。都合よく再構成されちゃうから。

**S** それいやだよね。

**T** あの説ほんとですかね。新聞記者が言わせたいことを最初に持ってるって説。

**S** それはあるかもしれない。

**T** 記者さんが既に言わせたい答えをもう持ってて、それに対して誘導する。そんなことを聞いたことあるんですけど。

――それは新聞記者に限らず、僕もミュージシャンをはじめいろんなジャンルの人にインタビューする仕事たくさんしたからわからなくもない。聞きたいことってあるからね。そしてすごく覚えてるのが、フレディ・マーキュリーに最初にインタビューした時気に入ってくれて来日のたびのインタビューを僕がすることになっちゃった。自分の意図や考え方が通じない人としゃべるのは嫌だったんだろうな。デヴィッド・シルヴィアンもそうなった。『ミュージック・ライフ』と『音楽専科』2誌を書きわけてた。

**S** 立川さん一人が取材して。

――そう。

**T** でも言葉読めないじゃないですか。日本のインタビューでどう出たかは本人たちが知る由もないという。

――会話している時にわかるんだよ。デヴィッドはユカ・フジイさんがいたから、載ったのを全部訳してもらってたみたい……

T　あなたが言ってることと違うわよみたいなことを。

——いい通訳がいてやるから、かなりディープな話もできるよね。インタビューって例えばジョン・レノンがヤン・ウェナーには心を開いたみたいに、必ず誰を指名みたいなのあるんじゃないかな。会話って怖いのは、SUGIZOが言ったようにセンテンスだけ抜き取られて、人に例えばこんなことをSUGIZOが言ってたよとか受け取られると、すごく怖いし。だから今のネットの社会の怖さってそこに尽きるんじゃない。短くなっちゃってるから。

T　言葉を扱う仕事をしてても、例えば自主規制の言葉あるじゃないですか。今はもう時代が違うんだから、何々っていう言葉を使ってはいけないよねっていうふうに、ちゃんと筋道立てて言ってても、なんとかという言葉を使ったっていうだけでも、腫れ物的な例えばびっこでもめくらでもそうですけど、漫画なんかでもよく表現変えられちゃいますよね。

S　それおかしいよね。表現に必要なときは使わないといけないのにね。

T　プロセスがあるのに、その言葉自体を口にすること自体をよしとしないっていう、不寛容な空気はすごい感じますね。

S　それじゃ表現ができなくなる。でもあのインタビューはすごくちゃんとしてたの。相手もちゃんとした人で、こっちは事実関係直してるわけ。だけどさ掲載されるときに言葉をふっと抜かれるとそれが見出しになっちゃう。見出しの中で、ヴィジュアル系は俺にとっては差別用語だって言ってるわけ。

T　そうそう。

S　確かにそうなんですよ。ここでも言っておくと、TAKUROたちと俺たちの世代で微妙

をやめない、40になってもやめないっていう。

――今は30がバンドでいえば若いほうになっているぐらい、すごい変わりようだよね。

T デビュー28とか29とか聞くと、そんな時代になったんだって。

S それはデビューが遅くなったってこと。

T 遅くなりましたね。デビューの定義が変わってきたのかもしれない。たぶん23、24からやってるんだけど、メジュー・デビューってものを昔ほど重要視してないので。

S 今はもうメジャー・デビューがデビューじゃないでしょ。

T でもメジャー・デビューって何なんでしょうね。

――要はレコードを出すっていうことが、極端なことをいうと、僕らが10代の頃はレコードを出すっていうことは、そこでプロになるっていうのとイコールだったのが、今はレコードは自分たちで出せちゃうから……

T そうそう、出せちゃう。

――出せちゃうようになってから、何をもってプロフェッショナルと呼ぶかっていうのかの、ボーダーがなくなってるような気がする。

S メジャーとインディーズも今は全く曖昧で、まずメジャー・レーベルってもう限られてきたじゃないですか。もう一つの種類ですよ。インディーズのレーベルのほうが下手なメジャーよりもでかかったりとかするじゃないですか。確かにわれわれが20代の前半の頃はメジャー・デビューがプロデビューだったよね。

T 親に報告できるとするならば、例えば事務所に所属する、要するに事務所と契約するとかレコード会社と契約するとかっていうことが、まず目の前の一番でかい目標ではありました。

S　例えば事務所と契約しました。ウチだったら阪上さんとやり始めました。でもまだメジャーからは出ていませんっていうのは、たぶんデビュー予備軍だったってことなんだよね。

T　うん、練習生的なもの[illegible]よね。

——素晴らしいじゃないですか

S　話を戻して、言葉の話をしたいんですけど、そのインタビューで俺が言った言葉がすごく問題になって、結構ニュースとかになってた。俺は自分でヴィジュアル系と思ったこともないし、自分にとってヴィジュアル系だヴィジュアル系だって言われ続けてきたことっていうのはネガティヴな要素でしかなかったわけ。

T　すげえ。話したいこといっぱいある。あるわぁ。

S　今日ここを切り込むよ

——うん、ここいきましょう

S　タブーを。タブーを切り込む。

——このテープレコーダーを挟んで1個あるシーンすごくいいよね。見て、こっち。

T　カンバセーションですね

——さっきのテープレコーダーだけの写真ちょっと見せてあげようか。

S　はい。

——これすごくいいでしょ

S　かっこいいですね。テープに意志があるみたいな。素晴らしいアングルですね、間仲さんさすがですね。

——じゃあさっきの話の続き、あのヴィジュアル系……

S　それ始めちゃうと結構長いですよ。
――いいですよ。いやだってずっとしゃべるんだから。
S　そのまま終わったらここで。
――うん、ずっとしゃべり続ける。
S　ジャンルの話ね。カテゴリーの話で俺らはそう思ってきてやったことなかったけど、例えばヴィジュアル系でもいい。昔だったらグラム、ニューロマ、ゴス、何でもいい。その辺から影響受けてきて、普通に俺たちの世代はステージに立つときって、かっこいい衣装着たり、派手なメイクしたりってのが普通にあったじゃない。それがあんまり特別なことじゃなかった。影響を受けてきたデヴィッド・ボウイやJAPANに対する憧れもあるし、影響を受けてきたゴスやパンクに対する憧れがあって、それを進化させたかっただけなんだよね。それでやってきた。もちろん一番重要なのは楽曲であり、音楽であり、演奏だった。90年代の中期ぐらいでおそらくGLAYデビュー以降なんだよね。ヴィジュアル系って言葉が出始めたのが。
T　誰が付けたんでしょうね。
S　一説によると、YOSHIKIさんが「俺が言い出した」とかいうのもあるし。
T　Xのいわゆるスローガン的な。
S　そうそう、「サイケデリック・ヴァイオレンス・クライム・オブ・ビジュアル・ショック」うんぬんかんぬんみたいなことところか始まったと思うんだけど。
T　でもあの頃に隆盛を見た雑誌たち『FOOL'S MATE』。
S　『SHOXX』とか。
T　『SHOXX』『FOOL'S MATE』とか『Vicious』とか。『FOOL'S

SESSION 5　2019.12.19　円かの杜　撮影

MATE』って元々あんなにここでいういわゆるヴィジュアル系を扱ってる雑誌じゃなかったですよね。もっとハードコア的な。

S　だから。

――プログレみたいな。

S　そう。

T　プログレ、そうだよね。

S　そう。ハードコア、プログレ、ゴス、ニュー・ウエーヴだったのよ。そこにはバウハウスも出てたし、スージー・アンド・ザ・バンシーズも出てたし、ナゴム系も出てたしさ。そこに影響を俺たちが受けてきた。そのパンクやニュー・ウエーヴやプログレの影響からわれわれが出て『FOOL'S MATE』に載りたいっていう憧れがあった。そこの『FOOL'S MATE』の中のアーティストがどんどんこういうふうに、われわれを筆頭に変わっていったのよ。その時にはわれわれがやってることが一つのジャンルに固定化されるってことは、誰も想像してなかったし、望んでもいなかったと思う。誰かが立川さんが言うように媒体とかマスコミとかジャーナリストの人たちが付けるっていう……

――2人の今の会話を聞いてて、ひとつ思うのは例えばグラムとかニュー・ロマンティックとか、パンクとかっていう言葉があるのと、ヴィジュアル系って並んだときに、ヴィジュアル系って言葉だけが、僕のちょっと勘繰り過ぎかもしれないけど、すごく劇画っぽくて馬鹿っぽくない？

S　うんうん。

T　あれじゃないすかね。例えば洋画。アメリカ、日本以外の外国の映画を日本人に見てもらうためには、邦題が必要だと。で、その邦題はだって秀逸な『ビートルズがやって来るヤァ！ヤァ！ヤァ！』『ヘルプ！ 4人はアイドル』っていう成功例もあるけど、ヴィジュアル系の場合は失敗とまでは言わないけど、うまくいかなかった邦題の例じゃないすか。グラムだなんだっていう向こうでの本人たちも喜べるようなジャンルの付け方は、上手な題名の付け方だけど。

――今は結構日本のコミックとかがフランスあたりでブレイクしたりしてるから、ヴィジュアル系って言葉も外国人も理解するようになったけど、日本で使われて隆盛だった時は、ヴィジュアル系ってたぶん外国のミュージシャンとか外国のメディアに言っても、それなんだってぐらい分かんない。ジャンルでも何でもないわけだからさ。

S　結果的に中身は面白いとは思うんですよ。日本独自で育まれたいわゆる究極のミクスチャー文化だと思うし、ルックス面もものすごく派手。中にはほんとにごく一部は音楽がすごくいい人や、ごく一部ではすごくいい演奏する人もいるけど、少なくとも90％は俺の視点から見ると、音楽、演奏、表現よりは見た目重視。

――見た目に走り過ぎちゃった悪いほうの例に感じられるようになっちゃった向きがあるよね。

S　そのとおり。ムーヴメントって起きる前というのは、そのムーヴメントが生まれた頃というのは、間違いなくその全ての中心のアーティストってクオリティーが高いし、レベルが高いじゃない。

T　はい。

S　そのムーヴメントがどっかのタイミングで爆発して、一般化したときに、レベルがガクんって落ちるじゃない。

SESSION 5　2019.12.19　円かの杜　撮影

——それはすごく顕著な話だね。

S　生命と同じ。要はカンブリア紀だよね。ドーンって生命が爆発的に進化、増殖したときに、その代わりドーンってレベルが落ちる。それを俺的には90年代後半から２０００年ぐらいに感じたんだよね。

T　俺はもうちょっと長い目で見てあげて欲しいなとは思う。だって何ならXだLUNA SEAだが日本全国津々浦々にまでそういった表現が、その名前をヴィジュアル系って蔑称かもしれないけども、お茶の間にまで浸透したっていうのは、これはある意味の勝利ですよ。

S　だからXに続いてLUNA SEAが来て、GLAYとラルクが来てってとこだよね。

T　ラルクなんかヴィジュアル系って言われて怒っちゃって、テレビボイコットみたいな話もあったし、逆に言うと「SIAM SHADE」はヴィジュアル系って面白いらしいぞって、自分たちが本格的ハードロックバンドなのに、かつらかぶったじゃない。あれはあれで頭のいい、一つ自分の夢をかなえる方法だったって。

S　一つの手段として。

T　手段として音楽が、彼らには間違いなく演奏力から曲から何から素晴らしかったから。

S　歌唱力も素晴らしいし……。

T　あと必要なのは突破力なの、ブレイクスルーのきっかけとしてヴィジュアル系を利用したっていうのは、また一つの側面。

——前にポリスのスティングがはっきり言ってたけど、パンク・ニュー・ウエーヴ隆盛の時代に、俺たちの音楽はそのままじゃ受けないから、髪の毛立ててパンク風にああいうふうにしたんだって。それは戦略だからね。

T　戦略の中で淘汰されて、それはそれこそ生き物の進化と一緒だと思う。

——元々ポリスはジャズプログレ系だったからね、やりたかったことは。

T　だってそんな分数コードとか作ろうなんて、絶対真逆のムーブメントですよね。パンク。

S　それがパンク、ニュー・ウェーヴのところに切り込んでったのは、頭良かったよね。

T　はい。

S　結局本物は残り、本物はいいものを作り続けて伝説になり、そうじゃないものは淘汰される。この世界では絶対に。

T　はい。

S　淘汰されるもののほうが多い。

——そうだね。

S　でも淘汰される人たちの分母やイメージや見られ方で、そのシーンとか音楽って名前が付けられる。

T　はい。

S　それって非常に疑問だよね。

T　50年代のアメリカン・ポップスの時代本人たちは、自分たちはポップをやってるっていう意識が果たしてあったのか。

S　自分たちがそれを名乗って自称して、俺たちはロック・ンロールのものですって自分たちをアピールしてくのと、人から名前を付けられてレッテルを貼られたって思うのと、同じロックン・ロールでも。

T　でも実際、いわゆる創始者、一般的にですよ。やっぱり日本の音楽のある種の変換の時は、

Xのデビュー以降。で、LUNA SEAからの、それからGLAYだラルクだの中で、自分たちが一つのジャンルを作ったっていう、そういった意識はありますよね。

**S**　このジャンルを推進してきたっていう意識はあるよ。

**T**　そうそう。

**S**　でも自分たちから生まれたと思ってない。それはXでもないし、その前から脈々とあったわけで。DEAD ENDがあったり、GASTUNKがあったり、その前でいうと例えばAUTO-MODでも、ゴスから影響を受けた、ゴス、パンク、ニュー・ウエーヴ直撃の日本のバンドっていたんだよね。ただ一般的には有名じゃなかっただけで。

**T**　たぶんある種、日本の音楽の歴史家たちにとっては、音楽史を研究する上で何かしら直々に名前を付けていかなきゃいけない。その名残の一つなんじゃないかって。

**S**　かもね。

――ヴィジュアル系って言葉がね

本人たちが「切り込む」という言い方をしているだけあって、ヴィジュアル系を巡る話はとても興味深く、実際にそのシーンの中心にいた人間の発言だ。今回の本はその対極というかヴィジュアル的な要素を一切排除したもので、一冊の本がひとつのきっかけになっている。約束通り僕はその本を〝円かの杜〟に持ってきた。

**S**　この本のこれ面白いね。

――タイトルいいでしょ。

S 『もうすぐ絶滅するという紙の書物について』。

T 絶滅すんのかな。

S 絶対そんなことないと思いますよ。

T しないと思いますよ。

S しないよね。

——前にも話したけど、ロックだって同じことを言われてるよね。

T そう思います。そうやって弱音を吐く人たちは、世界の広さをあまり知らないのかも。

S 弱音。

T CDが売れないとか紙が絶滅するとか。日本の田舎もそうですし世界中行ってもそうですけど、一定数使う人欲しがる人はいる。ただじゃあ今までのようになっていったら、それは馬車が車に変わるようなもので、馬車というシステムは全くもって今も有効じゃないですか。移動するという意味では。

S いいものは残るからさ。レコードだってCDだって、絵画だって残る。絵画が全てデジタルになるわけない。

T 絵画なんか一番アナログですよね。

S アナログだよね。

T 1枚ものだし。

——1枚ものだからね。さっきのある種ロックが産業になって、ロックだけじゃなくて音楽が全部産業になったという話だけど、その産業が違う形になってくると、ロックは絶対にアートとして残っていくと思うんだよ。

SESSION 5　2019.12.19　円かの杜　撮影

T　そうですね。それこそたぶん３００年前は歌舞伎のチケットってもっと安かったと思うんですよ。

S　そらそうでしょ。

T　今は相撲も歌舞伎も高校生がふらっと行ける値段ではなくなっちゃって。

――町の娯楽だったのが、そうじゃなくなっちゃった。

T　お寿司屋さんもそうかもしれない。

――相撲や歌舞伎は日本を代表する文化になってしまった。ジャズだって、50年代のジャズって、ラジオから流れ、クラブで演奏され、ビッグ・バンドでみんながダンスしていた。

T　すごく親しまれていたでしょうね。

――ポピュラー・ミュージックだもん。

S　でしょ。

――ロックが出てくる前は、フランク・シナトラが一番最初のアイドル歌手だった。シナトラがステージに出てくるとブルー・ボビー・ソックスっていって、女子高生が靴下脱いでパンツも投げてたって逸話があるくらい（笑）。40年代がシナトラ、50年代が…

S　プレスリー。

――そう、プレスリー。60年代かビートルズっていうディケードを代表するアイドルであり、象徴的存在だった。

S　２００年前はそれがモーツァルトとかショパンとかだったわけで。

――あと誰だっけ。ヴァイオリンでいたよね。そう、パガニーニ。

S　パガニーニ。

――彼はすごい。リストもそうでしょ。

S　リストはさっきの話の続きだと、リストこそが元祖ヴィジュアル系。

T　ファッションにそこまで気を遣わなかったクラシックの音楽の中で、その人はファッションごと。

S　元祖ロックスターだよ。だからめちゃめちゃ長髪でルックスが良くて、キザに舞台に登場してウワーッってピアノ弾くと、貴婦人たちは陶酔したり失神したり。

T　それに関しては本当に、女性たちが異性のかっこいい男性やそういった表現を見て、まず騒ぎ出すじゃないすか。

――うんうん。

T　それが何百年からも変わらないとしたら。

S　それは一つの芸術のあり方だよね。

T　あり方なので。

S　だって歌舞伎もそうでしょ。

――歌舞伎もそう。

T　きれいだっていって失神したりするわけだからね。

S　それがきれいな女性に対しては男性がアイドルとそのファンっていう形になるわけで、そう考えるとエンターテインメントのあり方って、もう何百年も前から実は基本は同じなんだな。

T　変わらないから、俺は今回の本の中であえてSUGIZOさんにヴィジュアル系にチャンスを、ヴィジュアル系という言葉にもうちょいチャンスを与えてあげてほしいと、ぜひここで伝えたい。

SESSION 5　2019.12.19　円かの杜　撮影

**S**　（笑）。つまるところ俺が言いたかったのは、ヴィジュアル系ってそのものを全然俺は否定も肯定もしてない。その中でかっこいいと思う人もいれば、かっこ悪いと思う人もいる。

**T**　そうですね。もちろん。

**S**　ね。それはどのジャンルでもそう。それは大好きなジャズだって、大好きなバンドもいればダサいと思うバンドもいるし、それはクラシックでもそうだし、あらゆるジャンルに好きな人も嫌いな人もいる。ヴィジュアル系も同じ。俺がいやなのは自分たちをそこと一緒にしないでくれと。自分たちはそのつもりでやってないから。

――ヴィジュアル系っていうジャンル？

**S**　そう。で、実は俺以上に他のメンバーはもっとそう言われたくないんです、彼らは口にしないけど。J、INORAN、彼らは一言も自分たちをそう称したことがない。ただ彼らは口にしないだけ、俺はズバズバ言うだけ。

**T**　そんな思いでいたとはね

**S**　そうだよ。

**T**　俺たちの中では生まれる瞬間を見てないので、わりとカジュアルにそう呼びたければどうぞって思ってたぐらいのもんだけど、2個上のラルクのメンバーとかはやっぱり洋楽の影響下において、本物たちを知ってるからか、俺たちはそれこそさっき話そうと思ってたんですけど、80年代の日本の音楽でジャンル分けってなかったんですよ。

**S**　だから考えてみて。BOØWYだってヴィジュアル系の元祖かもしれないよ。

**T**　ちなみに俺はBOØWYはヴィジュアル系だと思ってますよ。

**S**　うん。でも誰もそう呼ばないじゃん。

T　呼ばないけど。

S　だからそういうふうにいったら、BOØWYがヴィジュアル系の元祖なんですよ。

T　そうですよ。

S　あと不思議なのが、じゃあわれわれヴィジュアル系と言われ、イエロー・モンキーは何で言われないんだろう。

T　そこからは音楽性。こればっかりはルックスの表現と音楽性の中で、例えば清志郎さんはあんだけメイクしてても、歌ってることが泥臭いもん。ブルースだから……。

S　例えば俺なんかでも清志郎さんの影響ってめちゃめちゃ大きいわけ。自分のメイキャップ。日本人だったら清志郎さん、だからRC、一風堂、YMOだよね。俺のルーツはね。

T　だから今日奇しくもLUNA SEAのニューアルバムを聴きながら、ここまで1時間きっちり1曲目から最後の曲まで聴いて。

S　あげようと思って持ってきたのに。

T　どうしても聴きたいからダウンロードした。

S　ありがとう。

T　で、ここからは今度言葉の話になるけど、歌う題材が見事にスタイルとマッチしているので、それは少年少女たちが憧れるファンタジーとしてのLUNA SEAっていう側面がでかい。

――分かった。僕は今何で清志郎の話が出てきたかってところでいくと、それはSUGIZOがすごくいやかもしれないし、他のメンバーにしてもLUNA SEAのディスコグラフィ本の監修をしたときに、初期の写真を見て、これをもってヴィジュアル系と言ったんだなって思える写真があった。

**T**　そうそう。そうなのよ。

**S**　その時にまだそういうジャンルはなかったの。

――イエロー・モンキーは全く違う。ただのハードロックバンドですよ。

**T**　そうですね。

――メイクしてようが、何だろうか。

**S**　だから30年ぐらい前にわれわれが作ってきた見た目とか写真のあり方とかアートとかあらゆるフォーマットがヴィジュアル系と呼ばれるものの礎になってしまったんですよ。そこに倣ってしまった人が多いから、吉川さんはそう思うの。

――そう。

**S**　そういう人が当時はいなかったの。

**T**　いないし、さっきいった深遠なる世界観みたいなもの。これ後々ちょっと苦言になるかもしれないけど、言葉の世界で言うと、身近とは真逆な要素が多いなと。

**S**　確かに。ダーク・ファンタジーだった。

**T**　それは今でも脈々と続いてきて、それは決して身近には感じないもの。広い世界と広い宇宙みたいなものを感じる中で、それを少年少女たちがピュアに受け止めるとき、入るのはルックスからで。

――ダーク・ファンタジーっていうのはすごくいい表現だと思う。だから清志郎とかイエロー・モンキーとか、そっちはそれがない。

**S**　ダーク・ファンタジーしかない。で、もう一つ言うと、ごめん語弊があるね。いなかったわけじゃない。いたんだけど、メジャーじゃなかった。だからLUNA SEAがやってきたことは、他にも例えば同系統の同年代ではZI:KILLがいたりとか、その前の世代はだからGUSTANKやDEAD ENDとか、さっき言った日本のあらゆるニュー・ウエーヴやゴスのバンドがいて、あとわれわれ当時ポジティヴ・パンクって言ってたんだけど、当の本人たちはポジパンって言われることを同じく嫌がっていた。

T　サディスティカル・パンクとも言いましたけど。

S　そのルーツには例えばバウハウスがあったり、スージー・アンド・ザ・バンシーズがセックス・ギャング・チルドレンあったりしたわけ。その辺が好きだった。ニュー・オーダーの前進であるジョイ・ディヴィジョンも。

——スージー・アンド・ザ・バンシーズは、今の好きだったたってことでいくと、スージー・アンド・ザ・バンシーズのアーティスト写真と、LUNA SEAのアーティスト写真ちょっと似てるね。

S　だってめちゃくちゃ影響受けてるから。

——そうか。

S　スージー・アンド・ザ・バンシーズかバウハウスとかなど影響を受けてる。ルックスは今見ると地味なんだけど、その源流はジョイ・ディヴィジョンだったりするわけ。当初彼らは音楽の表現の中でよりアヴァンギャルドや、攻撃的なハードコアなことをやりたくて、音楽もエッジーになっていって、そこに引っ張られてルックスもエッジが立っていったんですよ。逆なの。音楽や表現したいことから来てる。

T　むしろLUNA SEAを語るときは、言葉のほうから見ていったら面白いのかなという

SESSION 5　2019.12.19　円かの杜　撮影

ふうに思う。

**S**　それは僕も面白いと思う。

**T**　初期の頃から5人でダーク・ファンタジーで虚構づくりっていうようなのを打ち出したじゃないですか。

**S**　うんうん。

**T**　イエロー・モンキーや清志郎さんに至っては、いわゆる個の悩みっていうものを身近に感じられるから、ダーク・ファンタジーになり得ないんですよ。ファンタジーじゃないんだもん。リアル。

——個だよね。

**T**　個を感じる。だけどLUNA SEAの音楽に関しては、初期の1枚目から今回のニューアルバムに至るまで、個の姿を見せず、世の真理を出していくから、隣のあんちゃんとしての解釈が難しい。なぜ人は生まれ、なぜ死ぬのかみたいなことに対しては、非常に雄弁であるけれど、昨日振られちゃってさ、帰ってきてくれよ、清志郎みたいのがまるでないんで。

**S**　そう考えたらGLAYは両方あるんだ。

**T**　それは俺たちの曲作りのシステムと関係がある。TERUが恥ずかしいことでもTAKUROの詩だから言えるみたいな。自分の詩になると、途端にダーク・ファンタジーもありですけど、俺は俺で自分の言いたいことはあるけれど、人が歌うからよりえぐく書けるっていう、その構造はとっても俺たちは便利に使ってはいますけど。

**S**　LUNA SEAは途中で分けたんだよね。RYUもソロになると急に個になるでしょ。

**T**　なります。

――それ対極だね。

S　あえてやってるの。彼は彼で両方やりたいんだと思う。もちろん彼の中の陰と陽が俺から見るとあって、その陽の部分が97年のソロでたまたま時代的にマッチして爆発した。いまだに彼の男性ソロシンガーの売り上げ枚数記録は破られてなくて。CDって文化でいうと、もう二度と破られることないと思う。今までほんとに闇のダーク・ファンタジーの書き手だった人間が、実は自分の反対側のほんとに素の隣の兄ちゃんを出した故に爆発的にヒットして。RYUはそれからずっとソロをやってると、やはり彼の中にふつふつと煮えたぎってるダークな面を表現させてみたくなると。ちょうど彼の中ではダーク面やハード面をLUNA SEAで表現して、光の面、個の面をソロで表現できるっていうすごくいいバランスにあるんだと思う。

T　うんうん。

S　実は誰も両面持ってると思う。GLAYはそれが一つのバンドだから俺は両方あると思うわけ。

T　例えばじゃあRYUICHIさんの「I LOVE YOU」を選曲会に持ってきたときに、他の4人の賛同を得られるとは思えないじゃないすか。

S　そうかな。

T　当時ね。

S　でももう一つ面白いのは、俺から見ると、その直前に分かるんだけど「IN SILENCE」とかこの辺に出してて、曲ね。あれはかなりRYUのソロに俺は近いと思うね。歌の内容もメロも。

T　いや違うんですよ。やっぱり表現者の最初の衝動みたいなところが一番大きい。ファンの

SESSION 5　2019.12.19　円かの杜　撮影

人たちはそこをいち早く、たぶん女性だったら子宮で聞く的なものがあるとしたら「IN SILENCE」と「ジュリア」の間には深くて長い川がある。

S　そうだね「ジュリア」は確かに違う。

T　俺も当時もちろんアルバムを買った一人ですけど、そこにある初期衝動みたいなものはむしろLUNA SEAとは全く別のエネルギーに満ちていた。それをLUNA SEAでやることを許したっていう、そういう歴史もまた興味深いですけどね。あの時にあの曲たちを全部残りの4人が料理するっていう

S　料理したら、歌や歌詞はそのままでバンドサウンドになったと俺は思うけど。

T　なったし、そんなたらればもかなえてしまうほど、ほんとによくできたポップがあるわけ。それでもLUNA SEAという宇宙の中では存在し得ない。もちろん実際はメンバーなんだけど、ほんとにパラレルワールドな気がする。

――話を聞いてて思うけど、TAKUROはすごくLUNA SEAには影響は受けた。

T　受けた受けた、もうもう

――聴いたときに、今までと全然違うものを感じたようなショックを受けた。

T　そうですし、それこそ2年先を全力疾走しているバンド、Xはもう大御所になってて、そんなに一年に1回だけドームをやるぐらいなもんで、それこそhideさんのソロのほうが活発だった時代なので。なぜ俺たちが今もやれてるかとか、SUGIZOさんとこうやって仲良くできるかの一つの理由に、SUGIZOさんがあそこまで嫌う悪い影響みたいなものに関しては、俺たちはそこには反応しなかったからですよ。SUGIZOさんとかその先輩たちが創ってきたいい影響、いい部分をまっすぐ受け止められたからじゃないかな。それは格好どう

こうするのもいいけど、まず音楽だよとか、まずそういったアティテュードがちゃんとあっての、表現したいことがあっての、売れ線に見られたとしても絶対に捨てちゃいけない。

——そこが一番大きなポイントだよね。さっき僕が馬鹿っぽく見えちゃう代名詞になっちゃったって言ったのは、まずかっこだけからいっちゃって、音楽は二の次みたいな人たちが、ガッと増えちゃった気がするんだよね。

T　でもそれは市場を形成するという上では絶対に必要な必要悪。

S　市場を形成した段階でムーヴメントはカスになるんだよ。

T　すぐこういうこと言うでしょ(笑)。

S　でもそういうことだよ。例えば俺が好きだった70年代のパンクのシーン、その礎にはみんなすごく思想があって、政治的な思想や階級的に対しての反発があって始まったもので、メチャメチャかっこよく見えた。音楽もメッセージも。それが爆発的に大きくなっちゃって、それから数年後出てきた人たちは、立川さん的に言うと馬鹿っぽく見える。それって免れないと思う。その中にも本物は出てきて、またそのシーンを利用して大きくなる本物、ポリスみたいなのもいて、だからそれは常だと思うよね。

T　馬鹿でいいんだもん。だって青春の1ページの人たちが大半なんだから。それを否定してはいけないと思う。LUNA SEAってかっこいいよねって、こんな感じツチャツチャってやりながら、ちょっと唇塗ればいいんでしょって言って、それでなんかあの人かっこいいって言って、ファンの人たちと仲良くなって結婚して、俺もそろそろ髪でも切ろうかな？　で、私子どもできた。そっか働かなあかんっていう人たちばっかりだよ。

S　そっちのほうが多いんだ……。

SESSION 5　2019.12.19　円かの杜　撮影

**T** 多いよ。だからその人たちのその青春の1ページを否定したくはないんですよ。

――その青春の1ページでバンドをやるっていう感が出てきたのは、80年代からだよね。

**T** そうですね。

――それまではやるっていうことは、クリエイターに入るっていうことだったから。覚悟して。

**S** そうなると、俺的に言うと否定しない。青春を謳歌する、青春の自分なりの青春を生きている人たちを否定はしないから、好きにやってください。素敵だね。でもお願いだから僕とは一緒にしないでください。

**T** そうね。そこは認める。

**S** そうそう。僕らとは、LUNA SEAとは。で、もちろんGLAYは全然違うから。そこにはいないので、それはそれでそのカルチャーを楽しんでください。

**T** そう。だからもしこのLUNA SEAだとかXとかっていう先駆者たちが創ってきた、ヴィジュアル系という言葉も含む大きな海があるとしたら、それをぜひ後輩たちは成熟させて、逆にSUGIZOさんがいや「俺元々こっちだぜ」って、何なら「こっから始まったんだぜ」っていうぐらい、成熟したいい音楽の世界になってくれたらいいな。

**S** 本当にそう。だから単純に今から僕らよりじゃあ20ぐらい下の人たちの、近しいシーンの音楽のほとんどを、正直かっこいいと思えない。

――言葉尻をとらえて言うと、SUGIZOがその人たちのカルチャーって言ったけど、SUGIZOは悪いけどそれはカルチャーって言わないでくれよと。

**S** うん、そうなる。

**T** こうなってくると、難しい解釈になってくるのが、全くもって化粧もしなければ何もしてないんだけれども、LUNA SEAにどっぷり影響受けて、かっこいいとされるバンドっていっぱいいるじゃない。それはまたヴィジュアル系の、いい解釈だったと思う。

S　それこそ時雨（凛として時雨）とかそうじゃない。

T　うん、そうそう。

S　時雨は音楽本当にかっこいいと思う。楽曲も演奏も素晴らしい。だから時雨が今のルックスでやっていたとしても、もしくはあのままヴィジュアル系的なルックスだったとしても、たぶん俺はかっこいいと思ったと思う。

T　もちろん。そもそもこの年になって、顔がいいとかなんとかで音楽を判断しないので。

S　いい音楽、新しい自分たちがすごいと思ってるものを、たたき出してくる若いやつには、単純に称賛の声を上げるからさ。

T　むしろ化粧してるのは、当時の横の文化ファッションとの関係はどうだったんでしょうか。いきなりLUNA SEAがデビュー当時のような格好をした、その横の背景というのかな。縦の話は脈々としてるじゃないですか。

S　うんうん。横の例えば同世代とか。

T　同世代とかいわゆる、例えば70年代の大学生みたいないなのはパンタロンっていうのはあって、パーマでパンタロンみたいなそういう。

S　隅田川の時代だな。

T　隅田川？　神田川か。

S　「神田川」。

――さっきSUGIZOが言ったし、TAKUROも言ったけどダーク・ファンタジーっていう一つのものを構築した世界を、じゃあ「神田川」みたいなむき出しの本当に石鹸箱を見てとか、タオルを腰にぶら下げてみたいな、日常的なところとは全く別の世界のものだと思うんだよね。

T　そう。だからLUNA SEAが今の音楽性になるに当たって、先輩たちからの影響はありながら、当時の日本にダーク・ファンタジーがどう作用したのか、どう影響され影響を与えきたのかっていう横がもっと見えたほうがいい。

――あれは横というよりも、すごい縦のものがグワッて膨張した気がするのね。その子たちはたぶんダサイものは嫌いだったと思う。LUNA SEAのファンはSUGIZOと付き合いだしてよくわかったんだけど、LUNA SEAのファンよりもSUGIZOのファンの子っていうのは、明らかにSUGIZOの思ってる美意識とか、SUGIZOが信仰してるものっていうものを一つの宗教とは違うんだけど、自分が好きな人のものは全部自分が享受したいっていうふうに、フォロワーになってるね。

T　確かにSUGIZOさんはXのメンバーでもあるけれど、やっぱりYOSHIKIさんとかToshIさんが持ってる何かしらとは明らかに違うんだよね。

S　それはやっぱり縦の話になっちゃうんだけど、何に影響を受けてきた、何をまねてきたかによると思う。

T　だってToshIさんってフットボールとかですもんね。ちょっとアスリート感あるもん。

S　前にも言ったけど、YOSHIKIさんToshIさんは元がキッスとか、アイアン・メイデンとかそういうあの時代、たぶん70年代とか80年代初期に日本で聴かれていた洋楽の、いわゆるメタルやハードロックがベースにあるんだよね。その美意識なのよ。Xの美意識って実はキッスだと思う。

T　メタルやハードロックはあの当時言葉として何を訴えていたんすかね。

――何も訴えてないよ。

T　わお、わお（笑）。

――今思い出したんだけど、ロブ・ハルフォードと話したときに、結構すごいなと思ったのは、ロブ・ハルフォードは自分が曲を作るときインスパイアされるのは聖書って言ってた。

S　そうそう。

T　なるほどなるほど。

――それであのジューダス・プリーストの世界観がよくわかった。だけどアイアン・メイデンは、ジューダスとはちょっと違う。

T　あほっぽいもんね。

――あほっぽいんです。

S　で、キッスはその権化でさ。

――アメリカン・コミックだよね。

T　アメリカン・コミックです。

S　いかに派手なショーをするか、派手なスターになるか。要はサーカスだよね。

T　そうですね。

――そう、スパイダーマンとかの世界。

T　楽しませて帰すよっていうサービス精神の塊ですもんね。

S　一流のエンターテインメントで、Xはそこが源流だもの。

SESSION 5　2019.12.19　円かの杜　撮影

T　ほんとだ。

——僕はだからSUGIZOがXはキッスになりたくて、LUNA SEAはキング・クリムゾンになりたかったっていう言葉がすごく明快だと思った。

S　またLUNA SEAは面白いのが、僕はクリムゾン。で、デヴィッド・ボウイでJAPAN。かといえば、じゃあJはパンク、ハードロック。様々な要素が混在していて、これいい意味でバンドの力関係というのが、いい意味で五分五分だったから混じり合ったんですよ。例えば仮にじゃあ俺がすごく強くて、他のメンバーが力がそれほどに至らなかったとすると、バンド全体がデヴィッド・ボウイやクリムゾンになっちゃったと思う。

T　創始者だったらそうなったかもしれないね。SUGIZOさんが言い出しっぺだったら、もしかしたら。

S　XというのはやっぱりYOSHIKIさんが強いから、キッスやアイアン・メイデンになるの。LUNA SEAはそれが珍しい化学反応をしたケース……

——そうだね。

S　ファンの人たちは今見ると、デヴィッド・ボウイもJAPANもパンクも、美意識はこっち側なんですよ。例えば左側だったりすると。キッスやアイアン・メイデンが右だとすると左側で、音楽性とか微妙に違うけど、エネルギーとか見え方がどちらかといえばダークっていう。カルト、闇っていう部分で言うと近い美学があって、そこが源流なので、そこが源流として日本でポップシーンで、チャートのトップに食い込むレベルになったアーティストはおそらくLUNA SEAが初めてなんです。

——だよね。

T　そうだと思う。それこそじゃあBOØWYがヒットチャートといっても、歌謡曲の延長線上。氷室さんっていう人は、たぶんそこまでの音楽オタクではなかったと思う。10代とか。でもそこに音楽オタクの布袋さんがいて。だって氷室さんの後ろに間違いなく70年代のカルチャーが見えるもん。暴走族とか。

S　布袋さんはボウイを筆頭にグラムに影響を受けてきて、俺実は、布袋さん嫌がるんだけど俺好きなのが、当時布袋さんはBOØWYと一緒にいろんなバンドやっていたじゃん。

T　AUTO-MODとか。

S　AUTO-MOD、かっこよかったんだよ。

T　知ってます。俺、CD持ってます。

S　で、そこにはベース、渡邉貢さんがいたりとか、やっぱりダークネス持っていたのね。それがBOØWYの面白いところだと俺思ってて、そう考えると、Xも当時その要素がすごく希薄で、根がキッスやアイアン・メイデン、そして素晴らしくきれいなバラードを書きました、そのバラードがすごく売れた。その源流は俺は例えばハートとかデフ・レパードとかだと思う。

——あっちなんだね。

S　そう、そっちなの。

T　そうですね。

S　やっぱり明らかに違う。それって面白い現象だな。それを明らかにジャンル、音楽の源流が違うものに話を戻すと、一緒くたにヴィジュアル系ってまとめられちゃうってことには、すごく違和感を覚えたのはあるよね。

T　本当だったらもうちょっと音楽的な歴史と関係づけて、立川さんのような人が、もっとい

い名前付けてあげれば良かったのに

S　立川さんが付けてくれたら良かっただろうね。

T　ちゃんと芯食って、胸張れるような。

――そうだね。でも正直いってあの頃は日本の状況がよく分かんなかった。

S　離れていた時期ですよね。

――そう離れてた時期。

T　関わりたくないでしょうね。

――訳分かんなかったね。でもSUGIZOのいろんな個性がという話でいくと、この前偶然にCATVでMTVの昔のロックバンドの映像特集やってて、ストラングラーズが出ていたのを観たんだけど、Jってジャン＝ジャック・バーネルなんだね。

S　すごい影響受けてるはずです。

――あのベースの弾き方と太棹三味線みたいなフレージングの持っていき方、完全にジャン＝ジャック・バーネルだよ。あのちょっとパンキッシュな感じとか、Jってここなんだと思った。

S　Jは高校の時から弾いてるたたずまいが断トツかっこよかった。ヴィジュアル系うんぬんじゃないですよ。で、うまい下手じゃなくて見ててかっこいいか、たたずまいが、オーラがすごいか、そういうところだったんですよね。

T　みんなベースの位置高かったしね。MOTION Bとか。

S　MOTION B（笑）。

T　あれ高いんだよ（笑）。うまいけど、何だかなって。

S　そういうところですよ。

T　だからSUGIZOさんのすごいところっていうのは、その当時じゃあそんな思いでやってるじゃないですか。で、あれから30年たっても変わってないっていう（笑）。これがだって一番表現者、芸術家には大切なことだと思う。

——そうだよ。

S　いろんなとこ変わってきてるはずなんだけどね。

T　さっき言った青春の1ページで、バンド無理だなって言ってやめちゃう人はやめてしまう。いっときは本人もミュージシャンとして俺は名をはせるんだって、思ってたんだろうし、何があろうとも続けてる人の説得力たるや……

S　TAKUROがそうじゃない。

T　だから俺たちのような日本のJ-POPの訳の分からない感じでもやれてるのは、そこは30年たってもぶれてないからだと思う。

S　そうだね。

——結局ぶれない同士だからこういう会話ができてると思うね。

T　そうですね。

——僕も周りから変わんないよねと言われる。20歳ぐらいの時と言ってたこと、そのまんまだよ。年取ったらもうちょっと枯れたものとか好きになるじゃない。でも枯れたもの、お寺とか音楽でもかっこいいのは好きだけど、しみったれたものとか嫌いだし不細工なものも嫌いだし、向こう行けみたいなぐらいやなわけ。自分の美意識っていうのは変えようがない。しょうがないよね。

S　しょうがない。

SESSION 5　2019.12.19　円かの杜　撮影

——それが好きなんだから。

S　実は立川さんの美意識に、俺は子どものとき影響受けてるからこうなってる。美しいと思うところって、立川さんと俺はすごく近い。

T　場面場面で例えば大きな力によってちょっとひざまずかされそうになったこともあったでしょうに、きっと。

S　踏み絵を踏んだこともある。

T　譜面を踏む。

S　踏み絵。

T　踏み絵をね。試された。

S　踏み絵を踏んでも生き残ってきた感じ。涙を流しながら踏み絵を踏んで。

T　そこで悔しい、絶対に俺はもうこんな涙を例えば自分に対して、周りに対して流させないぞって言って、そこを突破してきたんですね、きっと。それはもしかしたら力をつけるということ、ある意味偉くなるということなのかもしれないけど。

——本当に2回目ぐらいのセッションの時に、SUGIZOが裏切られたこととか、いろんな話をしてくれた。僕も30歳ぐらいの時にアメリカであるバンドを連れていってライヴとかレコーディングをするプロジェクトを進めていたときに日本で応援しますよって言ってくれた人にいきなりハシゴを外された。ニューヨークにいて銀行に行ったら毎週送金されるはずの金が入ってなくてもうびっくり……

S　生々しい話。

——で、日本に連絡すると、そんなこと言いましたっけ?って、ある音楽出版社の制作部長なんだけどシャラっと言いやがる。そこから日本に連絡していろんな人に頼むわけだよ。そうするといつでもミックだったら応援するからさって言ってた人が、いや急にそんな200万て言われてもと言ったり、ロクな反応がない。そんな時に、意外なやつが、親父から金借りるわって言ってくれて、その時に人間の本性みたいのを見たね。ちょうど80年ぐらいのニューヨークだから、まだ暗いとこは暗いし、ダークなとこはダークな時代。そこでどうなるのかなと夜一人で歩いてる時に。

T　失墜の中。

——失墜の中。でもこれって映画みたいだなと思ったのね。

T　すごく客観的に見てますね。自分を俯瞰で。

——自分をもう一人の自分が見てる。で、借りてたフラットに帰って、音楽を聴こうと思ったときに、無理に明るくなろうと思わないほうがいいんだと思ってニーナ・シモンかなんかを選んだ。暗い時はこういう暗い環境というのもさっきのダーク・ファンタジー、ダークネスな世界を体験できるんだからいいんじゃないかって思えたときに、すごく強くなった。

S　そういうときって音楽って救ってくれますよね。

——救ってくれる。絶対音楽ですよ。

S　俺もそういう絶望のときってやっぱり音楽に救われてるもん。

——ビリー・ホリデイとかレイ・チャールズの歌にも救済力があるね。レイ・チャールズの「Come Rain or Come Shine」なんてもう強力……

S　彼らが過ごした地獄度もなかなかのもんですもんね。

——そう、すごい。だからそういうことがあってきたときに、自分でいろんな人と会って仲良くなる人って、70歳ぐらいになってるとめっちゃくちゃ明快なんだよね。

**S**　明快ですよね。

――残ってる人はね。50ぐらいからすごい明快で、会った時から種族みたいなことがすごく分かるわけ。今日も一番最初に聞いたけど、TAKUROがSUGIZOのやってることが好きで、鹿鳴館で会った時ってどんな感じで最初に会話をしたのかっていうのに、すごく興味があるのね。というのは人の出会いって音楽の世界ではとても多くて、例えばミック・ジャガーとキース・リチャーズが初めて会った時って、どっちかがブルースのレコード持ってたんだよね。それで君ってこういうの好きなのって話したことがきっかけになって仲良くなり、その後に二人がブライアン・ジョーンズがやってたところに合流して、ローリング・ストーンズになったわけだし、ポールもジョンがクオリーメンというアマチュア・バンドでウールトンの教会で、ライヴをやってたときに友達の紹介で出会って……

**T**　運命の出会いですよね。

――そう。それで、ジョンがポールのギターのテクニックや格好良さに惚れ込んでバンドに引き入れる。一番最初の時のきっかけってあったわけ。

**T**　もう好きになる準備はできていた……

――すごいね、その言葉は。

**T**　そもそも俺たちのデモテープを、聴いたか聴かないか分からないけれども、俺たちはSUGIZOさんの琴線に触れるような音楽は一切やってなかった。

**S**　そうか？

**T**　だけど何かしらエクスタシーというレーベルをより良くしようと思ったのか、1回ちょっと見に行こうというその行動こそが、俺たちにとっては何十年も追いかけるべき背中じゃないすか。普通行かない。忙しいだろうし、GLAYのライヴがあるからといって、18メートルもあるマントで、階段下りて、「ああ君たちか」みたいな感じで。

——鹿鳴館に会いに行ったの？

T　俺たちがライヴやって……

S　俺が見に行った。

T　ショーケースですよ。ショーケース・ライヴで、今度エクスタシーからYOSHIKIプロデュースで出る新人ですよみたいな感じの中の、2日間かのうちのどっちかにSUGIZOさんが来てくれたんだけれども。

——18メートルのマントで。

T　32メートルぐらいだったかもしんない。

S　増えたね。

T　うん。だけどその行動こそがその人の全てな気がしたんですよ。だって先輩たちいっぱいいたけど、最初に市川のCLUB GIOにYOSHIKIさんが見に来てくれたという行動。で、YOSHIKIさんが今度こいつらデビューさせるからっていって、そんな先輩とかいっぱいいたじゃないですか。だけど一人だけ来てくれたというその行動こそが、後の30年全く変わらない。

S　25年ね。

T　そっか、25年。そうですね、25年か。

S　でも最初からこの人たちは違っていたんですよ。で、僕はそれからさらにちょっと前、数

SESSION 5　2019.12.19　円かの杜　撮影

カ月前に高梨さんから聞いてたんだよ。今度うちからこういうの出るから、良かったらって。

で、やっぱり聴いたんだよ。ってか、当時カセットテープなのか、CDか覚えてないんだけど。

で、いいなと思って観に行ったの

**T**　ああ、何かしら感じて。

**S**　一周してBOØWY的な音楽がかっこいいと思ってた時期だね。

**T**　それは鋭いんですよ。

**S**　一周して。だからそれよりたぶん5年前だと古いって感じだったの。分かる。

**T**　胸張って、俺たちはBOØWYのフォロワーであることは間違いないんですけど、ほんとにその一周具合をずっと感じながらやってましたね。で、BOØWYが解散してから3年5年といっぱい出るんですよ。

**S**　タケノコのようにね。

**T**　ポストBOØWYを狙う人たちが。そん時も俺たちはバンドやってましたけど、そうじゃないってことだけはすごい。そこを突くんじゃないよ、そこを突いたらバンドというか表現は駄目なんだっていうことだけは、そういったBOØWYを追っかけて失敗してる人たちを見て。

**S**　多分本能で分かってたのね

**T**　本能で分かってて。

**S**　うん、10代の時に。

**T**　さっき言ったヴィジュアル系の連中が間違ったところを模倣して、青春の1ページになっていく中、自分としては絶対にそうはなりたくなかったので、LUNA SEAにせよXにせよBOØWYにせよ、見習うべきところまねするべきところはそこじゃないっていう。だから

TERUをヒムロックに寄せるとかっていうことじゃないんです。

S　でも結局似てたんだよ、俺から見ると。ポージングとか。

T　そうなの。で、これが面白いのが、彼は何ならBOØWYとか全然興味なくてあんま知らなかったのを、俺はこういうかっこいいバンドがあるよってビデオ持ってただけで、あ、マイクってそう持つんだって。

S　で、マイクこうポーズするんだ（笑）。

T　そう。ロックっていうのはこうするんだ。俺はああなれって言ったことなんて一度もないんだけど。

S　素直なスポンジのような男なのね。

T　ほんとにスポンジのように。

S　話戻ると、それが良かったの。俺の中では一周して、ちょうどその時期そのシーンにない、スポットが空いてたのよ。そこにGLAYがすぽんって入ってきた。それから今度はGLAY的なバンドがうわって出てきた。

T　でも最初に言ったかもしれないですけど、インタビューでBOØWYが好きだって言うと、ほんとにそれ書いていいんですかって言われる時代、まだそんな時代なんだっていう違和感だけは強力に残ってます。

S　GLAY世代が邦楽のロックに影響受けました。で、僕たちはこうなりましたって言って、ビッグになった最初の世代だと思います。

——かもしれないね。

T　ある意味洋楽の難しさみたいなものを、先輩たちが咀嚼《そしゃく》して分かりやすくしてくれたもの

SESSION 5　2019.12.19　円かの杜　撮影

を、さらに工芸品のように改造していったっていうのかな。もっと幅広く日本人に聴かせたいというか、洋学的な要素をどんどん薄めていくことで、地産地消みたいな感じになってった。その責任みたいなものはちょっと感じてますよね。

S　料理みたいなもんですよ。海外から影響受けて。

――要はフランス料理っていうものとか、イタリア料理っていうものを日本的にしていったときに、すごく成功した人と駄目になった人といるわけじゃないですか。

S　ラーメンだってカレーだって中国からインドまで影響受けて、結局日本独自のものになっていった。日本のロックもそういう感じですよね。

T　それから花の90年代があって、どんどん曲は長くなるし、コードは複雑になっていって、今周りを見渡してみたときに、J-POPというものがガラパゴス過ぎて、世界に通じなくなってるなっていう多少の責任は感じてはいます。あのまま洋楽というか世界の音楽を突き詰めていっていたら、今の韓国のBTSとかのように、ああいったミラクルを起こせる時代だったかもしれない。

――そうだよね。技術的なことで考えたら、完全に70年代とかはまだほんとに日本のバンドって模倣の域を出てなかったんだけど、90年代の今の花の黄金時代の人たちって、曲とか詩とかを含めて、もうちょっと頑張ってほしいなと思ってた。演奏力自体でいったらすごいレベルまでは達してたからね。

T　日本人の得意なジャンルですもんね。日本の口に合うように、レコード会社から事務所からバンドからアーティストからこぞってみんなでやったものの、経済の影響受けて駄目になってしまった。そんなとき、諸外国、アジアの国々がどんどん地球規模で活躍しだしている中、変な形で、今もう一回仕切り直さなきゃいけないことになってるような気がするんですけど。

S　そうだよ。そうなるとまた戻るけど、ヴィジュアル系にすごく原因がある気がするの。10年前は今とは逆にヴィジュアル系が世界中ですごくもてはやされた。ヨーロッパ、南米、アジア。で、そこでまたそのムーヴメントに習えと思って、世界に行くんだって、こぞってV系といわれる人たちがどんどん世界に。

T　だからやったことって、もっとどんどん派手になるってことですもんね。

S　そう。で、俺は当時から確信していたの。これは一過性の文化でしかない。なので本当にいい音楽、ほんとにいい表現、いいメッセージ、いいスキルを持ってる人たち以外はほぼ残らないだろうって。で、まさにそうなった。結局今海外で活動できる日本のその手のバンドってのは、本当に数える程度で、でもその人たちは圧倒的な独自の表現、能力を持っている。ごく一部が残って、日本は完全に今ガラパゴス化してるんだって言わざるを得ない。

T　そうですよ。LOUDNESSとかああいう海外のバンドと対抗できて、かつ自分たちの日本人としてのというか、日本の心も含め内包してるいいバンドがあって、それにどんどん続くべき、見習うべきはそのあたりだったのかもしれないですけどね。

――でも僕は、LOUDNESSとかあの辺のバンドは基本的にハードロックのイディオムを使ってたバンドでしかなかったと思う。でもお世辞じゃなくて、LUNA SEAの創った世界観っていうのは独特のものであって、LUNA SEAを模倣するイギリスのバンドとか、アメリカの都市にいる若い子たちが真似してもおかしくないようなものをLUNA SEAは創ったけど、LOUDNESSは違うと思うんだよね。

T　まだいわゆる洋楽の影響下の中の。

SESSION 5　2019.12.19　円かの杜　撮影

――洋楽のハードロックの系譜の中の何かに似てるよねっていうところからは出てないと思う。
**T**　なるほど。
**S**　ＬＵＮＡ ＳＥＡ、俺が30年ほど前にスタイルを模索してる時にすごくやりたかったのが、あらゆる音楽のケミストリーを起こすということ。当時はハードロックの人はハードロック、パンクの人はパンク、ＵＫはＵＫ、アメリカはアメリカ。もう完全に分かれてて、それが同時に存在することはタブーだった。
――それは僕が自分がいくつかやってる仕事の中の一つである音楽評論家を例にあげたら、音楽評論家という人たちもほとんどジャンルに分かれて僕みたいにシャンソンも書き、ロックも書き、アヴァンギャルド・ジャズも書きってのは明らかに変なやつだったからね。
**S**　でも変なやつと言われる立川さんが、その人たちの長だったんじゃないですか、でも。だから立川さんの下の世代がジャンルが細分化されていった。
――でも正直いって下が育たなかった。
**S**　当時細分化されていたじゃない。ジャンルも、評論家も。で、80年代末期〜90年代に僕らがそれを無意識のうちに壊し始めたときに、例えばクリムゾン的な部分がありながら、根はパンクであり、そこにコードはボサノヴァ入れちゃうみたいなそういうことをやっていた。で、だから鹿鳴館に最初に出た時にはっきり言われたもん。その当時の店長に。「君たちがやってること聴いたことないし、訳分からない。何がやりたいの？」と。その鹿鳴館は当時ハードロック、メタルの総本山なの。だから一つのジャンル、一つの国、一つのカテゴリーに収めた村が細分化されていた時代で、それを融合し始めたのがおそらく僕らの世代で、ここからどんどんそういうやり方が増えて、それが日本特有のあらゆるジャンルを飲み込んで咀嚼して、新しいものに作り変えるっていう。実は日本人の得意なことなんだよ。

T　それはそうですね。

S　芸術も産業もそれが得意。

――日本ってほんとに芸術も何もかも天才的加工貿易の極致だからね。

T　その件に関してすごくそれでもってうまくやれたなと。

S　そうだね。

T　曲を作るっていう言い方よりも、もうちょっとリミックスに近いな。それこそＤＪたちがいいフレーズをループさせるみたいな。

S　全くそうだと思うよ。

T　あのメロディーにこの言葉をのっけて、このリズムにしたらどうなるだろう。面白いじゃないって。

S　結局音楽ってそういう再生の芸術だと思うから。

T　そうですね。

S　だって何にも影響受けてこなかった、一切音楽を聴いてこなかったって人が天才的にいい音楽書けるわけないでしょ。

T　書けないですし。

S　モーツァルトぐらいだと思う、それできるのは。

T　そうですね。

S　そのあり方を創ってきた最初の世代がわれわれであり、その直後にＧＬＡＹがいたと。同時に今度はヴィジュアル系を良い方向で捉えると、自然に僕たちはメイキャップをして、どこ

SESSION 5　2019.12.19　円かの杜　撮影

にルーツがあったかというと、やっぱり歌舞伎とかなんですよね。デヴィッド・ボウイだって歌舞伎から影響受けてて、ああやってステージに立つときに派手な格好をして「かぶく」ってことは、我々日本文化ののDNAにあったことなんですよ。それが融合したんだよね。

**T**　HISASHIが面白いこと言ってて、彼も今でもきっちりとメイクをしてステージに立つんだけど、戦士たちが戦場に行くに当たってメイクをするのに、近いって言ってました。そうやって自分を鼓舞する……

**S**　分かる分かる。俺も、戦いに行くとき、もしくは祀りごとのとき。俺の場合は例えば昔のケルトの人たち、またはアフリカのの民族の人たちが儀式のときに全身をメイキャップするのと似てたり、決してきれいになろうとかいうつもりでやってるんじゃないんだよ。

――分かる分かる。プロレスでロード・ウォリアーズっていたんだよ。

**T**　ロード・ウォリアーズ知ってます。

――自分たちでも言ってたけども、自分が戦士になって戦いに行く儀式みたいに、メイクするんだって。

**T**　自分のプロレスのスタイルに直結、きっと不可欠なものなんですよ。

――そうそう。それで何になるわけじゃない。だから歌舞伎も鏡に向かってメイクしていく時に、そこで幡随院長兵衛なり何なりっていうとこでいえば、当時のジャパニーズ・ロックという一つジャンルのところで書いてた評論家の人に、頭のいい人がいなかったんだね。

**S**　だからヴィジュアル系って言葉になっちゃったんだ。

――ものすごくちゃんとした人が書けばよかった。

**S**　あの時代、立川さんがいればな。

T　最近25周年ってこともあって、昔のインタビューとかからアーカイブ引っ張ってきて、いろいろ載せること多いんですけど、当時のライターさんとかひどい。ひどいですよ。「ああアルバム聴かせてもらったよ。すごくいいじゃん。今回はどうやって作ったの」から始まるんですよ。で、「今回は6月ぐらいから曲の歌詞書いてて」「へえところでTERUはどう思う」みたいな、ひどいインタビュー。よく俺たち許してたなって。

――それはインタビューとはいえないんだよね。僕はライターっていう言葉が駄目だと思う。

S　そうだね。

――音楽評論家っていうのは評論するから。評論というのは分析が必要なわけじゃない。

T　分析なんかゼロですよ。そうなんだ、へえって言って。

――分析しなかったら評論はできないもの。

T　会話が載ってるだけですもん。

――それは一般の人が海外旅行に行ってライヴを見て、帰ってきてすごいもん見ちゃったって騒いでるのと変わらない。

T　GLAYのこのアルバムのこの曲は、ひもとけばこのアーティストからの系譜だよねとかっていう会話がゼロっていう。

S　特にあのシーンはバンドと同じように急に、正直能無しのライターがタケノコのように生まれてきたんです。

T　きっと人が足りなかったんすよ。だからみんななれたんですよね。

S　で、分析がもちろんできてない、勉強してきてない。ライターもしくは音楽のジャーナリストだったら、我々よりも音楽知ってなきゃ駄目なんだよ?

――そうだよね。今2人から話を聞いて思わず噴き出したんだけど、そういうところだから近づきたくなかったのかもしれないね。

S　立川さんがね。

――うん。

T　そうなると、ほんとにたられはじゃないですけど、もっと早く立川さんのような人とどっぷりだったら、音楽的な造詣もうちょっと俺違ったかもしれない。深掘りの仕方も広がりも。SUGIZOさんがずっと言ってるのわかるな。

――でも今の二人の年齢とか考えると、これから15年ぐらい超成熟期に入るわけだよね。

S　15年。

T　立川さん、俺一番好きな映画「ダイ・ハード」ですけど、いいすかね。

――「ダイ・ハード」って、ブルース・ウィリスっていう人のキャラクター考えたら、すごい映画だよ。

S　TAKUROと俺の差が面白いけど、TAKUROが昔「『インデペンデンス・デイ』最高でしたね」。いや俺「最低だったじゃない？」みたいな、そういうことあった（笑）。

T　最後泣きましたよ、あのおばさんが突っ込んでいくところ（笑）。

S　最悪だよ、あの映画。そういう会話でしたよ（笑）。

T　最悪って言われるのもよくわかるんだけれども、さっき言ったターザン映画みたいなライターさんや評論家さんがいたとしても、それもまた市場をつくる上でどうしても必要な。

S　必要悪だね。

――大きなマーケットを転がそうとすると、書かなきゃならない人が必要だし、すごく巨大になった映画業界についてもいえる。日本だけでも興行収入100億円いっちゃうみたいな。そうするとそこにはライター以下の人みたいなのも。

S　人を動員しないといけないからね。

——何かでツイートしてくださいみたいなことで動員されちゃうわけだよ。だけど70年代の初め頃、僕がそういう仕事し始めた頃、試写室に行くと10人ぐらいしかいないわけ。淀川長治さん、双葉十三郎さん。淀川さんはあんたいい子だねとかってかわいがってくれて。その人たちの映画に対する知識ってのはすごかった。映画会社の人もすごく知識があって。

S　それで先生ってなるわけですもんね。

T　でもどの業界もブレーク前が一番熱くて面白い。

S　濃いよね。

T　これはものの道理なのではなかろうかと。ブレークしてお金になるって分かったら、変な人入ってきますもんね。

——うん、絶対入ってくる。

T　そしたら薄まりますよ。

——さっきSUGIZOが言ってたヴィジュアル系の話についての本はすごく肉薄してて面白いね。

T　俺としては今回のであぶり出されたけど、二人の知識や通ってきた道に対するコンプレックスでやられそう。

S　でもそれはちょうど世代の差とも言えるよ。不思議なもんで、最初も言ってたけど、この

2歳の差が大きいんだよね。
T　でかいですよ。
S　俺たちは前の世代の最終形であり、TAKUROたちは新しい世代の始まり者なんだよね。
T　それこそ、俺80年代の音楽家のいわゆるファッションとかが好きで、今でもその当時の書籍とか読みあさるんですけど、返す返すも80年代の一番面白い時期に函館に住んでたってことが、永遠の自分の武器であるけれども。
S　コンプレックス。
T　コンプレックス。好きなだけに。
S　永遠のコンプレックスは俺にもある。そういう意味で言うと。
――だけどそんなことといったら、僕が1949生まれで、本当のロック黎明期はエルヴィスだけど、ビートルズはリアルタイムで体験できて、ディランもそうだった。でももしナチスとか、バウハウスがいたあの時代に自分が生きてたら、もっと幸せだったかもしれないと思うのと、それは同じだと思うよ。
S　ヒトラーの演説観たかったとかありますもんね。
――そう。
T　その辺のいわゆる文献とかを読んでみると、えぐい話ですけど、あんな人がホロコーストも含めていろんな大虐殺もあるじゃないですか。でもそれがベルリンの市民たちにとっては、ある種日常だったっていうのかで、ソ連が踏み込んできてヒトラーが自殺して、はい戦争終わりってなるじゃないですか？　凄いことですよね。その時にああやっと終わったっていうあの感覚ってどんな気持ちなんだろう。

——そう思うと、僕はその自分がいなかった時代を知らなかったからコンプレックスに思う必要はなくて、むしろ、SUGIZOを見てると、すごく深掘りできるわけだよ。でも同時代に生きてた人って軽くしか考えてないから、デヴィッド・ボウイのすごさにしても、やっぱりフォロワーが持ち上げたんだと。最初73年ぐらいってそんなにすごく大評価されてたわけでもないんだよ。ボウイが京都にプライベートで行っても、外人さんでちょっときれいな人がいるなってふうにしか思われてなかったんだもの。

T　なるほど。それは70年代。

——79年とか80年でもまだそうですよ。

S　カルトのシーンのスターだったからですね。

——そう。『レッツ・ダンス』以降でようやくスターになった。

T　そうなんですか。

——そうです。

S　『レッツ・ダンス』はボウイが最初から、カルトじゃなくて世界的なポップスターになるんだってことを決めて、書いて作ったアルバムなんだよ。

——その前はほんとに知る人ぞ知るだし、全然違う。

T　それでは満足しなかった、できなかった。何かしら自分がワンステップ、ツーステップ上がりたいって思って、作ったんでしょうね。

——自分で、アルバムごとにキャラクターを変えてくあのやり方とかってのは、種族でいくと、SUGIZOなんかはすごく近いと思う。逆にアートに行き過ぎちゃって、メジャーシーンから背を向けていっちゃったデヴィッド・シルヴィアンも、ある意味ではそういうふうに自己分

SESSION 5　2019.12.19　円かの杜　撮影

析型だったし、何か追求してるじゃない。そうするとさっきTAKUROが、自分の曲作りってのはミクスチャーだしアダプテーションだって言ったのはすごく正しい。ミクスチャーとアダプテーションをできる人が売れるんだよ。

S　そうだね。

――間違いなく。できない人はコピー。コピーとアダプテーションとかミクスチャーは全く違う。

S　全く同感。我々はちゃんと分析して作るじゃない。それってコピーじゃなくて、再構築。音楽の歴史をリビルドしてると思う。残っていかない人はただ模倣してるだけなんだよ。

T　そうですね。今こうやってやれてるからこそ感謝だし、これからも頑張ろうと思うけれど、例えば一発屋と呼ばれる人たちがいるとして、一発屋のその音楽に命を救われるって人も確かにいるんだろうなってことを想像しながら、逆に励まされることも多いですよ。だって一発も出せないって人がいる中で、で、今作ってる音楽ももう本流ではないのかもしれない。今の日本の中ではギター・ロックなんていうのは、絶滅危惧種かもしれないけど。

S　世界的に見てそうでしょ。

T　どこかでやっぱりそれに励まされてやろうっていう。

S　世界的に。スティーヴ・リリーホワイトが言ってたもの、ロックが今はもう死に向かってると。

T　でも俺いいと思う。

S　その中でもやるべきだと言ってて、大事なことはアルバムっていう形態を今でも信じていると。どんどん簡単に聴くようになってるから、配信やサブスクが普通になってきて、そうなってくるとアルバムっていうまとまりの美学は、今の若い世代にとっては必要ない。けど今でもアルバムっていうアート・フォームを信じるって言ってた。俺も全く同感で、すごく面白いのが昨日アルバム出たときにリプライ大会やって、Twitterでずっと。必ずやるのね。

T　ちょっと見ました。

S　ファンの人たちから質問受け付けて、ずっと直接答えるんだけど、「えっ?」て質問が結構あるの。「何曲目から聴くのがおすすめでしょうか?」って。1曲目から聴いてください、と(笑)。信じられない質問が結構あるんだよ。間違いなく若いファンだと思うの。(笑)

T　それこそうちの子どもたちに、レコードとプレーヤー渡してハイかけてみろって言ったら、「はて?」となってなる。カセットテープとラジカセ渡してもたぶん同じようなことが起きる。そのこと自体は悲しいわけではないです。

S　それが面白いよ。

T　面白いですね。

S　だからちゃんと教えてあげるの。こういうときはちゃんと頭から最初から聴くんだよって。そしたらああ分かりましたってみんな言うから。

T　頭から聴けって言うんだよねみたいな。

――昔のリストとかがいたクラシックがあった時代はレコードもなかったし、アメリカでラジオ放送が始まった時だって、一番最初はレコードなかったんですよ。

T　生演奏ですか?

――アメリカのラジオ局にバンドがいたんですよ。そこに歌手が来て。

S　録音できる技術がなかったの。

――ラジオ局から生放送で全部出してたの。レコードはその後になるんです。

SESSION 5　2019.12.19　円かの杜　撮影

T　テレビとかも最初全部生放送で、ドラマも全部生放送。

S　ＮＨＫが最初そうだもんね。

――そういう意味ではほんとに力がある人しか俳優にだって何にだってなれなかった。

S　真の実力がないと駄目ですよね。

――実力がないとできなかったし、歌手も全部そうだった。それが時が流れて、いろんなふうに変わってったときに、昔はよかったって言ってる人は終わると思う。昔の良さを知ってて、新しい時代を創れる人。それは僕はサーフィンみたいなもんだと思うんだけど、波が来たときに波にのまれたら死ぬし。

S　波を読み取る技術ですね。

――そう。だから「ビッグ・ウェンズデー」って好きなんだ。

T　それこそ波っていうなら、体力があって気力があって、乗っかってどこまでも行くのも良しだし、ちょっと違うなと思ってかわすっていうのも、また人生の一つの……

S　そう。うまく乗れないときは衝撃に備えてちゃんと生き延びるみたいな……

T　そうですね。でもＳＵＧＩＺＯさんのお話をずっと聞いてると、ＳＵＧＩＺＯさんはたぶん今は人のために生きてるみたいな感じだろうけども、やっぱり音楽とギターが大好きなんだろうなという。

――人のために生きてるとかって言うけど、僕が見てるとクリエイティヴな欲望というのがあるから、そのクリエイティヴな欲望がある人はどんなジャンルの人でも信用するの。クリエーティブな欲望があって、そこにお金が付いてくるってのが一番素晴らしくいいことだと思う。でもまずお金だと思って何か作ろうとするとか、クリエイティヴがお金の後にいっちゃってる人は駄目なんだよね。

T　ベンチャーの社長とか多いですよね。人のためにこれがあったら便利だろうなと思って会社つくって大きくして、資金が必要だからって株式にした途端、今度株式も売らなきゃいけない。

S　今度はどうやって稼がなきゃいけないかってところだよね。

T　それだね。だから最初のクリエイティビティー忘れちゃうっていう。

――レストランなんかでもそうじゃない。ほんとにおいしいの作って、いいとこまでいったのにチェーン店にして失敗しちゃう人とか。

S　何はともあれ、話を戻すと、表現、アート、クリエイティヴの本当の意味での欲求？　本能と、ビジネス、成功、収益っていう分の今でも世界最高峰のケースはビートルズ。音楽も映画も食もファッションも全てにおいて、ビートルズが頂点だと思うよ。

――それは間違いない。

S　それこ彼らがいた時代っていうものを無視しては語れないんじゃないかというぐらい、何もかもが、ばこーんって。

――まさに音楽も映画も例えばファッションもアートも。そしてビートルズがいた時代にウォーホルも出てくるわけ。そういうふうに考えると60年代70年代があったからこそ、さっきTAKUROが言ってた花の90年代があったわけで、スティーブ・ジョブズだって一番最初なんでAppleって名前にしたかっていったら、ビートルズだもの。

S　なるほど。

T　だからポールが言ってた何でAppleにしたのっていったら、いやいや一番最初に習う言葉がaでしょ、appleでしょっていう。それはもう90年代では取られてるもんね。その発想がそれは今のＡｐｐｌｅ的な発想でもって、この時代を生きていかなきゃいけないなと。それこそ先ほどおっしゃったように昔は良かったではなく、レコードっていうものが発明されて、ロックってものが発明されて、ちょうど10年ぐらいでプレスリーが耕して、チャック・ベリーも耕して、そこに

S　ビートルズが投下されたと。

T　投下される。

――でもビートルズが投下された時にすごいのは、彼らもアダプテーションだったんだよね。みんなレノン、マッカートニーの曲がすごいって言うけど、前も話したけど最初の頃のアルバムって半分カヴァーだからね。

S　そうですね。

T　そうですね。

――ただカヴァーの選曲センスがすごい。

T　ＤＪ的な。

――そう。

S　当時は当たり前だったわけでしょ。

――当たり前。

S　全曲オリジナルの人が少なかったわけで。

――ストーンズだってそうだし。

S　どういうセンスを持ってるか、どういう感覚を持ってるかが全てだったんでしょうね。

――それは今日ＴＡＫＵＲＯが言ってる、俺たちの作り方はそうなんですよってことは、60年

代に彼らがやってたことを今の時代、それからTAKUROたちの時代にやろうとしたら、たぶんそういうことだと思うよ。僕なんか仕事する時に、ウォーホルがこんなことやってる。ファクトリーっていうシステムすごく面白いと思い、だから僕が70年代にコスモス・ファクトリーって日本のロックシーンで不思議な存在のバンドをプロデュースしたときも、それは完全にウォーホルのファクトリーと宇宙のコスモスとくっつけて、実験的なことをやろうとしたわけ。必ず先駆者がいるから、自分たちがそれをかっこいいなと思うわけじゃない。憧れがものを作るんだよね。

S　でも憧れてそれを自分がそこに到達したいから学び、自分を研磨する。さっき俺が言ったみたいに影響を受けてない人がいいもの作れるわけないんですよ。音楽の話もしたけど、あらゆる芸術ってそうだと思う。人に影響受けずに前任者に影響受けずに、先人たちに影響受けずに、すごいものは絶対作れない。全ての表現を俺はコピーとは言わないけど、再生から生まれると思うよ。

――さっきSUGIZOが言った年の差ってすごく重要で、2つでしょ。例えば自分が映画とかなんとかでも、ヴィスコンティとかフェリーニとか、手が届かないとこにいる人が最初好きで始まって、じゃあ音楽でもレイ・チャールズが好きだとか思って始まった。でも僕にしてみると、デヴィッド・ボウイってすごく大きかったのは、自分よりも2、3歳しか上じゃないんだよね。

S　2つ上、ちょうど2つ上。

――そうちょうど2つなの。そうするとできるじゃないかって思うところは、2つか3つなんだよ。映画監督なんかでもすごく2つとか3つとか同世代とかちょっと下とか、それで仲良くなってものを作っていくのが、すごくリアルな感じがする。

T　これが5歳とかだともうちょっと違う緊張関係が生まれちゃったりするんですかね。

S　俺とhideさんとは全然ジャンルが違うもの。5歳違うんだけど。微妙にわれわれが10代後半から20代に影響受けてるものって、1年違うと全然世界が変わるよ。

――5つ違うと違うね。

T　かなりそれは。

S　全然世代が違う感じした。

――デヴィッド・ボウイが聴いてた音楽とか何だとかっていうのを聴いても、自分もすごくそれをリアルに捉えられるわけ。でもそれが例えばもっと20歳上の人だと、そういうのいいのかなって最初思ったりするんだよ。

T　同時代に生きてきた2歳っていうものが絶妙にいいわけであって、例えば今振り返ってビートルズやストーンズを聴いても、それは世代論ではなくなっちゃいますもんね。

――うん、全然違う。

T　同時代のほんとに90年代00年代っていうところを並走というか、一緒に生きてきたからこそ身近に憧れられて、自分たちもしかしたらっていうある種の夢や目標をもらえるってのは確かに。

――身近な憧れってある種の熱量を感じられるとこがすごく重要なんじゃないかな。

T　4つとか離れると大人ってなっちゃうもんな。10代だと。

S　今だとね。この年になれば

T　うん、関係ないけど。

S　5つもあんまり関係ないけど。
――若い時ってそうだよね。
S　10代後半から20代前半ってのはすごく大きいよね。
T　ほんとに10代の衝動だけでいまだにやれてる気がするんですよね。
S　そうなんだよね。
――でも10代の衝動でやってる人たちが一番かっこいいんじゃないの。
T　そうですよね、ほんとに。
――ティム・バートンとか映画監督を見ても、ティム・バートンって子どもの頃好きだったことを作り続けてるだけだもん。
T　だから今でも新曲を作る、レコーディングするから曲を何にしようかなと思うとき、周りを見渡せばこういう音楽が流行ってて、こういう音作りなのかと思いながら、心の底からやりたいものがある。10代の頃に憧れたきら星の数程の人たちの音楽を自分なりの解釈でやりたい。
――ストーンズがしばらく前にブルース・アルバム出したじゃない。
T　『ブルー&ロンサム』。
――あれって衝動が正しいなと思うのは、元々ブルース・アルバムを作るつもりじゃなかったんだよ。ストーンズが今までレコーディングで使わなかった新しいスタジオを使うから、ちょっと音のはね返りとかなんか全部をチェックしなきゃならないので、ちょっとブルースジャムでもやるかって始めたらエンジニアがとてもいい感じだからこのまんま出したらどうですかと。ミック・ジャガーとキースがいけるなって出したのがあれなのね。TAKUROも『カヴァーズ』みたいな、めちゃくちゃかっこいいの作ればいいと思うよ。

SESSION 5　2019.12.19　円かの杜　撮影

S　実は俺もLUNA SEAでカヴァー・アルバム作りたいとか思うもの。自分たちが影響受けた音楽を。

――前にロック・スーパーセッションを一緒にやったとき、ほとんどカヴァーだったよね。デヴィッド・ボウイの「スペイス・オディティ」から始まったんだからさ。SUGIZOがシド・カフカに「想い出のロックン・ローラー」やらせようとか。

S　あとシシドちゃんが歌ってて、何げに良かったのが「Come Together」。

――そう。「Come Together」はシシド・カフカとSUGIZOとバカボン鈴木でやったんだよね。

T　あらかっこいい。

――かっこいいでしょ。で、バカボン鈴木が面白かったのは、打ち上げの時にSUGIZOに俺あんたのことあんまり知らなかったけどギターうまいねって言ったの。

S　その時も言われたわけ。俺ヴィジュアル系って全然好きじゃないんだけど、あんたいいね。

T　だから…という（笑）。

S　じゃあこの1部のサイクルに戻ろう。結局ヴィジュアル系を俺が差別用語って感じていたのは、そういうところなの。もう20年間ずっと言われ続けてる。あんたヴィジュアル系だと思ってたけどいいね。ヴィジュアル系って全然好きじゃないけど、いい演奏するね。

T　だから彼の中ではヴィジュアル系だと思っていたっていう中に、何かしらの何かはありますよね。癖がある。

S　そういうふうにカテゴライズされちゃったのよ。で、十数年前にBRANKEY JET CITYの達也さんと飯食ってて、ちょっと一緒に何かセッションとかしようよとかなったのね。俺達也さん大好きで。で、ちょっと何かセッションバンドやろうって。達也さんが、いいけどさ、俺ヴィジュアル系って嫌いなんよ。でもSUGIZO、お前はいいなみたいなさ。だからトラウマね。20年そう言われ続けてきたの。

**T** そうね（笑）。俺ないもん（笑）。

**S** ずっと言われ続けてきて、セッションしてても、ポンタさんにもヴィジュアル系ってヘボいけど、SUGIZOお前いいな。

**T** でも違うんですよ。SUGIZOさんのヴィジュアル系ということはさておき、たたずまいが凛としてるからしょうがない。

——それはしょうがないと思う。だからそれは僕もすごく言われた、若い時。すごく言われた、若い時。

**T** 凛としてるととっつきづらい。訳すなら。

——僕なんかすかしてるとか言われたもの。

**T** すかしてると思ったけど、話してみるといいねっていう。

——お前格好つけてるだけかと思ってたら、ちゃんとしてるとか（笑）。

**T** だからそもそもヴィジュアル系ねと思ったけど、あんたいいねって、俺だったら絶対言わないけどね（笑）。

**S** でも俺そう言われ続けてきてるから。

——確かにバカボンの言葉を思い出した。

**S** バカボンさんはヴィジュアル系だと思ったけど、いいね。

——あんたいいねって。

SESSION 5　2019.12.19　円かの杜　撮影

T　SUGIZOさんは前からいいよ。

S　なので逆に俺がそこに抵抗することというと、じゃあそう見られたくないからスポーツ刈りにしようとか、そう見られたくないからびしっとした格好じゃなくて、じゃあだぼだぼのトレーナーで普段からいようとか、そういうふうには思わない。

T　それはだって（笑）。

――絶対そうだよ。僕も白いスーツにスポーツカーで、何かっこつけてんだって言われてたけど、それでいいの。

S　そう言われたからじゃあ変えようと思って、自分のスタイル変えちゃうと、屈したことになるじゃない。

T　そうなんですよ。だからヴィジュアル系って言葉が生まれようが生まれまいが、SUGIZOさんはたぶんこうだったんでしょう。

S　そうなんです。

T　そこに確かにそんな歴史があったら。

S　例えばもう一つ、だからJやINORANはステージで決して濃いメイクをしない。

T　ああ、そこもまた。

S　いやINORANは最近そうでもないか。彼らは俺と同じように、ヴィジュアル系って言葉に関してコンプレックスがある。で、俺はそこでメイクを落としても屈したことになるから、俺はいつまでも濃いメイクしてやるぜ、と。でもそれってヴィジュアル系っていうことではなくて、HISASHIと同様にこれは戦士のメイクだと。これは歌舞伎のメイクなんだ。これは部族の儀式のメイクなんだ、ってつもりでやってるから、そこで何を言われようと屈しないつもりです。

――今日のセッションは、ヴィジュアル系の話から始まったけど。

S　膨らんだね。

――でもヴィジュアル系っていうのをもう一回、歌舞伎だとか、そういうインディアンのメイクとかっていうのと同じように分析してくと、すごく80年代と90年代のこのシーンがはっきりするね。

T　そうなんです。

S　実はヴィジュアル系の中がすごく細分化されるし、そうしなきゃいけないと思う。ヴィジュアルの中でもメタルの人、パンクの人、ゴスの人、学芸会の人。

――そうか、僕は学芸会的にしか見えなかった。

S　そういう人たちもいるんです、確かにね。でも本当にメタルに影響受けてきためちゃくちゃうまい人たちもいるし、それを一緒くたにヴィジュアル系ってしてしまうのは、俺は賛成できないんです。

T　結局ヴィジュアル系の一番の罪は、おっしゃるようにやり続けないこと、それがたぶん一番悪としての影響の要素が大きい。歌舞伎役者は年取ったからって落とさないもん。

S　そうだね。

T　キッスは落としたじゃないですか。1回迷ったんですよ。

S　キッスは落として、そこから次は大道芸人になっちゃったのよ。

――落とした時からね。

T　結局心くじけたのかな?

SESSION 5　2019.12.19　円かの杜　撮影

Ｓ　違うと思う。俺が言ったの、落とした後もう一回メイクした時には、もうサーカス。

Ｔ　それも各町に行くサーカス。

Ｓ　第一級エンターテインメント。素晴らしいことよ。

Ｔ　それはもう芸術とか云々かんぬんということとは違う、エンターテインメントとしての目的が明確だから、しかも彼らしかできない仕事をしてるから構わないんだけど。そろそろ俺たちもメイクも似合わないしななんて言って、そんな生半可な感じで落として普通のかっこしてやり出すから馬鹿にされるんですよ。そこをひとかど目指した連中やほんとに大部分が理想と思想を持って続けていったら、こんな馬鹿にされる、されてるかどうかはさておき。

――それはさっきのＳＵＧＩＺＯの体験でいえば。

Ｓ　馬鹿にされてるの。

――バカボンにしろポンタにしろ。

Ｓ　達也さんにしろ。

――僕はバカボンが言った時にそばに隣にいたから、うわ、こんなこと言われちゃうんだっていうのを目撃してるから、すごく分かる。

Ｓ　ほんとに、差別されてきてる。

Ｔ　そう。だからこの音楽っていうものは、それこそ時空を曲げ時を超え、時間という概念そのものも飛び越していける可能性があったのに、それを加齢だなんだ落ち着かなきゃなんだかんだというとこで、どんどんいわゆる普通になってってったところに罪があるのかな。

――うん。だけどもしかしたらロックの世界って、昔からきれいなものに対して、ちょっと冷淡なところがあったのよ。ヴィジュアルが良すぎると、ヴィジュアルって別にヴィジュアル系じゃなくね。ルックスが良すぎると、ピーター・フランプトンだって、ハードってバンドやってたからいいことやってても、馬鹿にされるわけだ。可愛いから。

S　きれいだからね。

――チャーリー・セクストンが一番顕著な例だと思う。

S　そうだね。

T　ほんとですね。

――ほんとにうまくて、今ボブ・ディランも離さないぐらいなんだけど、可愛い。

S　ルックス良すぎとかね。

T　はい、「ビーツ・ソー・ロンリー」。

S　じゃあ今日の最後に、俺の結論を言おう。

T　お願いします。

S　やっぱりそうなると源流はリスト。憧れるべき。俺は今でもすごく好き。立川さん見てるとリストに見えるもん。リストにそっくりですよね、この雰囲気がね。リストはだから若い時にそれこそさっき言った元祖ロックスター、元祖ヴィジュアル系、ものすごく人気を博した。で、ものすごくうまかった。

――映画もできたもんね。『リストマニア』。すごいよね。

S　リストはそのまま歳を取っていって、大スターのまま歳を重ねて、そのスタイルは変わらずに大先生となった。音楽の世界の大権力者に。

T　読者のために聞きたいんだけど、何年ぐらいの方なんですか。

S　1800年代。

T　1800年代ですか、なるほど。どちらの国の方ですか？

S　リストはハンガリー。

——ハンガリーだ、ハンガリー

S　で、リストと双璧をなした同時代の大スターピアニストがショパン。

T　なるほど、知ってる知ってる（笑）。

S　同時代、同年代。二人は同年代ライバル同士だったの。すごくない？　リストは本当にロックスター的であり、ヴィジュアル系的だった。となるとショパンは今、というか、ちょっと前で言うと、渋谷系みたいなライトさがあったわけ。隣のお兄ちゃんみたいな親しみやすさとおしゃれで親しみやすい。

——分かりやすい。

S　かたやカリスマ的なロックスター。

——さすがの分析だね。

T　なるほどなるほど。

S　で、両方とも生誕200年以上経っても大音楽家として残ってる。だからちゃんと続けていて、意志を曲げずにぶれずに年を取っていって、歳月を重ねたなりのベストな音楽やっていれば、ベストな生き方をしていれば、ジャンルを、そして時を超えられると俺は信じてる。

T　ありがとうございました。じゃあこの辺で（笑）。

## SESSION 6　2019.12.19　円かの杜　夕食

――一つ聞きたいんだけどさ。

S　もうインタビュー・モードですか。

――うん。昼のセッションでは結構、軸ができた感じがしたんだけど、今度はイントロどう作ろうかなって話。それで聞きたいんだけど、最初にSUGIZOと三人で本作ろうって話した時、すうっといったよね。で、二人にとって本って『もうすぐ絶滅するという紙の書物について』じゃないけど、単行本って雑誌のインタビューと違って、すごく自分のメッセージっていうものが明確に伝わっていくじゃない。だから本ってすごく好きなんだけどさ。

T　結果的に音楽も本も両方寿命は同じように長いか同じように短いんですけど、本屋さんと本の関係のほうが幸せな、いわゆるリリースして2週間3週間でCDのように店頭が変わったりしない印象なんですよね。

――いや実は結構本だって。

T　変わってる？

――そう変わってる。

T　じゃあ売れてるからなのかな。いわゆる平積みの形にしても何にしても、音楽のほうが消費が早い気はします。今でも10年前の本が突然ヒットしたりもするけど、その確率は圧倒的に本のほうが高いんじゃないかな。

――そういうことか。

S　音楽はめったにないよね。

T　20年前の楽曲が、何かドラマに使われて聞かれることはあっても、本は時々、時代が思い出したように。

――そうだね。それは突然サリンジャーの『ライ麦畑でつかまえて』が売れたりとか。

T　とか、この間の吉野源三郎の『君たちはどう生きるか』もそうですけど、ああいう現象の、耳にするのは紙のほうが。

――本のいろんなジャンルがあるじゃない。小説とかエッセーとか。僕も古い人だと谷崎潤一郎や小泉八雲、新しいところだとポール・オースターやモディアノあたりが好きで、ハウツー本なんて全然本と思ってないんだけど、どういうタイプの本が、子どもの頃から好きだったの?

T　ぱっと浮かんだのは星新一の一連の作品。星新一。あれで科学とか、あと死後の世界とか幽霊とか、いわゆる不思議な現象みたいなものに対して、恐れが薄まるというか子ども心に。不思議なことばっかり起きるじゃないですか。あと、世の中への批評眼がすごいところからの切り込みが凄かった。例えば物質文明。テクノロジーのとこに対して、そこが舞台のくせにめちゃめちゃ皮肉っぽいっていう……。

――本でも映画でもSF的なものってそういう要素あるかもしれないよね。

S　俺の話していいですか。

――うん。もちろん。

S　俺は本と音楽は同軸ですごく影響受けて、自分のアイデンティティーを更新してくような感じで。子どもの頃から好きだったのが、ＳＦなんです。宇宙好きだったから。子どもの頃から宇宙と古代文明が好きだった。子どもの頃は普通に子ども用の本を読むけど、特に読んでたのが学研とかなんだよね。

T　学研の科学。

S　『科学と学習』ってあったでしょ。

T　それ金持ちの家が買うやつですよ。

S　あと小さい子用の図鑑とかあるわけ。例えば『まんがひみつシリーズ』とか知ってる？

T　俺知らないです。

S　それも年代が近いから函館にもあったはず。

T　『まんがひみつシリーズ』。

S　うん。宇宙の秘密とか動物のひみつ、地球のひみつ、人間のひみつって、あらゆることの実は事典なんだけど、それが漫画形式になっていた。

——小学校の頃？

S　低学年の時大好きだった。ほんと低学年の時に大好きだったの。偉人がはやったんだよ。

T　偉人ブーム、ありましたね。あった。

S　偉人シリーズとかいって、偉人の本がたくさんあった。

——それは僕が子どもの頃もあったよ。

S　どこでもいつでもあったんだ。

——偉人シリーズは野口英世とか、ああいう偉人ね。

S　そうです。で『まんが偉人物語』っていうアニメがあったりとか、すごく活字が好きな子どもだった。そのまま大人になって10代になってハマったのが、SF文学。

T　それこそ星新一とかですか？

S　俺は普通に有名な作家だとアーサー・C・クラークとか、今でも最も好きなのがフィリップ・K・ディックなんだけど、子どもの時はその前があったの。中学1年生ぐらいにはまってたのが、実はべただけど、赤川次郎でした。

T　赤川次郎は何でしょう。あれは角川の戦略か、よく読みましたね。

S　ちょうど映画がヒットしてたんですよ。

T　そうですね。

S　『セーラー服と機関銃』とか、その辺を読む子どもでしたね。いまだに紙で読むのが好きで、質感とか、あと匂い嗅ぐ癖かあるんだけど、インクの匂いとか好きなんですよね。

——匂いだよね。で、匂いっていえば本もそうだけど、レコードの匂いって。

S　好き。俺も好きなんですよ。

——匂いフェチみたいにレコードの匂いがすごく好きだった。

S　で、自分を変えた本というのがあって、高校卒業した直後ぐらいに読んだんですけど、それがシャーリー・マクレーンだった。

T　シャーリー・マクレーン？

S　シャーリー・マクレーンの『アウト・オン・ア・リム』って本なんだけど、それこそTAKUROが言ってた超常現象、不思議なこと。

——あれ売れたよね。

S　うん。霊的なこと。輪廻転生。過去生、来生、チャネリング、宇宙意識、宇宙人って、無意識のうちに子どもの頃からすごく好きだったの。でも子どもの頃何だか分かんない。ただの超常現象とか不思議なこととか。子どもの頃からずっと感じていた自分の本能的なもやもやの答えをバチンって提示してくれたのが、シャーリー・マクレーンの『アウト・オン・ア・リム』だった。それが18ぐらいの時。それが自分の根幹とも言ってよくて、そこで俺はいい意味で無宗教になった。信仰というのは、神の形っていうのは、様々な人種や様々な思想で創られてきたもので、本来は神っていう形がない的なことは、その頃読んでそう思うんだよね。

——中々、深い話だね。

T　忘れもしない小学校4年生の頃なんですけど。

S　10歳。

T　ガンダムブームで、うち片親で母親も忙しかったから、クリスマスが近くなったんです。ちょうど今ぐらいの時期。自分でその前の時からお年玉ためてて、ためて自分でガンダムのプラモデルを買いにいって、きれいに包装して、24日、クリスマスイブの朝にお母さんちょっといいですかと。このクリスマスプレゼント、俺自分で買ってきたんですけど、今日も帰ってくるの遅いじゃないですか。だから先に寝てると思うんで、帰ってきたら寝てる俺の枕元に置いてくれと。で、朝起きたら、「わぉうちにもサンタが！」ってそういうこと考えて分かった分かったって、化粧しながら母親はオッケーオッケーって言って、相変わらず母親は帰り遅くて俺は先に寝て、25日起きたんですよ。ないんですよ。で、俺が「頼むね」って言った母さんの化粧台の横にまだバーンってガンダム！　俺あの瞬間サンタも神様もいねえと思った。あれから俺もう無宗教になりました。

S　それが無宗教のきっかけなのか。
T　自分のことは自分で、自分を信じるしかないと。
S　お姉ちゃんいるでしょ。
T　姉ちゃんはいる。
S　お姉ちゃんに頼めば良かったのに。
T　だってまだ中学生。母親に頼んじゃったんですよ。そんな親いる？
S　そのガンプラ、何だったの
T　ガンダムで半分機械のやつ。結構高い、でっかいやつ。300分の1じゃないやつです。
S　あれだ、内部構造が見えるやつ。
T　内部構造が見えるやつ。
S　あれは72分の1だな。
T　俺、自分で買って。
S　内部構造が見えるやつ、あれはかっこよかったんだよね。
——でも前にも話したけど、クリスマスの時に今日夜何時からみんなで、食事しようっていう
うちの子は普通にしか育たないんだよね。
T　なるほど。
S　後々自力でそれをいいハングリーストーリーに変えたけど、あれ博打ですよ。ほんと。ぐ
れるっていっちゃぐれますよ。
S　よくぐれなかったよね。ぐれる余裕もなかったのかもね。
T　ぐれるってだって余裕ある人の。

S　ぐれるって甘えだからね。
T　そうですよね。
S　他力本願な人がぐれるから。
T　ガソリン買える人が暴走族になるんじゃないかってずっと思ってた。
S　そのとおりだよ。
T　買える分だけいいですよね。
——それは名言だね。ガソリン買える人が暴走族になる。
T　こないだ映画になって賞取ってた『万引き家族』もその線上かな（笑）。
S　そうそう（笑）。
——そういえば『万引き家族』どころじゃなく、今度のポン・ジュノの新作すごいよ。『パラサイト』！
S　『パラサイト』
——〝半地下の家族〟サブタイトルついてるけど……
S　ああ。それ賞取りそうですね。
——カンヌはもうグランプリとったけど、アカデミーもって話が出てるくらい……
S　香港の人ですか？
——いや韓国。
S　韓国の人。
——『グエムル』とか『殺人の追憶』とか前の作品も評判いい。僕は前のは見てないんだけど『パラサイト 半地下の家族』はすごい。

S　もう見ました？

――見ました。

S　ああ、見ないと。

――1月10日からやるんだけど、韓国だけじゃなくて世界中に格差ってあるじゃない。それをうまく描いて、なおかつ映画の全ての要素が入ってる。

S　それって東京国際映画祭で？

――試写で見た。

T　『ジョーカー』前後からそういったものの題材が増えたんですかね。

――確かに増えたね。

T　世の中がそれを欲してるんですかね。ヒットしてますよね。

――GAFAだって、世界中の富っていうのがほんとに一握りの人だけのものになっちゃって、分断とか、それこそピースフルな時代にはあり得なかったことが、どんどん現実で起きてるわけじゃない。

T　その分断感、ちょっと感じますよね。

S　思うにこの数十年ほどピースな時代、実はなかったと思うんですよね。でも実際はそういうふうに錯覚させられてるだけで。映画『マトリックス』のように。まんざら嘘じゃないと思っていて、既にこの100年はアメリカの石油王ロックフェラー家が世界を牛耳っていた。それまではずっとイギリスのロスチャイルド。結局一握りの超富豪が世界をコントロールして、いいように作っている。戦争も多くはその輩たちが仕組んでる絵である、ということだと僕は思ってるので、実は平和に感じる時代もそれはその人たちが作った幻影なだけで、実は後ろでは完全にコントロールされてる。本当はいつかはそれを変えたい、根こそぎひっくり返したい、と思ってる。

——この前TAKUROも言ってたけど、SUGIZOのそのペシミスティックさっていうのがすごいね。そこがちょっとデヴィッド・ボウイっぽい。

S　そうなんですかね。

——ものすごいペシミスティックな物の見方……

T　逆だな。

——それがすごく面白い（笑）。

T　オプティミスティックが楽観でしたっけ。

——そう。

S　ペシミスティック。だって世の中って結局誰か勝った人がつくってますからね。

T　だから人間の限界じゃないですけど、いろんな悲惨な状況に対して、そういったロスチャイルド家とかロックフェラーとか、アメリカの大統領とか、それは人間耐えられるんですね。ハワイの真珠湾攻撃も元々分かってたこと。だからそこに集めとけって大統領が言ったり、こないだの9・11のテロも知ってたっていう話もある中、それを許せる人間がいるっていう。

S　9・11も分かってたよね。だからブッシュは平気で小学校に行けたし。真珠湾攻撃もトルーマン。トルーマンは原爆のときだ。

T　その前の。

S　ルーズベルト。結局あれも日本が誘導されて、そういうふうに結局。

T　そうですね、追い込まれて。で、全部傍受してたらしいじゃないですか、暗号とかも。

S　結局日本はしてやられたんだと思って。

T　とはいえ、パール・ハーバーの戦士たちは大勢死ぬんだけれど、それを良しとして、だから大義のためには多少の犠牲はしょうがないっていう発想に人間が耐えられるって考えると、やっぱり暗い気持ちになりますね。

――そりゃそうだね。

S　それでもう何百年もやってるから、そういうもんなんだよね。

――昔からね。

S　だって上の人たちは自分たちの国民が死のうが死ぬまいが、あまり関係ない。

T　そうなんです。

S　残念ながら、そういうもんなんだよね。もっと言うと、その人たちは人口調整しようとしてるかもしれないからさ。

T　じゃあ、どこまでも残酷になれるんだ。

S　そう。その中で我々は生きている。誰かの手のひらで生きてるってことなんだけど、いつかはそこから脱却しなければならないと思う。僕らが生きてるうちは難しいかもしれないけど。そういうこともずっと子どもの頃からいろんな本読んで、また様々なソースから情報を得て、どこまでがほんとでどこまでが都市伝説か分からないけど、そういうことすごく考えるようになりましたね。

T　ほんとかどうかっていう論争はいつの時代もあるけれど、どっちにしたって百ゼロはないんじゃないかと。だからあるといえばあるんじゃないですかね。

S　俺もそう思う。これは言い過ぎだろっていうのはあるかもしれないけど。

T　あるかもしれないけど、俺のSUGIZOさんのマントの話のようなあるかもしれないけど、そういうことに関してだけは火のないところに煙は立たない。

S　ただあのマントは32メートルじゃないいんですよ。ほんとは2メートルぐらいで済んだんです。

T　そりゃ知ってますよ（笑）。32メートル（笑）。

S　ほんとは2メートル。

T　それロイヤルファミリーの結婚式ですよ（笑）。

S　うん。それじゃ鹿鳴館の階段通れないよ。

T　通れないですね。誰か踏みますね。

――SUGIZOがGLAYを見に行った最初の出会いの時だよね。

S　その時のGLAYのドラマーって、初期のドラマー？

T　本当のデビューぎりぎりまで一緒にやってた。

S　俺が最初見た時はそいつだ。

T　はい。

――じゃあメンバーチェンジはしてるんだ。

S　そう考えるといいタイミングの別れだったんじゃない。

T　だからその決断が良くなるように、正しかったと思われるように頑張ってはきたけれど、思い返すと苦いですよね。ビートルズでいうとピート・ベストみたいなものだし……

――そう、今言おうと思った。ピート・ベストだよね。

T　ちょっと自分にも酔いましたよね、ビートルズっぽいなと。

S　ただ面白いのは、そこにリジーが入らなかったんですよ。

T　でもその後に一応半年ぐらい、ちゃんとしたメンバーとして迎え入れたやつが一人いたんですけど、そいつもやっぱりつぶれちゃって。

——それは何でつぶれたの？

T　まずアマチュアから引っ張ってきたもんだから、プロとしての力量を今すぐつけろっていうメンバーからのプレッシャー、事務所からのプレッシャー。それはしんどそうでしたね。

——LUNA SEAはそういうことはなかったの。

S　ないですね。強いて言うと、元々最初LUNA SEAってのは、前にも話したけど高校の時にINORANとJがつくった軽音のバンドだったんです。名前が残ってるだけなんです。

——LUNA SEAっていう

S　はい。で、同じ時期に違う高校で一学年上の俺と真矢が別のバンドをやっていたんです。同じ学区内で仲いいバンド仲間だったんです。だからよく対バンしたり、一緒にライヴハウスやったり。本気でやっているやつらとなんとなく趣味でやってるやつらのふるいにかけられる時代なんですよ、高校卒業するかしないかっていう。

——青春の1ページで終わるか終わらないかっていう線引き。バンドってね。

S　そうそう。で、本気でやりたいやつだけ残ったんです。それがこちら側は俺と真矢で、向こう側はJとINORAN、向こう側から合体しようよと、うちに入ってくれと言ってきたの。

——じゃあLUNA SEAって名前は誰が考えたの。

S　実は今はいない辞めたドラマーなんです。そいつはコーヒー屋してる。

T　ピンク・フロイドって誰が考えたんでしたっけ。
S　ピンク・フロイドはシドです。シド・バレットだよ。
T　辞めたメンバーだ（笑）。
――辞めたメンバーが名前を考えてるのが面白いね。
T　多いですよね。
S　その時また続きがあって、先代のヴォーカリストがいたんです。ウチらの遊び仲間の。不良だけど馬鹿なやつで、先代のヴォーカル、そいつも残っていたんだけど、そいつは全然趣味の域を出ていなかった。で、最初LUNA SEAがINORAN、Jとそのボーカリストに、真矢と俺が合体して1回だけライヴやったんだけど、もう話になんないぐらいボロボロで、真矢と俺は駄目だなこりゃって。もう辞めようここ、って言ってたの。これやってらんないわ、うまくいくはずない、って。そうこうしてるうちにそのボーカルがあまりにも本気でバンド、音楽やってく気がなかったんで、結局クビにしたんですよ。で、同じような町田の対バン仲間にギラギラの面白そうなやつがいて、それがRYUICHIだったんです。で、RYUICHIを誘ったんですね。彼が最後加入して、今の5人になった瞬間に、これはすごいかもしれない、っていう。最後のピースが融合した途端に、魔法が起こった。
――それ、完全にQUEENと同じだ。
T　それ八十何年すか？
S　それが89年の5月。
T　さっき来る時に92年のLUNA SEAの「プレシャス」を見ながら来ましたけど、きれっきれでしたよ。ぎらっぎらのきれっきれ。

S　もうそんな速くできない。真矢が速くたたけない。俺はもうあんなに首が振れない。

T　やめたほうがいいです（笑）。首痛める。

S　あの演奏のスタイルは今考えると、音楽に対しては全くメリットがゼロだね。

T　その悪影響はちょっと受けたんですよ（笑）。首振ったらそうですね。振らないほうがちゃんと弾けますね。

S　演奏をちゃんとできるわけないし。それの一番悪影響を受けて体にがたきてるのが、ＹＯＳＨＩＫＩさんだよ。

T　今は首は振るなって（笑）

S　うん、そうそう（笑）。

T　真剣なまなざしでコルセット着けながら（笑）。

――ずっと話してるけどヴィジュアル系、そっちのことだけまねしちゃった人たちが悲惨なことになってる。

T　そうなんです。でもそれを奇跡的に両立させてるバンドがいたりするから。でもタイムマシンがあったら、絶対俺ＹＯＳＨＩＫＩさんに首振るなって言いに行きますよ。

S　うん、そうだね。

――振る必要はないんだもんね。

T　ないです。

S　ないですね。

――パンクの人たちだって、ステージから別に客席に向かってダイブする必要はないんだもんね。

S　でも僕らはよくダイブしました。

――した（笑）。

S　基本音楽的なアティテュードって意味では、俺ハードコア・パンクにとても影響受けてるんです。ステージからダイブとか首を振ったりすることはそうなんです。

T　そもそもSUGIZOさんの中で、絶対に相容れないものを飼ってるもんだから、めんどくさいんですよ。だって演奏ちゃんとしてるくせにダイブもしたい。それ両立しないもん。

S　しないよね。

T　しないけど、両方必要。

――そう。だからマクラフリンが好きだと言ってるSUGIZOとは別次元。マクラフリン、ダイブしないもんね。

S　しないですね（笑）。

T　しないですね。

S　片やディスチャージはダイブするんですよね。

T　するでしょうね。

S　ディスチャージっていうハードコアバンドはダイブしたの。それがかっこよかったりするんだよ。

T　こないだ韓国で若手アイドルとのコラボがあったんです。ボーイズグループの9人組の。ミュージック・ビデオ撮って、夜食事行ったんですけど、監督に酔っぱらいに絡まれるから屋台とか絶対行かないほうがいいって言われました。

――日本人だから？

T　日本人ってばれると、酔っぱらった客に絡まれて、ぼこぼこにされる事件が結構多くて。
S　韓国、瑠奈はこの前行ってきたはっかりだ。
T　女性は平気だけど、男の人が絡まれるって言ってました。
S　結局政治のしがらみが一般的な生活とか、ましてや、エンターテインメントや表現に係ってくるのは、言語道断だよね。
T　だからこそ僕らとしては音楽で、音楽がそういった国とか人を分断するもんじゃないってメッセージでやりたいんです。そのPENTAGONっていうグループもなかなか漢気あるんだけど、むしろ彼らが責められる可能性のほうが高いじゃないすか。
——何で日本人とやるんだっていう……
T　うん。でも何度確認してても、やりたいって言ってくれた。
S　すばらしい。今年に入ってからずっと若手の北京のバンドをプロデュースしていてね。ポテンシャルが高くこれからすごく成長しそうなバンドなんだけど、中国本土で仕事をしてると香港との立場がとても難しい。本当に分断がひどいから。俺ははっきり言うけど中国政府やり方は人の倫理的に賛成できない。香港に対するやり方、ウイグル族に対する対応……
——ひどいよね。
S　チベットに対する姿勢だってそう。賛成できない。だから、俺は香港を守りたいし、ウイグルを、チベットを守りたいけど、それと音楽、クリエイティヴは別なんだよね。
T　彼らの活動してる場所
S　そう。彼らが中国人で北京出身でそこで今頑張ってる新人で、その彼らが俺のプロデュースを求めてくれて、またメチャクチャいいやつらで、才能も可能性もあるから是非やりたい、と。それを政治的な部分で阻害されるのは本当に心外。なので今やってるんだけど、いつできなくなるか分からない。もしくは向こう側がこれ以上中国で活動するんだったら香港ではやらないでくれ、的なことがもしあった場合は、俺は香港を選ぶと思う。ビジネスチャンスとしてははるかに中国本土のほうが大きいんだけどね。

T　そうでしょうね。

——人口の違いがすごいし。

S　香港はなかなかビジネスにならない。韓国もそうだし、中国もそうだけど、音楽、表現とそういう政治的な分断が、民意の分断がすごく今微妙なところにあるから。これからどうなるんだろう。でも、これからどうなるかってことは、我々がリードしていかなきゃいけないんじゃないかなとも思うんだ。

T　それこそドイツ。俺2年ぐらい前にベルリンにマイケルの仕事で行ってて。

S　マイケル、元気?

T　元気ですよ。

S　イヴォンヌと一緒だった?

T　一緒です。

S　会いたいな。

T　暇があればトルコに行って、別荘のほう行って。

S　トルコに住んでるわけじゃないんだ。

T　じゃないです。トルコは別荘。で、ベルリンで。何かやってるんすよ。で、俺たちが帰ってきた2日後ぐらいに難民を受け入れるっていって。ちょっとまたネオナチみたいなのが台頭してるじゃないですか。ニュースになってる。受け入れ問題がすごいですもんね、ヨーロッパ。

——今の二人の会話を聞いてると、音楽業界だけじゃなくて、たまたまおととい『月の獣』っていう芝居見たんだけど、栗山民也さんの演出で、アルメニア人とトルコ人の対立を描いた家族の物語で、世界中でベストセラーになった小説の演劇化なのね。紀伊國屋ホールでやったんだけど、すごくいい舞台だった。

S　まだやってます?

——東京は終わった。あと大阪かあるかな。音楽もほんとにいいんですよ。プログラムの中に栗山さんが今世界は嘘だらけになってきたんで、こういう物語を上演したいと思ったってコメントを載せてるけど、思いがあってものを作ってる人と、思いがなくて形だけでつくってる人との違いって、すごくあるよね。今の二人の話を聞いてて思うのは、考えないでやってる人たちって何なんだろうね。

S　長くやってる人は考えざるを得ないんじゃないですかね。そういう根本的な自分の意識が、ぶれない意識がないと、何十年も続けられないと思うんです。だから何も考えがない人、自分の主張やメッセージ性やもしくは自分の哲学がしっかりない人、それこそさっきの青春の1ページで終わるってのはいい悪いじゃなくて、そういう人がおそらく一過性で、時代の中での単純な興味で終わってしまって、考えがある人、意識がある人、フォーカスしてる人っていうのは、何十年もそれを軸にやり続けるものなんじゃないかな。

——それは全然国籍とかじゃないもんね。

T　ないです。

S　うん。昨日友人の舞台観てきた。アングラなんだけど非常に面白い舞台で。五稜郭の話で。

函館の『五稜郭残党伝』って小説分かる？

T　分かります分かります。

S　それの舞台化なんだけど、明治初期の話だよね。旧幕府軍と新政府。

T　榎本武揚が。

S　で、結局そっから旧幕府軍が、ずっと北海道を敗走して逃げ回る話なんだけど、非常に面白くて。でもそれがある意味分かりやすい勧善懲悪もので。

——どこでやってたんですか？

S　新宿のサンモールスタジオって、ちっちゃいところ。

——サンモールか。

S　うん、サンモールスタジオ。

T　その残党たちが悪者だっていう。

S　残党たちが主人公。新政府軍が。

T　新政府軍が悪いというか。

S　友人の役が面白くてね。彼女にしかできない役なんだけど、2役でね。まずは長崎から逃亡してきた隠れキリシタンの娘なの。その隠れキリシタンたちが住む集落があって、政府軍に全員燃やされて死んでしまう。もう一つの役としてはアイヌの娘。残党軍の主人公二人を助けたアイヌの男性がいて、その男性と恋に落ちるアイヌの女性。新政府軍はアイヌを差別するんだけど、残党の脱走兵たちはアイヌをなぜ責めるんだ？っていう民族的な迫害のストーリーなわけ。1人で隠れキリシタンの少女とアイヌの女性を演じれるのがすごいんだけど、結果的に今から100年以上前、150年ぐらい前っていうのはアイヌに関しても、またはキリスト教、信仰の違いだけでも、迫害の対象になっていた。そして今それがまだ世界中で起こっている、という絶望感に襲われた。人種の違いだけで迫害される。

――ウイグル族の話なんか完全にそうだよね。

**S**　でしょう。実は明後日のライヴで、ウイグルとコンゴの演奏家たちや家族たちとロヒンギャの家族たち呼んでるんですけど、日本で難民申請をしている人たちたくさんいるわけ。その中にはまだ認可されなくて難民になれてない人もいる。でも日本で生きいてる。ロヒンギャ家族娘ちゃん、かわいいよ。あとウイグルの家族も。彼らと一緒にこの前演奏したんだけど、本当に面白い。ウイグルの演奏家とコンゴの演奏家と一緒にライヴやってきた。

**T**　前にこないだの中東のその日にニュースとかなった時のあのチームですか？

**S**　違う、また全然違うチーム。全然違うチームなんだけど。

**T**　SUGIZOさん、どっかで演奏してましたよね。

**S**　うん。日本にいたら、例えばこういうタイプがウイグルの人であれロヒンギャの人であれ、仲間になるでしょ。一緒に演奏もするしものも作るし、いとおしい。でもその人たちがいったん中国に行っちゃうと迫害され、収容所に入れられたりとか、チベットに戻ったら迫害されるとか。まだ同じ地球上で同じ時間軸で、日本でいうと150年前200年前に起こったことが、いまだに行われてるってことは、残念でならないというか。

――けど一番問題なのが、強制収容所の中の人格まで変えられる教育を受けさせられることなんだよ。

**S**　言葉とかね。習慣や言語、アイヌの言葉だって結局今はもう話せないでしょ。

**T**　減ってますね。

S　俺以前六ヶ所村の活動してたんだけど。で、ピースボート乗って、そのままアイヌの民族の人たちと交流するっていう。皆さん素晴らしいんだよ。それこそ君たちはまさに地元柄、そういう文化ってのは近くにあるでしょ。

T　江差とかは要するに旧松前藩なんですよ。率先して迫害というか和人として生きろっていうことでね。

S　和人が優遇されて、アイヌの民族は虐げられてた。

T　虐げられて何なら和人になれってことで、まず日本語しかしゃべっちゃいけない。でもだから全然そのせいでじゃないですけど、俺たちが子どもの頃とかほとんど聞かないですね。いたのかもしれないけど、たぶん昭和の函館、北海道なんて、それこそ差別とかすごかっただろうから、言わないと思うんです。当時、胸張って俺はアイヌの末裔だとか言うの聞いたことないですもん。

S　その舞台見てほしかった。今日千秋楽だからもうさっき終わって。

――見たかったたな。でも『月の獣』もSUGIZOに見せたかったたな。

S　見たいですね。それこそ同じような意味で、あのピアノのCD聴きました？

――素晴らしかった。ありがとう。CD贈ってくれて……

S　素晴らしいでしょ。あれがアルメニア人の最も僕の好きなピアニスト、ティグラン・ハマシアン。

――すごいいい。

S　3枚目。一緒に車ん中で聴いてなかったやつで、あれとクワイア（聖歌隊）のやつ聴きました？

――うん、いい。

S　素晴らしいでしょ。いつかセッションやりたいんですよね。俺はアルメニア人も大好き。昔からなんか分かんないけど、迫害されてきた人たちには、ついつい気持ちを寄せてしまう癖があるんですよね。

――ああいう迫害されてきてる人たちの音楽の根底に漂う悲しみみたいなのがあるのがすごく良くて、ああいうものに無意識下に影響受けて、音楽を作ってる人たちってすごくかっこいいよね。

T　それは癒やしであるし希望でもあるけれど、本当に鉛を飲んだような気持ちになるというか、本人にしか分からない、気持ち分かるよとは言えないけど、居たたまれない、何かしたい、気持ち寄せちゃうっていう。そこから結局音楽が生まれるんですけど、音楽がどうこうよりもほんとにそういうのがないってよくあるじゃないですか。それこそイスラエルとパレスチナを描くのでも、描き方によってはどっちも正義っていう、一個人間っていう枠を外したら、そんなことは動物界には当たり前のようにある弱肉強食。その理論がそのまんまに人間の中ににあって、どうあっても上位に立ちたいから、少数派や弱い者を簡単に言うといじめてしまうっていうのは。

S　人間と他の動物が違う点は、他の動物はそれで商売しないからね。

T　そうですね。えぐいな。

S　生きるために相手を殺して食うと。それはこの自然界の摂理ではある。でも人間はただ命を食べるだけじゃなくて、それを商売するからね。それが産業になっちゃったらそれってやっぱり。あと未来を思って怯えるのは人間だけだよね。未来を不安がる。

T　そのために昔の王様から時の権力者たちは『火の鳥』じゃないけど、怯えて怯えて、それが逆に。

――自己防衛で敵でもない人を敵に見立てて、抹殺してきた。

S　人間は病気になったら死ぬことを恐れる。病気になったらそれを治したい。でも人間以外の全ての動物は病気になったらなりっぱなしだよね。

T　うんうん。

――今話してて思うのは、さっきTAKUROが言った鉛を飲んだみたいな感覚とか、聞こえてくる音の悲しさとかって、今のみんなの音楽の聴き方とか、映画でいっても小さい画面で見てると、気づきがすごく小さいと思うんだよね。

S　今はでも子どもたち小さなスマホで観ますからね、こうやってね。

――やっぱりある種の大きさとか、エアを伝わって聞こえてくる音楽と全然違うじゃない。

T　結局繰り返していって、それこそSUGIZOさんがこないだ言った映画がない貧しい村があって、映画の投影セット持っていったら、みんな目を丸くして輝かせて観るっていうのを、今の子どもたちにも体験してほしいな。コンサートにせよ、映画もでかい画面で観る。比べものにならないのに、今ここで済ましちゃう、イヤホンで済ましちゃうっていうエンターテインメントのあり方、付き合い方よりも実際芝居に行ったほうが目の前で大の大人が泣いて笑って、騒いで怒ってっていうのを間近で見る感慨って俺大好きなんだよ。映画は映画の良さもあるけど、芝居には芝居の空気の揺れが、震えがあるから。

S　全く同感。それはわれわれ音楽でいうと、ライヴなんだよね。音楽で言うとライヴ。演技の世界でいうと舞台だし、スポーツだって目の前で見ることが一番感動するし。

T　そうですね。
――ちゃんと映画館で観るとか、オーディオシステムで聴くっていう中間媒体があったわけだよね。今そこが問題。ライヴはすごく入るんだけど、その前のとこの準備段階がすごく弱い。
S　うんうん、なるほど。
T　インターネットができて20年、スマホができて10年だとして、20年前はまだ全然速度が遅すぎて映画にも耐えられないし、音楽にも耐えられない。でも成熟してある行ききったとき、人間生《なま》に戻るのかなっていう
S　戻ると思う。今の時代でもライヴは入る。その代わり20年前と違って、本当にいい演奏、本当にいいパフォーマンスができるアーティストに限定される。ふるいにかけられて、そういう人しか入らなくなってきてる。今残ってる一部のアーティストはみんな絶対にライヴがいいから。
T　そうそう。何もなかった200年前みたいなもんですよね。
S　そうだね。中間がなくなったよね。
T　中間がなくなったのもそう。だから引っ込み思案だった女の子が、昔だったらレコード会社との契約を取らないと表舞台に立てなかったのが、今はYouTubeでできるっていうその裾野の広がり方は、全てに良しあしがあるみたいなもので、ある意味良いし、ある意味その代わりまがい物も多く。
――日本語の漢字で書くと、功罪。功と罪っていうのって、全部に言えてるかもしれない。
S　表裏一体ですよね。音楽でいうと、TAKUROが言ったように誰でも自分の表現ができるようになって、誰でもそれを世に伝えることができるようになった。GarageBandとか

出て、誰でも簡単に作れるようになった。音楽が身近になった。音楽が手に取りやすくなったって意味では、素晴らしいことなんですよ。だけど同時に簡単に誰もが作れるようになっちゃったから、本当に優れたものとそうじゃないものが見分けがつかなくなって、シーンとしてはごっちゃになってる。スティーヴ・リリーホワイトがこの前素晴らしいこと言ってたよ。スティーヴと話した時に、ほんとにいいものはマラソンに例えるとトップの3人だけだと。トップの3人と僕は仕事をしたいと。スティーヴの言い方ね。でも今の音楽シーンは要は東京マラソンみたいなもんだと。ほんとのアスリートでも一般人でも誰でも参加できる。みんな楽しんでジョギングができる。3万人参加した中で、優れたトップの3人だけが勝つ。で、その3人だけと僕は仕事をしたいって。

——今回の本の結論だね。

S　結論ですか。

——僕たちは今選ぶ3人のほうをどう伝えてくかってことを、考えるべきとこに来てる。

S　次の3人のためにってことですね。

——うん。

S　TAKURO、話は戻るけど、さっきの『五稜郭残党伝』って絶対好きなはず。俺まだ小説読んでないけど。五稜郭それこそ函館でしょ。

——うん。

T　切ないんですよ。榎本武揚が持ってきたその当時の一団の軍艦、あれがあればもうちょっと歴史は変わってたんすけど、戦う前にしけで沈むんすよ。

S　それで歴史が大きく変わったんだね。

T　そこでほんとに天気一個で変わってしまって。

――それ何年頃の話なの。歴史っておもしろいよね。二人の人生も世界のロック史とリンクしてきて、SUGIZOが生まれた69年ってそうすると、ウッドストックとアポロ11号。そうすると今度TAKUROが生まれた年って……

S　71年。

――結構71年いろいろあるんですよ。

T　ありましたっけ。

――結構ある。絶対ロックの歴史にはある。

S　71年、デヴィッド・ボウィが『ハンキー・ドリー』だ。

――そうそう、ね。それからジョンが何か出してるな。

S　『ジョンの魂』70年でしょ。

――『ジョンの魂』は70年。

T　『イマジン』ですか。

S　『イマジン』71年だね。あとポール・マッカートニーが『ラム』を出した年。

T　弱いな（笑）。

S　弱い（笑）。

――弱いね（笑）。

S　ファーストだよ、でもボーカルの。

T　分かった。じゃあ『オール・シングス・マスト・パス』いつですか？

S　71年かな。

S　——『オール・シングス・マスト・パス』70年。
T　70年か。
S　なるほど。惜しいな。
S　残念ね（笑）『オール・シングス・マスト・パス』素晴らしいもの。
——でも昨日シネマ・ツーの大画面で『ハード・デイズ・ナイト』見て、ピーター・バラカンと2人で対談やったんだけど、ピーター・バラカンって12歳の時にイギリスで、その時のビートルズ見てるの。
S　素晴らしい。
T　あの人たぶんワイト島音楽祭も行ってますよね。
——きっと行ってる。
S　本当？　成人してなかったんじゃない？
——とにかく行ってるし見てる。そして周りの人たちが何でピーターさんとそんな仲いいんですかっていうぐらい気が合う。
S　今度ぜひ食事の席を設けてもらえれば。何回か環境のイベントでご一緒したんですけど。
——うん。ピーターは最高ですよ。
T　ロック界のテレビでいうデーブ・スペクター級の。
S　テレビでいうデーブ・スペクター（笑）。
T　日本にいるロックの伝道者というか。
S　ピーター・バラカンがなぜ好きかというと、YMOの作詞家だったの。
T　そうですよね。

——デヴィッド・シルヴィアンの写真集を海外で出したときは、僕が原稿書いてそれをピーター・バラカンが英語に翻訳してくれた。

S　なるほど。

——ピーターも自分で言ったし、デヴィッドも言ったけど、単純に英訳できる人がやるんじゃいやだと。ちゃんとポエティックな文章を書ける人がやってほしいって。僕がそれはピーターしかいないんじゃないって言ったら、絶対そうだって。

T　そうなんですよね。あれただ訳すんじゃないんすよね。

S　結局訳したものって、実は訳者の文章。

——センスが入るからね。

S　そうそう、その人の魂が乗り移るからね。その人によって、元々の作品が良くも悪くもなる。

T　だって日本の訳詞の先駆者の安井かずみさんとかいるじゃないですか。で、あの人の自伝とかもすごくて、戦争中日本がこんなに大変だったことを知らなかったって言ってましたから。フェリス出身。

——新田家ね。

T　もうもう。そんな子いるんだみたいな。そのままフェリス行って、そっから空前のバブルが来て、そっからして普段訳詞するにもフランス語もぺらぺらだし、日本語もぺらぺらだから。

——すごいよね。

T　立川さん、加藤和彦さんはどんな感じなんですか？

——すごいよ。ある種の天才。努力もしてるけど。まあ音楽から料理、旅…博識でね。そういえば今度花扇で音楽旅館を始めるの。Technicsのオーディオを使ってね。

S　素晴らしい。そこでレコード・コンサートとかできるんじゃないですか。

――一回一緒にやりたいね。

S　ぜひ、ぜひ。

――自分たちが好きなレコードを持ってきて、解説しながら聴くっていう。

S　幸せですね。結局、昔影響を受けた音楽を聴くときが今でも一番幸せですよね。

T　そうだね。

――Technicsのスピーカーとアンプと針とかケーブルとか全部足すと1000万ぐらいのオーディオがあるんですよ。それで『ホワイト・アルバム』聴いた時に「While My Guitar Gently Weeps」の何度聴いても聞こえてこなかった、リンゴ・スターがドラムのリズムにタンバリンを重ねてる音が聞こえてきた。

T　ダビングしてんるんですか?

――めちゃくちゃかっこいい。

T　あれ何ででしょうね。たまに違う車に乗ってかけてみたら。

――違う音が聞こえてくる。

T　違う音が急に聞こえてきたり、ヘッドホンを変えたら急に。

S　それ、いいレコードの秘密かもね。

T　そうかもしれないですね。隠し味が。

――最近買ったブジョー508でジョン・レノンの「あいすません」とか聴いたら、全然違う息遣いとかが聞こえるの。

**S** あいすません。

――あいすいません、ヨーコさん（笑）。

**T** 誰が教えたんだろう。

**S** ヨーコさんでしょ（笑）。

――面白い。

**S** かなりコアですね。

――コアといえばデヴィッド・ギルモアのポーランドのグダニスクのライヴ良かったよね。

**S** そうそう、グダニスク。俺、そのDVDをDVDで買ったんじゃなくて、ついつい我慢できずにギルモア・モデルのストラトを40万ぐらいで買っちゃった時に付いてきたの、DVDが。

――3人で話してたロックと世界の社会の動きと関係するんだけど、あれはワレサ委員長がポーランドの労働運動の70周年か記念かのときに、ギルモアに頼んだんです。造船所の労働者の祭典みたいなコンサートをギルモアが引き受けた。リチャード・ライトも出てるし、ポーランドのオーケストラが入る　あのポーランドの指揮者がまたすごい。

**S** 素晴らしいですね。あのオケは素晴らしかった。

――素晴らしいよね、あのオケはね。

**S** 確か「ECHOES」やってましたもんね。

――やってました。だから僕のここの風呂でECHOES聴きたい。

**S** ECHOES聴きたいですよね。

――絶対にいいよ。

**S** 『おせっかい』何気に一番好きなアルバムの一つですね。

——あと『雲の影』がいい。

S　いいですね。サントラですよね。

——サントラっていえば、さっきSUGIZOが言ってた香港とメインチャイナの問題に近いことを一つ話しておきたい。89年と90年で結構すごい目に遭ってる。89年にホウ・シャオシェンと台湾で『悲情城市』をやって、翌年チャン・イーモウと『紅夢』をやったんだけど、そっちはメインチャイナじゃない。パスポートに両方の国のビザが押してあると……

S　当時もやばかったですか。

——もう今どころじゃないですよ。

T　天安門が89年でしたっけ。

——天安門、そうだね。

T　89年。

——『紅夢』なんて太原の撮影現場に公安がいるんだよ。そこで台本どおりに撮ってるかどうかチェックしてる。『紅夢』ってのは一人の主人と5人のめかけの話なの。5人のめかけっていうのは中国のかつての国と一緒で、時の皇帝にどう取り繕うかっていうのを、チャン・イーモウはそういう昔の古い歴史を分かんないように題材に撮ってるの。だから公安とかが全部検閲をしてる。まっただ中にいたんだよ

S　表現の自由は全くないですからね。

——全くない。

T　GLAYも、向こうでライヴやるときは何カ月前にやる曲全部出さなきゃいけない。詩を全部チェックされる。

──ベトナムもそうだったよ。

**S**　本当ですか。

**T**　士気下げるようなとか扇動するようなのも駄目って。

**S**　そういうふうに見ると、ロックっぽいかもね。ジョージ・オーウェルの『Animal Farm』、ピンク・フロイドの『アニマルズ』のオリジナルアイデアになったけど、やっぱり日本の士農工商みたいにsheep、dog、何々っていうとこで、羊に甘んじてる人々って世界中で一番多くて、その前はここでいいやと思って甘んじてるのと、SUGIZOも怒りながら言ってたのは、今やばい状況なのは羊にさせられちゃってる人々がどんどん増えてってることになるんだよね。

──羊にさせられてるってことに気づいてなくて、それが幸せでそれがピースだと思ってる人が多くて、実はそうさせられてるだけなのに。

**S**　羊だって気づいてない。

**T**　ツェッペリンの『プレゼンス』のジャケットでしたっけ。アメリカ中流。

**S**　家庭のね。

**T**　ファミリーみたいな。あれもまた随分と。

──デザインはヒプノシスでしたよ。

**S**　例の『永遠』のジャケットをやったエジプトのアハメッド・エマッド・エルディン君、ヒプノシスの次世代だと僕は思ったんですけど、とても残念だった。LUNA SEAの前作（『LUV』2017年）の時に本当はストームとやりたかったんですけど、直前に亡くなってしまった。その後、新作で（『CROSS』2019年）エルディン君とやってみようっていうことで、ユニバーサルがコンタクトを取ってくれて、アートワークをオファーした。ピンク・フロイドの最後のアルバムをやった人という認識があったからすごく期待したんだけど……。

——彼は絵描いただけ。

S　そう。オーケーができ上がってきたら、「えっ?」ていうぐらい素人みたいなただの絵だったんです。これじゃなくてわれわれ『永遠』を気に入ってお願いしてるわけだから、そのクオリティーのものを作ってくれないかってお願いしても、「僕はこの1点しか出せません」と。で、他のパターン、ヴァリエーションを出してくれとお願いしたら、それをただぐちゃぐちゃって殴り書きにしたみたいなひどいもので……前にも話したけど本当にショックだった。

——もしストームが生きてたら、殴り殺しにするぐらい怒ると思うよ。

S　ひどい。結局彼はできなかったんですよね。彼の原案とかデッサンとか構図を、ヒプノシスを初めとしたイギリスのCGチームが作ったんですよ。彼は原案だけだったみたい。こちらのスタッフたちは「ピンク・フロイドの人だし、これすごいはずだ」って思い込もうとしてるわけ。ちょっと待って、これ子どもの描いた絵のようだよ?って話になって、メーカーの人間が何も動かないから、俺ちょっと調べたの。そしたら一目瞭然、ネットに残って出てるの。

T　原案みたいな。

S　そう。エルディン君の原案が採用されて、それをイギリスの新鋭チームが具現化した。

T　でもあながち彼が言ってることは間違いじゃない。これを何とかしてくれっていう話ですよね。

S　だったらこれを原案としてこちらでいじっていいですかって聞いたら、駄目だって。このまま使えって言ってくるわけ。年がいくつか分かる?　ピンク・フロイドでその人のデザインが使われた時、まだ18歳で実は今23歳。俺の娘と同じ歳の子だったわけ。あり得ないな。でもそれと同時にあり得ないのが、レコードメーカーのトップレベルのスタッフたちが、ピンク・フロイドやった人っていう色眼鏡で頭が固まってしまって、作品が本当にいいかどうかが判断できない。

——今はもうレコード会社にほとんどクリエイティヴな人いないからね。

S　残念なことです。

——全くね。だったら、もっと徹底的にビジネスマンになってくれればいいのに、それにもなれない。

S　結局ほんとにレベルの高いビジネスのスキル持った人、そこには来ない。

T　持ってる人は違う業種行くでしょうね。

S　今だったらね、やっぱりITのほうに行っちゃうじゃん。本当に稼ぐような人はITや金融。だって音楽やってお金を稼ぐって、収益を作るって意味ではこんなに効率悪いことないもんね。

T　今となってはそうですね

S　きっかけは収益、自分が裕福になりたいとか成功者になりたいという目的じゃなくて、いいものを作りたいとかいいものを生みたいっていう、そういう意識からだから。ほとんどのアーティストはそのはずだから、誰も金稼ぐためにやろうと最初は思わないもん。

本の話からレコード会社の現状まで〝円かの杜〞の中の〝むげん〞で食事をしながらの会話は、お酒と食事のおいしさとリラックスした雰囲気もあって、かなり危ない領域まで入っていった。でも、こうして生きていれば、政治情況などに無頓着ではいられない。物を作り、伝えていく責任。

食事の後は、フロアが違うバー〝こだま〟に移動したが、そこでもテープレコーダーは回り続けていた。

# SESSION7　2019.12.19　円かの杜　バーにて

　最初の1時間ほどは他愛のないバーでの会話。スタッフの人たちも含めて、人との出会いの思い出話などに花が咲いたが、本当に出会い一つで人生は変わるし、何かが始まるきっかけになる。

——SUGIZOとTAKUROの出会いについては聞いたけどYOSHIKIとは最初は何がきっかけで知り合ったの？

**S**　GLAYを俺が観に行ったみたいに、まずはXのhideさんがLUNA SEAを観に来たの。それも鹿鳴館。鹿鳴館ですべてが始まってるんだよ。

**T**　素敵！

**S**　観に来てくれたのが最初かその前に飲み屋で会ったのか、ちょっと覚えてないんだけど、とにかく近い関係だったの。そもそも共通の知り合いが多くて、観に来てくれて、いたく気に入られた。これはよっちゃんが紹介したいと。エクスタシーから出さない？　みたいになって、次よっちゃん連れてくるよと。その後、次ぐらいの鹿鳴館のウチのライヴにYOSHIKIさんが観に来て。そこからだよ。

**T**　俺たちもデモテープを谷口さんに渡したはいいけど、YOSHIKIさん全然聞いてくれなくて、hideさんがあのバンドいいから聴きなよって推してくれたらしいです。

S　大体hideさんがポイントにいるんです。その頃Xが『BLUE BLOOD』出て有名になって。『Jealousy』の前ぐらい。

T　まだ全国ツアーとかやってる頃ですね。

S　そうだね。何かと鹿鳴館が重要だな。

T　鹿鳴館、重要ですね。

——話聞いてるとそうだね。

T　鹿鳴館の店長がLUNA SEAを最初に聴いて理解しなかったっていう話は、興味深かったけど、なかなか頭痛い。

S　逆にいうと俺当然だと思ったよ。

T　だったら誰が理解できるんですか。

S　当時のライヴハウスの店長クラス、その多くは理解できなかった。鹿鳴館で当時一番出て売れてたのがLADIES ROOMだった。それを筆頭にみんないわゆるアメリカン・ハードロック勢が中心だったから。

——フォークに限らず何でも、方程式で割り切れるものがみんなに分かりやすいわけ。

S　そのとおり。

——演劇でも映画でも何でもそう。僕はSUGIZOと同種族だから思うんだけど、僕らはけっこう阻害されてきたんだよ。

S　そういう保守的で、カテゴリーの枠に入ったものしか面白くないって言う人たちに、逆に認められなくてよかったと思ってる。そこで認められてたら今はなかったと思うし、そういうこっちから見たらつまらない人たちが「君たちいいね」って言ってたら、たぶんこっちが面白いことする前に麻痺しちゃってたと思うんだよね。やってもやっても理解されなかった。だから本当にハングリー精神の塊だった。

——昔ジャズのばりばりのチャールズ・ミンガスとやってたドラマーのダニー・リッチモンドが、アメリカのマーク＝アーモンドってバンドに入ったときに、ジャズファンからはごうごうの非難を浴びるわけですよ。ばりばりの第一線のやつが何でそんなポップ・ロックのとこに行くんだみたいな。でも彼は正しいと思ってやった。プロデューサーはトミー・リピューマだったから先見の明があったんだけど、そんな例は山ほどある。

**S**　なるほど。だから最先端をいく。

——うん。

**S**　例えばボブ・ディランが60年代はプロテスト・フォークの大スター……

**T**　うん。

**S**　でも急にストラトキャスター使い始めたんだよね。あれが70年ぐらいでしたっけ？

——65年じゃないかな。

**S**　65年。そんな前ですか

——多分。

**S**　もう大批判だったでしょう。大批判。

——ピーター・ポール&マリーのピーター・ヤーロウがアンプの電源抜こうと思ったって話が残ってるくらい。ニューポート・フォーク・フェスで石投げられて。

**T**　その人たちは今その当時の自分を振り返ってどう思うんでしょうね。

――日本だって70年代の初め頃、ロックとフォークの論争ってのがあったくらいだもの。
T　でも時代がゴーって進んで流れて、今当たり前に出入りしてるじゃないすか。その人たちが今でもディランを許せないっていうか、フォークとロックは混ざるべきじゃないって思ってたらかっこいいんですけど。
――思わないのよ。
T　思ってないから。
――全然。だからかっこ悪いの。
S　だって我々の世代だと、ディランがエレキ弾くのは当たり前に感じるからね。
――僕らの世代だと学生運動とかあって、そういうのが転向者みたいに批判される状況があった。だからそれこそ隠れキリシタンが踏み絵で、お前はもうキリシタンじゃないのかっていうのと、同じようなものがあった。カルメン・マキだって二人からしたら、最初からOZでしょ。
T　はい。
――でもカルメン・マキって最初フォークなんだよ。「時には母のない子のように」が大ヒットしてね。だからマキが、ロックを歌いたいって言ったときに、一緒にやるミュージシャンは誰もいなかった。
S　OZが復活しましたよ、この前ね。
――厚見玲衣が入ってたでしょ。僕が最初にムーンダンサーってグループでレコードデビューさせた……才能あるよね。
S　そうそう。俺はカルメン・マキさんもロックのイメージがだからありましたよね。
T　LUNA SEAもこれだけ長くやっていると、初期3枚をすごく大切に永久に大切にしてるファンの人たちがいて、で、バンド側を変わったたって言うけど、俺やっぱり生きてくってことは年取るってことで知識も増えていったとき、どうして人は自分が変わったことを認めないで、周りが変わった、自分は絶対に感覚的には正しい。GLAYもあんなみずみずしい曲はもう書かない、書けないって言われがちだけど、同じように自分も大人になって感性が鈍るってことを認めない。そこはでも認める大人でありたいなとはすごく思うんすよね。自分が老いるということをちゃんと正しく受け入れるというか。

――自分で思うのは、自分が20代の時に書いてたような文章って絶対今書けない。だけど今書いてるような文章は20代の時には絶対書けない。

T　だから正しく階段というか一歩一歩生きてる。

――ミック・ジャガーが言ってるんだけど、自分が30代になって書いた詩とか曲は20代で書いてたものと明らかに違うってことを、自分が年を取るまでは分からなかったって。

T　そうですね。

S　逆に俺は、昔の自分が常に恥ずかしくてたまらないタイプだけど。5年前の自分も恥ずかしい。逆にいうと今が一番いい。

T　でもSUGIZOのピークは28の頃だったって言われたらどうします?

S　俺は納得しないけど、そう思ってる人がいるならそれはそれでご自由に、と。

T　そうですよね。

S　28の時の自分の音はぺらぺらにしか感じない。

T　阿部薫ってサックスの人知ってます?

――知ってる。鈴木いづみと……

T　そうですそうです。で、掘ってったら彼に行き着いて、鈴木いづみって人に行き着いて、彼が書いたエッセーみたいなの2つぐらい買って、曲も聴いてみたんですけど、分かんないこと山のごとしで。彼がサックスで「仰げば尊し」だったかなんかやってるんですけど、YouTubeで聴けるんですけど、前衛的過ぎてちょっと……

――あの頃いい人がけっこういたね。代表格は浅川マキさん。来年没後10年なんだけど日本でブルースを歌って、ブルースで死んだ人ですから。

T　うんうん。

――「朝日があたる家」を「朝日楼」っていうタイトルで自分で詩書いて歌ってて、みんながそれをカヴァーしようと思って頼んでも絶対歌わせない。歌わないでほしいって言って、ちあきなおみさんが歌いたいって言ったら、あなただったら歌ってもいいと。そのぐらい頑固なの。

T　なるほど。

――煙草好きな人だった。でも、ここしばらく喫煙者に対する迫害ひどすぎると思わない。

S　まだ喫煙ですか。

――2月になぜだか、医者から止めろと言われたとかでもなく、急に吸わなくなっちゃったんだけど、喫煙擁護派です。だから僕セルリアンタワーにロックバーつくったの。

S　行きたいんですよ。

――〝R261〟って店名だけどCIGAR&ROCKって銘打ってね。

S　ああ、だから葉巻はいけるんだ。

――葉巻もいけるし、煙草も吸える。

S　なるほどなるほど。

──僕も前吸ってたから、あまりにも煙草を吸う人が迫害されてるのがすごくいやだし、だってみんなくわえ煙草で自由な時代ってあったわけだからさ。

T　ずっと吸わない俺からしてみると、親戚のおじさんたちは宴会で刺身食いながら煙草吸ってましたからね。そういう時代にいるんで、そういうもんだと思ってて、急に世界的なタバコへの迫害、スモーカーへの迫害は変なのって思ってたけど、煙草やめた人ほど声高にギャーギャー言うな。

S　俺は大っ嫌いなの。昔ヘビースモーカーだったから。

──煙草の話で思うんだけど、昔は本当にいろんなことが自由だったね。特にジャズの人たちブッとんでた。プレイも含めて

T　ジャズっていえば類家心平作、今度24日一緒ですよ。

S　何で。

T　俺、MOTION BLUEでやるんですけど。

S　TAKUROとして？

T　ええ、ジャーニーで。

S　それ類家君なの。

T　そうです。

S　へえ、素敵じゃん。

T　SUGIZOさんともツアーやったことあるって。

S　類家君は素晴らしいよ。それこそ俺15年ぐらい前からやってるよ。

T　43歳ですか。

S　そうだね、40代前半だね。すごくいいよ。
T　昨日か。リハのとき横で見たらぷうっとほっぺたが。あれは初めて見た。
S　類家君は片方だけなの。
T　向こう側の人に向こう側のピアノのやつに言ったら、そうでしたっけ。いや分かんなかったですって。
S　類家君はどっちか片方だけ膨らむの。
——トランペッターの人ほっぺたすごいよね。
S　膨らむ世界最高峰が。
T　サッチモ。
——サッチモです。
S　サッチモじゃないです。
——ディジー・ガレスピー。
S　ガレスピー、そう。ガレスピー。
——息がすごい。ぷうっとバーっと。
S　うん。ガレスピー系なのよ。で、類家君は元々自衛隊で体鍛えに鍛えてきたから。
T　なるほど。
S　そう。パーンって吹いたときのその圧迫力というか、圧が日本人離れしてるんだよ。それがすごい。
——日野さんも結構すごいよね。
S　日野さんもそうですね。日本人そう。で、類家君は今40代のその辺のトランペット奏者の中では間違いない。

**T**　そうなんですね。

——日野さんなんかジャズ界のロード・ウォリアーズみたいなもんだし。

**T**　ロード・ウォリアーズ（笑）

**S**　日野さんはまだ現役でやられてるんですか。

——全然現役。

**T**　学生にびんたしたあれ。

——だからあんなの当たり前、僕なんかスタジオで、亡くなっちゃってる日野元彦さんとレコーディングしてる時にね……

**S**　弟さん。

——トコちゃん（日野元彦）がジャズ・ロックのバンドを作ったときに、立川さんプロデュースしてって、日野元彦&アバナイトロプスってバンドを作った。アバナイトプロスって〝都市原人〟の造語。結構いいメンバーそろって。ピアノの柴田クンとか。そしたらトコちゃんが「立川さん、兄貴を呼びたい、いい？」と。それでスタジオに入ったんだけど、まず面白かったのは、柴田君てピアノもう死んじゃったんだけど、むちゃくちゃうまいからむちゃくちゃアドリブ弾くわけよ。だけどレコードっていうのはライヴじゃないんだから、ある程度の長さに僕はしたい。で、止めてさ、柴田さんちょっと長いんで、もう一回やりませんかって言ったら、本人は天才系なんで、何で俺のピアノ止めるんだよときた。

**T**　あー何だか目に浮かぶ。

——僕言った。柴田さん、プロデューサーは僕ですから、これライヴじゃないんで。トコちゃん大笑い。次は日野（皓正）さんがゲストで入った曲があって日野さんは、フォー・バースのかけ合いした時にアルトの藤陵君に、「お前ジャズやってんだよ。俺ががパァッて吹いたら来いよお前、分かってないのか、来い、分かったな」。「はい」とかってやるんだけど、藤陵はいけない。最後はもう泣き入ってたな。

T　やだな（笑）。

S　それ藤陵さんが泣き出すの？

――藤陵が泣き出すの（笑）。

T　でも言ってることは。

――来いって言ってんだからっていう世界。

T　そうですね。

S　全く話違うんだけど、アンナ・カリーナ亡くなってしまいましたね。

――意外と若かったんだよね。

S　70代ですよね。

――79歳。

S　立川さんの10個ぐらい上。

――9個上。

T　勉強不足で。

S　アンナ・カリーナが有名なのは『気狂いピエロ』。分かる？

T　分かります分かります。

S　の女優であり、ゴダールの映画いっぱい出てたね。当時俺アンナに恋してた……

——ゴダールの奥さんアンヌ・ヴィアゼムスキーの前の最初の奥さん。

S　フランス映画はアイコンっぽい女優さん、たくさんいましたよね。ブリジット・バルドーとか。

——ブリジッド・バルドーっていえば、有名な「ジュ・テーム」は最初セルジュとジェーン・バーキンじゃないんですよね

S　そうブリジット・バルドーなんですよね。

——最初はセルジュとブリジット・バルドーでやってて、ブリジット・バルドーの旦那がぶちきれて、セルジュ殺してやるって言って出せなかった。

S　ブリジット・バルドーは別の人と結婚してたんだ。

——そうそう。

S　じゃあ浮気してたんだ。

——そう。

S　それであんなもの作っちゃったから。

T　フランス人はそういうの全然ありって言いますもんね。

S　セルジュ・ゲンスブールが大好き。すげえ好きだった、立川さんずっと仕事してたんだよね。それがまたすごい。

T　伊達男。

——お茶目度最高だった。

T　何でしょうね。お茶目なんでしょうね。

S　普段からああやってぴしっとスーツ着てる感じですか。

──スーツ着てもあの人ネクタイしないし、おもしろかったのは当時僕も髭伸ばしてたんだけど、セルジュの無精髭ってフィリップスの電気カミソリ使ってるんだよ。セルジュが俺の1個やるからってもらったんだけど3ミリ残しで仕上がるの。

S　あえて残してるんだ。

──シェーバーでそった時に3ミリ残る。髭そってもちゃんと無精髭になるのを作らせたの。

T　彼が。

S　計算されてる。

──いろんなことが計算ずみでね。朝髭をそって、夕方帰ってくる頃に少し伸びてる。〝イブニング・シャドウ〟って言うんだってさ。それがいいの。

T　全然ならなそうですね。

S　俺ない。

T　俺3日ぐらい伸ばすとうっすら無精髭っぽくなりますよ。

S　俺ならないんだよね。俺なんかすごいみすぼらしい。ほんとは無精髭生やしたいんだよ。

──昔の20代の頃の僕の写真はほんとに髭だよね。

S　昔。でもそんな写真見たことないですよ。

──ジョン・レノンのライナーノーツに写真のってるよ。可愛いって言われるのが嫌で、髭を伸ばそうと。

T　俺たちだって20代の頃、逆に髭が濃いっていうか普通なんすけど、それで写真撮った時ばっちりメイクじゃないすか。白めのファンデーション。だからだんだん夕方の取材とかなると青くなるから、俺とTERUで悩んでて、ある日俺新聞見たら、これでさっぱり肌髭も薄くなるみたいなのを俺2個買って、1個自分でつけて1個TERUに渡して、TERUも「分かったあしたからつけてみる」って。「TAKUROかぶれた」って言って、ここ真っ赤になって。

S　TAKUROは大丈夫だった？

T　俺は大丈夫なんです。

S　何で一人だけ真っ赤なんだろう。

T　肌弱くて。

――今はもうないけど、昔新宿二丁目って、今は結構ゲイバーもおしゃれになっちゃったけど、当時はばりばりのハードゲイの世界なの。で、そこに宇野亜喜良さんとか四谷シモンとかがたまってる〝ナジャ〟って店があって。

S　あの人形作家の四谷シモン？

――そう。

S　いいですね。

――そこにはよく行ってたんだけどそばにあった違うゲイバーにはジュークボックスがあって越路吹雪とかの曲が入ってるの。ゲイってみんな越路吹雪大好きだったからね。日生劇場で越路吹雪のコンサートがあると、前から3列目ぐらいまでの席は全部新宿のゲイが、ばーんって埋めて、コーちゃんって!!　黄色い声をあげるみたいな世界。ジュークボックスに入ってたのは越路吹雪の「人生は過ぎ行く」。〝ラ・ヴィ・サン・ヴァ〟ってくりかえしがあるゲイの聖歌みたいな歌。〝人生は過ぎ行く、ラ・ヴィ・サン・ヴァ、ラ・ヴィ・サン・ヴァ〟。それを夜中の2時ぐらいにゲイがみんなで合唱するわけ（笑）。

T　そして最後に泣くみたいな（笑）。

——うって泣いて、私たちはいつまで生きていけんのかしら。で、そこに18歳ぐらいの男がいくと、もう餌食……

T　餌食ですね。

——「見た見た？」とかっ言って。僕ちゃんあたしがごちそうしてあげるとか（笑）。

T　全員に唇を（笑）。

S　それ18ですか。

——18です。

S　だいぶそれは。

T　18とかだと肌触ってるだけで元気になりそうだからね。

S　そんな日常があったってことだよね、当時は。

——おもしろかったのは新宿と六本木。その頃は〝キャンティ〟と〝ヌーボー〟とか何軒かしかないわけですよ。

S　〝キャンティ〟はそのまんまあそこですか。

——そう、まんまあそこ。でも〝キャンティ〟の1階に〝ベビードール〟っていうブティックがあったの。いい感じのたまり場でね。タイガースのルーツもあそこだったともいえる。

T　バンドのね。

S　タイガース。

T　タイガースの。

——タイガースのユニホームのデザインってのはコシノジュンコさんだった。

S　なるほど。

S　コシノジュンコさんは今年で80歳ぐらいですか。

——80だね。

S　10個上。

——うん。

S　DRUM TAOで何度かお会いしてるじゃないですか。

——TAOの衣装やってるからね。

S　コシノさんのファッションセンスはすごい。一人だけめちゃくちゃとんでもないかっこしてるから目立ちますよね。

T　二十何歳から変わってないですもん。

——変わってない。普通に着れる服を作ろうと思ってないから、アートな服なんだよ。

S　なるほど。

——それがすごくいい。

S　昇華されるとまたきれいだわ。

——SUGIZOとアジアの全部のジャンルを超越した、ミュージシャンじゃなくてペインターとか詩人とかっていうのでやるArt Ancient Of Asiaってプロジェクトをやろうとか思ってるんだけどその時にはコシノさんに服を作ってもらおう。

S　元気に生きててほしいですよね。

——あの人は死なないよ。

S　この前紹介してもらった時に「あら、あんたいい男ね～」とか言われて（笑）。「名前は？」って「SUGIZOです」って、「スギゾウ？　あらま！」って。「この顔でスギゾウ？」って。もうお歳を召してるから思っていること全部口に出ちゃう（笑）。

——亡くなっちゃった安井かずみさん、ズズとも仲良くて、いつもつるんでたけど、ズズが生きてた時に、「私は知ってる、あんたは10代の頃からプロデューサーになりたいって言ってたけど全部俯瞰で見てるわよね。和彦さんととてもいいタッグよ。だから私たちには必要なんだ」って言われたんだけど、今のコシノさんてプロデューサー的な感覚もすごいよね。

S　確かにコシノさん、今でもバリバリ自分でやってる感じがしました。加藤和彦さんは年代的には上でした？

——僕より二つ上。

S　上ですか。土屋昌巳さんが晩年バンドを一緒にやってたんだよね。

——でも人のつながりっておもしろいと思うのは、TAOとつながりのある一風堂の河原さんは土屋さんがやっていた〝一風堂〟が好きで普通のラーメン屋の名前じゃいやなんで一風堂って付けたんだっていうんだもんね。

T　ファンなんですもんね。

——河原さんが、この前金沢でやってたDRUM TAOとSUGIZOのコラボを見ておもしろいって言ってくれて。

T　面白い話だな。

S　立川さんとここ10年近く一緒にいて、いろんなセッションやってきてるの。本当に面白い。めちゃ学べる。DRUM TAOで和太鼓とセッションとか、ジャズ畑のセッションも。あと面白かったのが、寺山修司さんの生誕80周年イベントってのがあって、それも立川さんプロデュース。

**T** それ2日目のどっちかに出てましたよ。

**S** その時真木よう子さんと一緒にやったりとか。真木よう子さんじゃない、それは女優さんだ。

**T** 渚ようこ。

**S** そう、渚ようこさん、亡くなったんじゃない。

**T** 渚ようこさん。

**S** 言い方悪いけど、すごいタイミングで渚ようこさんと一緒にできたよ。あれからすぐ亡くなってしまった……。お年を召してててもとてもかわいい人だった。

**T** でも歳で亡くなったわけじゃないですもんね。突然。

**S** でもあの時60代前半ぐらいでしたね。あの時打ち上げ一緒に行ったよね。

**T** 行きました。

**S** 一緒に演奏したりもして、PANTAさんと近藤等則さんと。

――あれはすごかった。あれ見た。

**T** 見ました。

**S** あれはちょっとすごかったね。

**T** 面白かったな。

**S** あと自分で大ウケしたのか、大槻ケンヂさんと一緒に「あしたのジョー」やったりとか。

**T** ああ、やってた。

**S** あれすごかった。やっぱり彼は「あしたのジョー」だったんですよね。寺山修司さんの原体験が子どもの時に。で、ピンクレディーの未唯さんもいたし、あれはすごいイベントでしたね。

――でももっとおかしかったのはシーザーがSUGIZOのこと知らなかった。

T　出てましたね。

――シーザーが知らなくて、今度SUGIZOさんっていう人が来るんだよ。〝J・A・シーザーと悪魔の家〟っていうシーザーのバンドがあるんだけど、そしたらそこのギタリストが、SUGIZO来るわけないじゃないですかって（笑）。そしてシーザーが娘に言ったら、パパあたしにそんな夢みたいな話しないでよって、結果的には〝悪魔の家〟のメンバーとシーザーの娘はその日からシーザーを尊敬するんだよ（笑）。

S　それまで尊敬してなかったってことなのかな（笑）。でもシーザーさんと現役で一緒にできるとは思わなかったから、感激だったよ。その次の年にシーザーさんがちゃんとステージに出てる「万有引力」の舞台を観に行って、ずっと演奏してた。すごいすごい。

――シーザーが来年本格的に音楽活動をしたいって言ってる。

S　一緒にぜひやりたいです。

――オーケストラとやって、ちゃんとギターとかも入れたいって言ったとき、僕はそれだったらSUGIZOしかいないと思うよって言ったら、いやSUGIZOさん来てくれたら、そこでちゃんとフォーエバーのアルバムを全部またオリジナルで書いて作りたいって言ってた。

S　それはたぶん娘さんに自慢したいんですよ。

T　こないだも鴻上尚史さんの舞台『地球防衛軍 苦情処理係』を見に行ったらシス・カンパニーで文章書いてるジョウ君がいて……

S　ジョウさん。

T　ジョウ君いて、「TAKURO君芝居とか好きなんですか」ったら、「僕鴻上尚史さん好きなんで」って言ったらへえって、今度唐十郎だって。

S　唐十郎さん。

T　いまだにアングラ。アングラって言うんですか？

――アングラとアンダーグラウンドと違うんだけど、アングラっていうのは日本のある種のカルチャーなの。当時の新宿にあった。

T　新宿だけなの？

S　そのトップレベルの人たちが天井桟敷。「梁山泊」もそう。あれ新宿ですよね。

――寺山修司系と唐十郎系と二つの流れがあるわけですよ。

T　唐十郎さんの劇団の名前、何て言ったっけ？

――状況劇場だよ。

T　状況劇場でしたっけ。

――そう。

T　今度観に行こうって言われたんですけど。

――あとは佐藤信さんと3人。

S　シーザーさん、ご一緒できたらうれしいですね。すごいと思う。そこに鋤田さん、カメラマンでいたわけですもんね、映画を撮ってるカメラマン、すごい時代ですよ。

――だから結構そういう縁とか流れって面白いなと思うのは、死んだ寺山修司の奥さんだった九条映子さんがあなたとシーザーが一緒に寺山の追悼音楽祭みたいなのをやってくれるのが前から夢なのよって言ってたの。でも突然死んじゃったんです。そしたらポスターハリス・カンパニーの笹目さんが、ちょっとでも会いたいんだけどって、電話くれて、九条さんの遺言だからするしかないんじゃないですかってくるわけ。そしたら周りは大反対。シーザーと立川直樹が一緒に仕事をするなんてあり得ないと。

S　できるわけないと。

――あの二人が一緒に仕事したら大変なことになると。シーザーと前にもちょっと話したけど、何でこんなに合うんだろうと思うぐらいうまくいった。現場は本当にうまくいった。

S　うん、平和的でしたよ。

――めっちゃ円満だったよね。平和的。周りは修羅場になると。

T　祈るような。

S　ちょっといただけですけど分かったのが、シーザーさんはこの人さすが心得てるなと思ったなのが、自分に分からんないことはしないと。で、立川さんが知ってること、立川さんがコントロールできること、シーザーさんは全然知らないことがたぶん多かったんだろうね。俺が分かんないことは任しときゃいいっていうふうに、たぶんどっかで決めたんだと思うんです。昔だったら全部やろうとした人だと思うの。それってうまくいくコツじゃないですか。余計なことしないって。

――だからこれを機にいろいろやろうよ。

T　いろいろと本当に勉強させていただければ。

――でも二人とも、僕も人のこと言えないけど働きものだよね。

T　だと思います。ギター弾くそのこと自体は全然苦じゃないので。

――僕もそうなんだよ。周りがそんな心配して、年取ってるんだから少しセーブしたほうがいいんじゃないですかって言われるんだ。けど昨日なんて京都から日帰りしたお昼にランチミーティングして、そのまんま東京駅に帰ってきて立川行ってピーターとトークイベントやって、今ここにいる。

S　身体よく持ちますね。

T　言えてる。

S　だから体力的にはたぶん20歳若いですよ。

T　こないだの11月の10日の時とかどっかの日帰りかなんかみたいなの。

S　そうそう。

T　1杯飲んだら行きましょうか。11時になっちゃうから。

S　そうだ。じゃああと3分ぐらいで行ったほうがいいですよ。

――じゃあ乾杯しましょう。お疲れさまでした。

T　けっこういろいろ話しましたね。そうだ、観ました『イエスタデイ』？

S　まだ観てないんだよ。観ようと思ったら終わっちゃった。

――好きだった？

T　好きですよ。

S　俺はそれを観たかったんだけど、『ドクター・スリープ』を観に行っちゃいましたよ。『シャイニング』の続編。

――僕あれ観てないんだけど、良かった？

S　僕は好きですけど、現代の映画のようなCGがバンバン入ってるので、80年当時のキューブリック的な生々しさはちょっと希薄なんですよね。でも好きでした。あれってやっぱりアナログの時代にあれを作ってるから良かったんだけど、あれをCGでやっちゃうと、あの怖さはないんだよね。

——だけど音楽やってる人とか映画やってる人は、過去と現在で行ったり来たりしてる人のほうが信用できるなと思ったのは、この前また久しぶりに『ブレードランナー』の新しいほうを見たんですよ。僕前に見た時に気がつかなかった、ぼうっと観てたのか分かんないけど、シナトラの「One for my baby」が流れるんだよね。

S　そうそう。立体ジュークボックスでね。

——そう。で、あれが会話になってるんだよね。

S　そう。

——あれはオマージュだな。

T　新しいほうっていうのはリメイクされたほうね。

S　リメイクではなく続編だよ。

——続編。

S　30年後の『ブレードランナー』。

T　最初のハリソン・フォードから。

S　30年後だね。

T　30年後。

S　あれ俺実は大好きだよ。何が好きかっって監督が好き。ドゥニ・ヴィルヌーヴ監督が素晴らしくて、基本的に極力CGを使いたくないんだって。

T　――僕は最初あの映画いまいちよく分かんなかったの。今だから言うけど、SUGIZOのスタジオに行った時に流れてたの。僕は意外とそれを見た時軽視してるのかもしれないなと思って、もう一回ちゃんと観たら、そうかこういうことなんだってのが分かった。

S　『イエスタデイ』のいいところだと『ワンス・アポン・ア・タイム・イン・ハリウッド』って。

T　あれは良かった。

S　あれ映画の何がどうこうはさておき、結局あのマンソン事件がないじゃないすか。

T　うんうん。

S　それがうれしくてハッピーすぎて、それでもうオッケー。

T　だからあの終わり方で涙出ちゃうんだよね、かわいくて。

S　そう。と同じような意味で『イエスタデイ』が好きという。

T　『イエスタデイ』観に行きたかった。

――でもそういう意味では『ワンス・アポン・ア・タイム・イン・ハリウッド』に比べて、僕からするとスケールがね……。

S　なるほど。

T　そもそも今ビートルズの曲もらったからってヒットしないと思う。

S　時代はあるよね。あの時代だったからってのはもちろんある。

T　そうそう。あとあれはイギリス人だから……行きましょう。

S　思ったのは『ワンス・アポン・ア・タイム・イン・ハリウッド』見て、すごいなと思ったのがディカプリオの芝居がすごかったの。だから悪いけど。

T　ブラピ。

S　うん、ブラピがあまりこなかった。

——ディカプリオってのは歌舞伎役者ノリなんですよ。全部そう。オーストラリアのバズ・ラーマンの映画に出てた時も。

S　ロミジュリ、ロミジュリ。

——完全に『ロミオ&ジュリエット』を大芝居で演じきる。ディカプリオは歌舞伎なんですよ。でもブラッド・ピットっていうのは、ニュー・シネマなんですよ。その違いがすごく大きいと思う。

S　ブラッド・ピットを見て思ったのがどこに出てもイケメンだから、俺ってかっこいいだろっていうオーラが出てるの。

——脱ぐしね。

S　かっこいいだろオーラ出てんだけど、ディカプリオはそのオーラ出さない。実際に今もうきれいじゃなくなってるし。

T　それこそそれに合ってましたよ。

S　だからかっこよさで勝負してないんだよね。

——そこがいいな。

T　充実の時間だった。

# SESSION8　2019.12.20　円かの杜　朝食

翌日の朝、〝むげん〟での朝食はTAKUROと二人だった。

朝の8時にきっちり朝食を共にしている二人。

TAKUROのその普通の話をしてもおもしろく、これまで続けてきたセッションでも、TAKUROの言葉がいろいろな方向に話を拡げてくれた。

**T**　俺朝と昼一緒に食べるんだけど、ツアー中は絶対、スタッフにオムレツを作ってもらって食べるんです。

――オムレツはプレーンオムレツ？　別添えのソースもすごくいけるよ。キノコとデミグラスソースの定番の。

**T**　ああ、じゃそれにします、オムレツで。

――サイドメニューもベーコン、ソーセージ、ハムから選べる。僕はベーコンをカリカリにして。

**T**　僕はソーセージが好きなんで。

――二人だけで話すの初めてだよね。GLAYが始まる頃の話なんて全く知らなかったから本当におもしろかったけど、会社に行ってたときって現場はけっこうやってたの？

**T**　やってました。で、自衛隊での研修とかいろいろやって。

――その自衛隊の研修ってのは凸版にいるときに行ってたの。

T　そうです。まず新入社員として入る。で、あと男子に女子も30人ぐらいずつ入るんですけど、男子だけは御殿場に1週間研修行って、土のうを持って10キロ歩くとかやってましたね。歩く時は親指隠すとか。

――それは凸版に入社した人がやらなければいけないことなの？

T　そう昭和の名残の気合入れみたいな。

――気合入れの研修なんだ。

T　研修。

――凸版のそれは社員としてだったの？

T　社員です社員です。その中でどこに配属されたいかみたいなのを作文で書いたりするんですけど。

――最初に凸版の赤羽支社に入ったの？

T　赤羽です。赤羽駅から。

――それは18歳の時に？

T　90年。東京来てすぐ1カ月後には19歳になりましたから。それこそヴォーカルのTERUと一緒に入ったんですけど、あいつ基本いっつもにこにこしてるんですけど、整列した時ににこにこしてたら、へらへらしてんじゃねえってぶん殴られてました（笑）。

――自衛隊で（笑）。

T　自衛隊でほんとにグーで（笑）。人が目の前で殴られるの初めて見ました（笑）。

――ほとんど軍隊の映画みたいな世界（笑）。

T　軍のほんとに鬼軍曹みたい。その中で辞めるやつとかいましたね。

——凸版の社員で？

T　凸版の社員で。

——このビーツのスープおいしいね。

T　これはうまいわ。

——すごくおいしい、これ。これは、やられるな。

T　うん。おいしい。

——SUGIZO来ればよかったのに。これだったら絶対いけるよね。

T　スープだけでも。で、その後印刷と下版、校正とかいろいろ振り分けされるんですけど、男の人はたいてい印刷のほうの地下のでっかい輪転機が回る、トラックのタイヤぐらいある紙をセットして印刷するんですけど。

——すごくでっかいボールみたいなのでしょ。

T　入社して3カ月ぐらいで5人ぐらい骨折するんですよ。間違ってあれが足の上通ると、足の甲を骨折するんですけど、ほんとに見事に3カ月で5人ぐらい松葉づえついてるやつとかいて、俺とTERUがちょっと文才あったんでしょうかね。希望の配属をなぜ僕が〝下版〟に行きたいかみたいなことを書いたんですけど、それで通って、きれいなオフィスだし女性もいる〝下版〟に配属されて、下の印刷は男しかいない地下なんですよ。良かった（笑）。みんな骨折してるし（笑）。

——映画の『メトロポリス』みたいだね（笑）。

T　目でもつけられたら、先輩に知らない間に骨折させられるんじゃないかぐらいの（笑）。

──そうだよね。その頃だったら、本当に雑誌にしろ本にしろ、まだゴールデン・エイジだから、すごかったよね。

T　そうですそうです。その後だって俺たちデビューしてからなんて、特に音楽雑誌隆盛の最隆盛の時代だから、音楽誌出したら本当30万部とかたぶんいってる。『PATi・PATi』とかいってたんじゃないかな。だから海外撮影とか全然。

──分かる分かる。だって『POPEYE』が70万部とか『BRUTUS』ですら30万部とか。だからセルジュと会ったきっかけだって、元々は『BRUTUS』の企画で、〈パリの男たち〉って特集。フランス特集やるっていう話になって、何か考えろって編集長に言われて、普通に旅ものやってもしょうがないから、フランスにいる、パリにいる僕が好きな人たちに会いに行こうという企画を提示して。

T　好きな人。なかなかの人ですけど。

──それ面白いなってことになり、それからパリで僕の仕事手伝ってくれてた人に連絡して会いたい人のリストを送り、セッティングしてもらって3週間ぐらいパリにいた。いい時代で取材費も300万あった。そのメインがセルジュだったんだけどすぐに仲良くなって楽しい時間が過ごせた。面白いエピソードはたくさんあるんだけど、セルジュと食事に行くと、今日は俺が払うって言って、昨日はお前が払ってくれたから今日は俺が払うっていう流れがあるんで僕が払ったある夜、ドンペリでフランボワーズみたいなの作っちゃうから、ひと晩の支払いが日本円にすると20万円ぐらいになっちゃう（笑）。えぇーみたいな（笑）。

T　でもオッケーって（笑）。

──でも雑誌って自分が読みたい記事があるから買うと、他のところに思いがけないものがあるから、面白いんだよね。

**T**　そうですね。高校時代って函館なんか情報少ないんで、それこそ音楽雑誌、例えば今の〝宝島〟の本がもっともっとリリカルだったときに、こんな8分の1ページのコラムで人気バンドがどうとかって、自分の好きなバンドの名前が書いてあったりとか。

――〝宝島〟ですごく覚えてるのが、当時人気のあったAV女優で朝吹ケイトっていたんだけど、朝吹ケイトとピンク・フロイドのネタで対談したことあるよ（笑）。

**T**　いやいやどんな仕事でも、フロイド好きはフロイド好きってことですから（笑）。その朝吹ケイトさんは。

――フロイドが好きだった

**T**　いいじゃないですか。

――そう。それでピンク・フロイドの企画で相談された時、もう書くのは普通だから、誰か面白い意外な人と対談したいって言ったら、宝島社が「朝吹ケイトって知ってます？」「名前ぐらいは知ってるけど」って言って、対談することになった。パッケージ見たらいい女だったし……（笑）。

**T**　ヴィジュアルで（笑）。いい、いい。問題ない。

――凸版はじゃあ2年ぐらいいたの。

**T**　いや全然、そもそもバンドをやるつもりで来てるから、ほんとに会社には今でも申し訳ないんですけど、3カ月たって故郷の母さんが倒れましたって言って、3カ月間東京を見て。

――東京を視察するためだったんだものね。

**T**　視察するために。

――入るには一番良かったんだ。

T　衣食住付いてて。

――さっきも言ったけど、売手市場の時代……

T　本当にそうです。TERUには二人同時に辞めると会社に申し訳ないから、お前は残れと。3カ月たったら辞めなさいと。ちゃんとその間にバンドが活動できるように整えておきます。ライヴハウスも探して、ドラムも探して、メンバーも探しとくと。彼シンプルなんで分かったって言ってくれて、そこから浦和の友達のアパートに転がり込んで、ライヴハウス回ったり、デモテープ持ってメンバー探して。

――完全にジミー・ペイジ型だね。

T　ああ、彼には何かしらシンパシー感じるところはあります。

――自分でヤードバーズからツェッペリンに発展させ、ニュー・ヤードバーズってのをやって、自分で契約取り、この前も話したけど、マスター・テープとかそういうものの権利を渡さないで、全部自分で管理してやってくっていうことをいち早く……

T　高校時代からGLAYやってたんですけど、バンド活動と並行してたことは、バンドの機関誌を作って無料配布してましたよ。TERUの好きなもの何々、嫌いなもの何々っていって、近所の公園とかに写真撮りに行って、それ印刷して。

――最初からそういう基盤があってやってきたんだよね。

T　そこでほんとに後々後悔するんですけど、そこにSUGIZOさんのような楽器に対する執念みたいなものがあれば、今こんな苦労せずに済んだんでしょうけど、もっとサークル活動としての……

――ああ、バンド全体のね。

**T**　バンド全体の動きがやっぱり、

――音楽だけじゃなくて、成り立ちとか物事が進んでく過程とか、つながりとかっていうことがTAKUROには重要なんだよね。

**T**　ですね。

――SUGIZOは昨日話してたように音楽仕掛け人というか芸術的な職人みたいなとこがあると、1ミリですら許せないみたいな。

**T**　そこは音楽が得意なメンバーに任せて、俺はとりあえず10円でも安いカセットテープ屋を探し、100本買ったらいくら負けてくれるかで次のデモテープの販売数を決めるっていう。で、ひたすら家でダビングする。しかもYOSHIKIさんがライヴハウスに見に来てくれて、その夜に君たち話があるから来いって言われて、恵比寿の事務所行ったんですけど、俺が最初に要求したことは〝エクスタシー・レコード〟って真夜中に呼び出されて、先輩に一気しろと言われるらしいじゃないですかと。それは嫌ですと。で、もう一つはデビュー・シングルでYOSHIKIさんピアノ弾いてくれって言った。よく言ったよね（笑）。

――その流れでSUGIZOが見に来たわけだけど、見に来た時、例のマントの話はさておいて、どんな話したの？

**T**　でもSUGIZOさん今より全然すかしてたんで（笑）。今のようなあんな笑顔は出てないですね。ああ君たちか。ほんとに漫画の男爵みたいな。

――デヴィッド・ボウイのような男爵みたいなものだよね。

**T**　SUGIZOさんが背中を真っすぐに階段下りてくる的な。コツコツ。その時にマントが長く、コートの裾が長く見えたんすけど（笑）。いやだってそれこそすごいよそ行きで、「ＬＵＮＡ ＳＥＡのＳＵＧＩＺＯっていいます」っていうので、どこまでも紳士なんですけど、なんかこの人怖いって思いましたよ（笑）。

――ＹＯＳＨＩＫＩなんかよりもそうだったでしょ？

Ｔ　恐ろしいのはたぶんどっちもどっちだと思うんですけど、ＹＯＳＨＩＫＩさんのほうがまだ子どもをあやす的なフレンドリーさが表面的にはありましたけどね。でもＳＵＧＩＺＯさんはもっとなめた回答をしたらちょっと切るよみたいなそんな、かっこいい言い方すると、刃が見えたというかあなた刃隠しきれてないわよっていう。

――眠狂四郎っぽいんだよ。

Ｔ　だからこっちもしかも急速な94年の2月なんすけど、92年のＬＵＮＡ ＳＥＡがシーンに台頭してからは、ずっと俺とＨＩＳＡＳＨＩで憧れの先輩として、かっこいいバンドとして数少ない情報をすり切れるほど読んだり見たりしてたんで、しかも当時はまだインタビューとかいっても一言も笑わないし、ＬＵＮＡ ＳＥＡのメンバーって誰も。愛想もゼロだし、そりゃイメージ的には〝エクスタシー〟ってこともあって、怖い先輩ってことがあったんで、緊張しきりで。だけどだから昨日も言ったんですけど、来てくれたこと、何もまだしがらみも別にあるわけでもないのに見に来てくれたというその行動こそがこの人だなってことで、めちゃめちゃ俺が懐くんですよ。ことあるごとに。音楽性も好きなものも違けりゃ生き方だって全然違うのに、今もこうやっていられるのは、あの頃の人懐っこい俺のおかげですよ（笑）。

――その懐くってのは具体的にどんな感じで懐くの。

Ｔ　いや例えばテレビ番組とかで一緒になると、ＳＵＧＩＺＯさんに会えたんですから、「これからめしどうっすか」。どっか何か食べに行くったら、「一緒に行っていいすか」って。

――なるほどね（笑）。

T　で、行って音楽のレジェンドたちと一緒にいて、それこそ立川さんと一緒に何を話してるのか分からないけれども、とりあえずちゃちゃ入れたり食らいついていこうと。そんなこんなで、なんだかんだで年何回か濃密な時間を過ごしてましたね。それこそ決定打は97年にSUGIZOさんがロンドンでソロ・アルバムやってたとき、遊びに行きますねって。そこから10日ぐらいSUGIZOさんの家に居候してて、娘もあやしながら、後の代表作になる『HOWEVER』って曲作りましたよ。

――なるほどね。

T　SUGIZOさん「晩飯食おうよ」って言って、分かりましたじゃあ娘ルナあやして待ってますって言うんすけど、帰ってこないんすよ（笑）。朝4時ぐらいに「TAKURO」ごめん行こうか」って。「やだよ」って（笑）。「やだよ、寝てますよ」って（笑）。で、SUGIZOさんちにロンドンに10日間いて、そこから今度ニューヨークに初めて行くんですけど、その時レコード会社が「TAKURO、コンコルドって知ってますか」って。「いや知らないです」って。「乗ってみませんか」って。

――コンコルドが飛んでた頃だ。

T　飛んでるんすよ。

――97年。

T　ロンドンからニューヨークまで3時間で着いたんですけど、片道たぶん300万とかかかるんですよね。でも朝着くんですよ。ホテル、チェックインできないんですよ。それだったら普通で良かったですよ。普通に昼ぐらいに着いてくれた方が。でっかいスーツケース持って、マンハッタンうろちょろしましたよ。SUGIZOさんの家でいろいろと曲想というか着想を得て、その後バンドは飛躍しましたけど。ドラムンベースっていう音楽にSUGIZOさんが挑戦してて。

——あったあった。

T　難しい音楽だなって（笑）。サビはどこですかって聞いたの覚えてますね。

——SUGIZOってドラムンベースとかトランス系とか好きだよね。

T　好きですね。うちのギターの人もそうなんすけど、好きなことやんなよって言うと、すっごいマイノリティーというよりちょっととっつきづらい音楽をSUGIZOさんもHISASHIもやるんですよ。バンドになると、めちゃめちゃポップになるのは何なんでしょうね。

——でも割とそういう人多いじゃない。

T　このポップマンの俺が「ベタだな、そこ手出す？」っていうぐらいポップになるんですよね。

——ああ、ソロやると。

T　ソロじゃないバンドに提出する曲とかフレーズとか。間取れないかな（笑）。

——それってちゃんとポップ的なものを統合して、いい意味で商業的に成功してる人たちが、どこかでインテレクチュアルなものに対する何かを、俺だってこういうのできるんだぜみたいなことでやってみたい気持ちがすごくあるんじゃないの。

T　そう。HISASHIのは分かるけど、SUGIZOさんって心からノイズをやってたりするじゃないですか。内なる宇宙は広いな（笑）。

——そういうふうに考えたら、ビートルズがアップル・レコードつくったときに、ジョージ・ハリスンが最初に出した2枚の電子音楽のアルバムすごいよね（笑）。

T　電子音楽でしたっけ。

——うん。

T　「While My Guitar」も作ってたでしょうし、いろいろやってたけど、まだ自分の中では、変な言い方するとシタールのほうにいけば、ビートルズの他の人には付いていけないわけだから、そこはいい悪いもない。治外法権じゃないですか。やっぱりポップで勝負するとどうしても比べられちゃう。そういう意味ではまだあれでジョージ・ハリスン25、26歳。まだ迷ってたんすかね。

——でも「While My Guitar Weeps」を作って、その後はシナトラが一番好きなビートルズの曲って言った「サムシング」作るわけでしょ。そういう意味ではほんとにあの二面性っていうのは面白いよね。

T　その感性に近いですよね。シタールやって「サムシング」作るのと、ドラムンベースやってLUNA SEAで「DESIRE」書くっていう。

——うん。

T　昨日もちょっと触れたんですけど、今度SUGIZOさんに聞いてみたいことがあるとしたら、サウンドとかそういった面としての音楽作りはよく分かったんですけど、対作詞というか言葉に対してはどうなのかなと。

——ああ、そうだね。

T　昨日は個が見えづらい、ＬＵＮＡ ＳＥＡとしての性格がアルバムの中で言葉を放っているけれど、その分共感型ではない。誰か一人の失恋話とか絶望話から出てくる感じではないので。でも洋楽好きの人は得てして、日本語ってものに対して、かなり無頓着というか。

——だけどそれこそ今言ったけど、ＳＵＧＩＺＯもそうだと思うんだけど、50歳というところで考えると10代が勉強で、30代40代ってやってきて50ぐらいから、完成度とかある作品性みたいなことになっていくときに、一番やらなきゃならないことだと僕は思うのね。日本語で本当にかっこいいロックっていうものを作るべきだと思う。ＳＵＧＩＺＯと二人で話したことがあるんだけど、ＬＵＮＡ ＳＥＡの時のＳＵＧＩＺＯとＳＵＧＩＺＯのソロをどちらも見に行くと、ソロの時ってあまりにも言葉とメロディーがないんだよね。

T　そうですね。

——僕はなさすぎると思う。全部に分かりやすくするって意味じゃないんだけど、あそこまでトランスっぽく演った中に例えば詩の朗読みたいなものが入ってきても、いいかもしれないし、そこに例えばアカペラの歌が入って、それがビートでさく裂して、言葉が映像でいえばひらがな解体されて、そこに溶けてるみたいなものをＳＵＧＩＺＯだったらできるはずなのに、トランスで飛ばしていくだけじゃなく、そろそろ次のステップに入ったほうがいいんじゃないかって思う。やっぱり言葉ってすごく重要だもの。今回話しててもＴＡＫＵＲＯが曲書くときに言葉って大事だってすごく言ってたよね。

T　はい。

——ＳＵＧＩＺＯからは言葉ってのはそれほど伝わってこないんだよね。

T　そうですね。だからファースト・アルバムから現在のニュー・アルバムに至るまで、いわゆるあれだけクラッシュ&ビルドな人たちなんだけど、言葉に関してだけはめっちゃ今までの日本のポップスのテンプレートから抜けない。「光差すほうへみんなで歩んでいこう」みたいな、強く抱きしめて壊れる行為なんていうような、そこはもっと醤油がこぼれて君の髪が揺れたとかでいいじゃないですか。だからそこに唯一破綻がないとしたら。

――日本人の言葉ですごいなって思うのはユーミンなんですよ。

**T**　そうですね。

――完全に映像が浮かび上がるところとか心情の表現の仕方とか。

**T**　「ふるさとの両親がよこした手紙のようなぎこちないぬくもりほど泣きたくなる」。これ上京した俺に刺さりすぎて、すごいなと思った。そうですね、ユーミン。

――ちょっと別格な感じでもう、言葉とメロディーと、あの独特な自分で編み出した歌唱法とバランスが取れてて。

**T**　自分ボーカロイドみたいな感じですもんね。

――日本のホーミーみたいなものかな。

**T**　もしくはエルトン・ジョン的に言葉の芸術家と組むみたいな。

――うんうん。だからイギリスのアーティストって多いよね。例えばエルトン・ジョンがバーニー・トーピンと組んだり、ゲイリー・ブルッカーがキース・リードと組んだり、ロバート・フリップがピート・シンフィールドと組んだり。

**T**　ギルモアも奥さんですよね。

――ポリー・サムソンね。そこでおもしろい話がある。彼女が言ってるんだけどギルモアって言葉に欠陥がある人なんだよ。だからあの人のギターはあそこまで雄弁だと。

T　ロジャー・ウォーターズは言葉とコンセプトが重要だと思ってる。ピンク・フロイドってほんとにバンドだったんすね。

――うん。だからギルモアは今の奥さんと一緒になって『オン・アン・アイランド』とかあの辺のやつやった時に、すごく曲のクオリティー上がったもんね。前のファーストとかその辺だと、ピンク・フロイドになれないジョーカーズ・ワイルドの流れみたいでちょっと作ってみました系でしかなかったんだけど。昨日の普通の幸せな一般的な生活を送ってきた人は普通でしかないという話の続きでいうと、ギルモアのドキュメンタリー観てわかったんだけど、お父さんが科学者なんだよね。

T　もうイントロがいい（笑）。

――ノーベル何とか賞取るような、ブリリアントな。お母さんはBBCのディレクター。で、両親とも完全にヒッピー世代。子どもは自分たちで産んだからかわいいとは思ってるけど、自分たちのやりたいことが大事だから、ギルモアとお姉さんの二人は寄宿舎に入れられちゃうんですよ。

T　寮ね。

――寮。学校のね。で、両親と会うことはほとんどなかった。いろんなプレゼントとかもくれるけど、たまにも会いに来ない。

T　会えば会ったで破天荒な世界の話が。

――うん。それで16歳の時に、ギルモアがちょうど15歳から変わる時に、お母さんがBBCを辞めたんだ。これで自分はうちに普通に帰れるのかなと思ったら、二人でニューヨーク行っちゃったの。その後16歳の誕生日の時に送ってきたのが、ピート・シガーの教則本のレコードとボブ・ディランのレコードだったという凄い話。僕にはなるほどだった。

T　なるほど。
――人生変わるよね。見た時に思わず吹き出しはしなかったけど、すごいなと思った。
T　できすぎですね。その後のキャリアを考えると。
――うん。で、ロジャー・ウォーターズはロジャー・ウォーターズで、第二次世界大戦の時にお父さん戦死しちゃってるし……。
T　そうなんですか。
――うん。だから『ウォール』の後に作った『ファイナル・カット』って、ピンク・フロイドの中では売れなかったんだけど、実はよくできてるいいアルバムが、完全に自伝的アルバムで、暗すぎる内容。それでメンバーとほんとに決定的になっちゃった。
T　それはある意味自分のトラウマ的なものを。
――受難をさらけ出して。
T　うんうん。
T　ほんとに。そういえば昨日SUGIZOさんと1時間風呂入ってましたよ。ほんと入る芸術ですよね。
――うん。喜んでもらえてよかった。絶対SUGIZOに仕上げは〝円かの杜〟だなって言ったのは正解だった。
T　何かしら、皆さんには恩返しを考えます。
――ちょうどここに来てやった3回と、三人でご飯食べながらやったセッションだと、テンション違うんだよね。スタジオが違うとノリが違うみたいな感じで。最後はここだと、ぐっと広まる感じがしたの。だからあとはもう一回最後にそんなに長くないけど、足らないとこちょっと補うようなところ詰めるといいかなと。

T　ほんとヴィジュアル系というものが日本で独自に誕生し、YOSHIKIさんは先駆者過ぎて、しかもヴィジュアル系というものが花開いたときにはもう日本にいなかったっていう。そこをLUNA SEAが背負っちゃったんだけども、INORAN君とかJさんはそれ言われるのが嫌で、美しさっていうところに距離を置くんですよね。で、RYUICHIさんは好青年。その中でデビュー以来ぶれずにいたせいで背負わされたという。しかも本人はその資質は真逆なのに、世の中は関知しないんですよね。本人がどう思ってるか、そこがたまらなくある意味面白い構図でもあるし、これだけ芸術に人生注いでるのに軽いレッテル貼られて、軽く見られて、さぞ大変だっただろうって今日分かりましたよ。

――あれは昨日TAKUROが、インタビューの一発目切り込んだ時、セッションでいえばちょっと引っかけたフレーズをやって、SUGIZOが完全に乗ってきた感じがすごかったよね（笑）。

T　あなたもう実力もいろいろとあるんだから、Yahoo!のでっかいインタビューでヴィジュアル系は差別用語とか吐き気がするとか、言葉がきついと。

――うん。でもあれでちょっとあおりを入れて始まったセッションは、白熱したね。今回のずっとやってきたセッションの中でのハイライトの一つだよ。

T　そう。大きな話とかシリアスな話はいっぱいしてるんだけど、キャッチーかつみんな興味があるやつ（笑）。

――それまでのは、ジャズの音感的なことでいくと、混沌とした、カオスな状態にはなってなかったんだけど、昨日のあれはほんとにケイオスな感じがすごくあって、あれはすごく面白かった。

**T**　アルコール中毒のトークセッションみたいな（笑）。

——1枚のアルバムだったり、1本の映画だったりすると、どっかに1個芯が必要だとすると、TAKUROとSUGIZO彼らの話をしてるっていうのがすごくいい。

**T**　いやそうですか？　そんなそんな。

——昨日話したけど、考えてみれば、二人がまだ2歳とかそのぐらいの時に、僕はデヴィッド・ボウイが出てきたのをリアルタイムで体感して、本人とも会ってるから、僕から見たときの日本のヴィジュアル系の[illegible]を感じていたし、その中にいる本当の人たちとの考え方っていうものが2つの歳の差で[illegible]で違うのかというのがすごく面白かった。

**T**　でもあれだけ渦中にいるから、不思議なことに2歳の差ないしは世の中が理解できないものをただ理解しようとして、その辺に落ちてたヴィジュアル系って言葉でもって、SUGIZOさんないしはLUNA SEAを見ただけであって、2年後の俺たちのときはもう落ち着いているんですよ。落ち着いてるよりかパッとHISASHIを見ると、髪が青くてメイクして立ってるから、これって世の中的にはヴィジュアル系だよな。それは俺たちにもそんな素養があるからまあいいかってなってるなか、同じデビュー組でもL'Arc～en～Cielのtetsuya君は、それこそ『ポップジャム』っていう番組で差別用語だっていって、番組をボイコットしてしまった。でも2歳年下からしてみれば「そんなに怒らんでも、誰が何と言おうとよくない？」っていう意識は一つ世代下としては、2個下としてはあるんですよね。

——一番最初に男がアイシャドーをするとか爪を塗るとかっていう行為が、日本ではおかま・ゲイって思われたのが60年代であったり、70年代の頭で、イギリスは60年代の何年かでは犯罪だったんだから。ゲイって。

**T**　みたいですね。びっくりしましたよ。

——そう。それで前にも話したけどデヴィッド・ボウイが自分がバイセクシャルだって『ジギー・スターダスト』のプロジェクトをやるときに発言するんです。イギリスの新聞のインタビューで。ところが後で聞いたんですよ。あれ何で言ったのって聞いたら、あのぐらい言わなかったら、自分がやってることは一般社会には伝わらないんだって平然と言い放つ。だからそこは完全な計算なわけ。

**T**　自分の人生かけた危ない計算ですね。

——危ない計算だよね。日本だって今は普通にバイの人とかゲイの人が大手を振ってテレビに出てるけど、極端なことをいえば70年代までは隠花植物みたいなもので、単に出たとしても深夜の番組でいじられて、青江のママとかカルーセル麻紀とかがいたときと比べたら、全く世の中が変わっちゃった。だからヴィジュアル系が台頭したときも含め日本の文化史を作り、誰かが解読したら面白い流れがあるような気がするんですよ。

**T**　いつの世もおじさんという存在は自分の分からないものに対して、分かったような解釈をするじゃないですか。それこそまず最初は恐れなのかな。例えばほんとに空港のラウンジで地上係員の人を怒鳴ってるおじさんとか。

——うん、そうだよね。

**T**　それ女性にはあまり見られない性質の中で、イギリスの時もたぶん一番ゲイだおかまだって騒いでたのはおじさんのような気がする。

——絶対そうだよ。でもまた自分がそうだったりするんだよね。

T　今度。で、悩んで（笑）映画になるわ（笑）。

——僕読んでないけど、ゲイが文化に及ぼした大きな功績みたいのをまとめた本があるんですよね。新しいところではエルトン・ジョンもそうだし、イヴ・サン＝ローランもそうだし。

T　ファッション業界に多いですよね。ほんとにトップのヘアメイクさんたち、カメラマンはまあまあの確率で。

——ピーター・バラカンと『ハード・デイズ・ナイト』の映画を上映して、二人でトークイベントやった時に、ピーターが当時のBBCのディレクターのほとんどがゲイだったって教えてくれた。映画の中でビートルズのメンバーがからかう時に破れたセーターを着たディレクターはゲイだから誰もそういうことを構ってくれる人がいないからとか、リンゴがスタジオに来なくてオロオロするシーンがあるんだけど、その感じが完全にゲイ。僕もそうだったけど。日本の人はまず分かんなかっただろうね。

T　やりとりの面白さと悲しみみたいな。

——そうそう。

T　それそのセーターをファッションとして破ってるんですか。

——じゃなくて、穴が空いてるセーターを直してくれる人がいないわけだよ。

T　なるほどなるほど。

——奥さんがいたらほつれてるの直してくれるのにっていうところのゲイの悲哀がすごく出てて。

T　ゲイカップルっていうのもまだ今ほどポピュラーじゃないんですか？

——全然全然。それでだから一人でおどおどしながら、本当にそれは僕が今度いずれ今やりたいと思ってることがあるけど、映画で言うと、「もう困っちゃうわよね」って言いながら、ゲイディレクターが歩いてるんだよ。でも日本語の字幕だと「リンゴはどうしたんだ」ってなってるだけ。

T　そこはそういう描写です。

――それはすごく面白い。おどおど感が。リンゴ・スターが警察に捕まっちゃって来ない時のスタジオでのやつが、みんなゲイなんだよ。

T　そこを踏まえて訳せるほど成熟はしてなかった。

――してない。いまだに成熟してないんです。今度やろうと思ってるのは、今吉本と仕事してるんだけど、今度閉館した有楽町のスバル座を吉本がコントロールする劇場になる。だから吉本新喜劇なんかやらないで、映画をベースにしたお笑いとエンターテインメントをやりたいと思ってるんだけどやってみたいのはライヴ吹き替えシネマ。

T　活弁じゃないですか。

――活弁ですよ。活弁の現代版。

T　いいですね。

――例えば『グリーンブック』って映画あったじゃない。

T　観ました観ました。

――あれはたぶんロスにいるから分かると思うけど、しょうもない白人とそれこそSUGIZOみたいなノリのスタイリッシュな黒人のあの対比が面白いわけ。

T　面白いですね。

――あれはもし吹き替えでやるんだったら、「お前ロイクのくせに何かっこつけてんだよ」。「何であなたはそんな乱暴な口のきき方するんだ」。「うるせえなお前」。「フライドチキンなんで手で食べるんですか」。みたいな感じだから。

Ｔ　そのニュアンスですよね（笑）。
――そのニュアンス。興味があったから吹き替え版ってのも見たんだけど普通なんですよ。声優の吹き替えの人。それを吉本の芸人にやってもらう。ダイノジの大谷君とか……があの乱暴な白人を……
Ｔ　ぴったり（笑）。
――ね。それで誰かに黒人役をやってもらって、そのまんま当て振りでやったらすごく面白いと思う。
Ｔ　面白いだろうな。
――『レインマン』もコメディーなんですよ。あれはトム・クルーズとダスティン・ホフマンで、ダスティンがちょっと訳し切れちゃったほうで。
Ｔ　だけどだけど……
――そう。ああいうの選んでやりたい。
Ｔ　それすごい。ライヴでだよね。
――そう、ライヴで。ライヴ吹き替えシネマっていうのを。そうするとそれは権利に関係ないから、映画会社に話し通しての上映だから、ＤＶＤとかそういうのでもないし、本国の許可もいらないし。あとははっちゃけてる芸人を選んで、〝イージー・ライダーズ〟っていうユニットをつくろうとか（笑）。
Ｔ　デデデデって。
――「ボーン・トゥー・ビー・ワイルド」が流れるなかで出てきて、完全に社会風刺の極致みたいな。

T　日本の笑いの中で唯一ないような。そうですよね。

——でも昔はコロムビア・トップ・ライトなんて僕が子どもの頃なんか、テレビで平気で「岸を倒せ」とかってやってたんだから。ああいう人いなくなっちゃったよね。

T　今回僕『NO DEMOCRACY』ってアルバム作って、タイトルソングが「本日をもちましていい人を辞めました」って歌い出しから始まるんですけど、「冗談は顔だけに」とかそういう歌詞を次から次へと書いて、本当に楽しく書くんですけど、「元号」っていう曲も入れて、「かつて兵士たちは玉砕しました祖国の夢とともに」みたいな。でもそのぐらいでミュージシャン仲間から「大丈夫?」って言われるんですよ。いや大丈夫に決まってるもん。だけどこの歌詞で心配される世の中になっちゃったのか。

——そうだよね。そういうふうに考えたら、60年代のボブ・ディランなんて「戦争の親玉」とかすごいもの書いてるし、あと今だから誰かがやったらいいなと思うんだけど、ジョンとヨーコの「ハッピー・クリスマス」あるでしょ。あれって当時ビデオクリップが当然作られたけど、それ全部世界の戦争の時の死体の映像とかニュースの映像が……

T　そんなショッキングでしたっけ。

——凄い映像が全部出ちゃって、そこにハーレム・クワイアのコーラスにちょっとだけジョンとヨーコが出てきて、基本的にはそれでずっとあの歌が流れるときのコントラストがすごかったんだよね。

T　それでたぶんお客さんのほうも意識が高まり、俺はロックから一つでも知らないことを学んで、なるほどっていう意識で10代の頃聞いてたけど、今は見たくないものを見せるなっていう大義です。オッサンたちが。

――そうだよね。聞きたいものだけをやれとか、若い子たちの聞きたいものだけ自分たちが好きな何々ちゃんの曲を聴きたいとか、ヴィジュアルがすてきな人が歌ってるラヴソングとかっていうことになっちゃったんだよね。

T　インタビューでも好きなものばっか食ってないで、栄養のあるもんも食えって言ったんですけど、あと赤塚不二夫とかに代表される意味の放棄ってあるじゃないですか。意味の放棄ってとってもロック的で面白いのに、そこに意味が分かんないって言って拒絶してしまう傾向にあるのがすごくもったいない。意味なんかなくたっていいのに。

――それはほんとにアメリカの悪影響なんです。アメリカ人って必ず結論を求めて、曖昧な結果って嫌いなんです。最近はもうそんなことなくなっちゃったけど、ほんとに70年ぐらいまでは同じ映画でもヨーロッパオリジナル版とアメリカ公開版とエンディングが違う映画とかあって。

T　もやもやしたままで終わるのがヨーロッパなら、もやもやしないんだ（笑）。

――そうそう。

T　私分かるわって言ったら出ていくなり、キスで終わるなり（笑）。

――ベルトルッチの『ルナ』って映画があって、すごく崩壊した親子の物語で、ラストシーンがトーマス・ミリアン演じる父親と息子が会うところで終わるんだけど、オリジナルのヨーロッパ版は野外音楽堂みたいなところで息子の座ってる隣にトーマス・ミリアンが座って、オペラ歌手のお母さんが歌ってるアリアがバーって流れて、エンドマークが出るんです。ところがアメリカ版、おやじがびんたするんですよ（笑）。びんたして抱き寄せるんです。これって違うじゃんって（笑）。

T　アメリカの市場意識して、もう一つのエンディングを作った。

――そう。

T　それなんか違うなと思いながら監督も撮ったんでしょうね（笑）。それは面白い（笑）。

――それからヨーロッパ版だと、ルイス・ブニュエルの『トリスターナ』って映画は音楽がついてないんですよ。一切。

T　要らないと。

――頭に教会の鐘の音とか農作業してる。それ日本だとわかりづらいんで愛のテーマみたいなものが作られてしまった（笑）。

T　持たないってことなんすね、間が。

――そうそう。アメリカ人ってそういう意味ではすごく全体主義だね。だってほんとに安心できるものしか食べないもん。最近はずいぶん変わってきたけど、僕なんかは60年代ぐらい、バンドやってて米軍基地とか出入りしてた時、本当にみんなこんなステーキと。

T　ステーキと付け合わせのフレンチフライと。

――毎日食べてても飽きないっていうのがすごいなと思って。

T　食に対する意識というか、向こうに住んでると、知り合いに例えばネット界で成功したYouTubeの流れの会社があって、その社長っていうそれはそれは丘の上の豪華なおうちに呼ばれて、ホームパーティー何持ってったらいいんだ。とりあえず服はちゃんとしようシャツは着よう。で、シャンパンは特上のやつ持っていって、お呼ばれするんだからって、行ったら社長が来て、「おおよう来たよう来た上がれよ」って、庭でみんな待ってるよって言ってくれ、庭に10人ぐらいいるんですけど、でっかいピザとサラダだけで乾杯（笑）。1枚がホームベースぐらいあるピザがドーンってあって、サラダがドーンってあって。

──あと下手すりゃバドワイザーだけみたいなやつでしょ。

**T** バドワイザーだけで、ワイン持ってきたんでって。日本とかだったら5品6品あるじゃないですか、ホームパーティー、こんな豪邸のホームパーティーだけど、そこは別に。

──だからニューヨークのスーパーミドル以上のやつは、すごくLAのやつを馬鹿にするんだよね（笑）。

**T** なるほど。あれは衝撃受けちゃうもん。

──うん。ニューヨークのちょうどセントラルパークの前あたりのとこに続いてる、あのいわゆるアッパー系の人はほんとはロスっていったら、田舎の、半分メキシコ人みたいなふうにしか思ってないんだよ。

**T** そうかもしれません。田舎かなくてそうしてるわけじゃない。けちでもなんでもない。

──そう、けちではない。

**T** 彼らは別にそのことに対して何とも……

──うん、思ってない。

**T** よく来たねっていう。

──そうそう。歓迎っていうか、もう関係ないんだよね。

**T** 本当にびっくりして笑。

──そして家の建物のテクスチャーがすごく安くても豪華に見えるように造るでしょ。あれはイーストとウエストの違いはすごい。

**T** それいったら、本当ロスは田舎ですよ。

──うん。でも僕ロスのあの品っぽい感じは好きなんだよね、ニューヨークも好きだけど。

T　ニューヨークは何かやんなきゃって感じになるけど、ロスはいちいち電気換えるだけでも何かやったたって気になる。

——サンタモニカ・ビーチ行って、日本の倍ぐらいあるかもめを見てるだけで、幸せな気持ちになりますよ（笑）。

T　それニューヨークではそうはいかないですもんね。

——うん。行きましょうか。

T　はい、ありがとうございました。

# SESSION9　2020.2.12

——箱根のセッションは思った以上にいい感じだったんだけどとりわけヴィジュアル系の話が面白かったね。ヴィジュアル系っていうのを三人で分析して。ダーク・ファンタジーのこととか、同じメイクしてても、清志郎は歌っていることが普通だから違うんだっていう話が出てきたりね。じゃあ、今日もするするっと始めるけど、今までのセッションをチェックしてみるとTAKUROは詞の話をけっこうしてるのね。

T　はい。

——そうするとSUGIZOに聞きたいのは曲を作るときって、詩とメロディーどっちが先に出てくるの？　ものによる？

S　僕は全然詞は出てこない。詞を書いてた時は、詞はあとからだった。TAKUROは一緒に出てくるんでしょ？

T　同時です。ほぼほぼ。

S　だから、詞が楽曲の魂だとしたら、曲そのものっていうのは楽曲の身体なんですよね。アレンジっていうのは楽曲の服装なんですよ。そういう感じなの。俺は最初に身体ができる。魂はどこかの段階で合体するんです。例えば子どもが子宮の中にいます。間違いなくどこかのタイミングで魂が入る。

T　面白い考えですね！　最初は心があるかどうかなんてわからないですもんね。

S　最初はただの肉の塊。容れ物が成長してきて、真の魂、もしくは心、要は、物質的じゃないものがどこかで宿って生命になっていくと僕は思っていて。

――面白いね。

T　その考え方自体が面白い！

S　作曲というのは僕にとっては肉体。

T　でもインストゥルメンタルっていうジャンルも、間違いなく確立されているので、曲と詞の関係っていうのは、本当にそれぞれというか、俺らのようないわゆる商業音楽、ロック、ポップスっていう、歌モノですよね。歌モノの曲を作るときは、それこそ〝同時に宿る〟かなあ。ラララでつくったことないですもん。

S　それがすごいよね。

T　実際医学的に、心はいつ肉体っていうか赤ちゃんに宿るんだろう。

S　それ謎じゃない？　受精した段階で人格はあるかっていったら、それはない、と思うんだよね。

T　双子が生まれる前提で、残念ながら一人がもう一人に吸収されるっていうときもあるじゃないですか。そのときに一瞬でも心は二つ存在したのかどうかっていう。これは完全に医学とかスピリチュアルの話になっちゃいますね。

S　どこか進化の段階で物理的なものとスピリチュアルなものは融合するはず。宗教と科学が融合すると言われているように。

T　それを曲作りに例えるっていう。それがSUGIZOさんの中で同居してるんですもんね？

**S**　立川さんの質問に対する、作詞作曲に関しての場合ね。自分の場合はインストゥルメンタルも多いじゃないですか？

――うんうん。

**S**　インストゥルメンタルはどうかというとそういう物ではなくて、ただ、言葉がない音楽でもメッセージや意志は必ず宿ると思ってて。

――インストゥルメンタルは言葉はないけど、今TAKUROも言ったように、逆にイメージはすごく広がっていくわけだから、森のなんとかってなったら、歌詞がある以上に深い意味合いを感じることもあるし。SUGIZOの曲って聞いてると、そういう面を感じるんだよね。

**S**　そういう感覚でやっていたし。あらゆるクラシックの作曲家がそうだったと思うし、ジャズ・ミュージシャンでもね、ジャズ・ヴォーカルものは別として、いわゆるジャズ・ミュージックっていうのはインストものが多いわけだし。必ず作り手やある意味奏者の意志や魂やらメッセージは強烈にあるわけで、マイルスもその多くがレイシズムに対する反逆だったわけ。音楽そのものが、そこが音楽の、僕が思う魂や心だと思う。

**T**　SUGIZOさんのインスト聞いてると絵画的というか一枚の絵。

――そう。映像っぽいんだよね。

**T**　絵にタイトルをつけろっていうのは、これも極めて絵画的で。例えばモネ。睡蓮でしたっけ？　たしかに睡蓮だなって見ればね。もっと抽象的なタイトルをつける作家もいますよね。なんかそうだな、究極をいうと、その美術に対してタイトルなしっていうのも。

――UNTITLEDっていうのも美術の作品だと多いよね。音楽でいうとクラシックなんか作品第何番とか。

**S**　まあ、そうですね。

――ポピュラー・ミュージックは、基本的にはタイトルつけるね。

**T**　つけますし、さっきの赤ちゃんつながりでいえば、名前に引っ張られるていうのもすごく大きい。じゃあそうだな、「剛」と書いて「つよし」と付けるということは、質実剛健であれとか強くあれっていう思いがあるし、そうなると無意識に子どもも反応するだろうし。優しい名前をつけるっていうのは優しい子になってほしいからだろうし。自分の名前に引っ張られる生き方みたいなのをたくさん見てるから、SUGIZOさんがインスト曲につけるイメージないしはかっこたるタイトルって、受け手としては、入り口としてドアとしてとらえますよね。

**S**　タイトルから引っ張られて曲ができることもあるでしょ。

**T**　もちろんありますよ。誰もいない公園を見て、「ああエンプティ・パークか。なんて詩的なんだろう」と思ってそこからメロディが生まれることもある。「誰もいない公園、それだけで歌になるなあ」って。だから散歩が好きなんですけどね。曲と歌詞が同時に浮かぶときはだいたい散歩中だったりします。

――いい意味で降りてくるみたいなことがあるんだ？

**T**　降りてくる……そんなカッコイイものではなかったですね。昔そういうミュージシャンの人たちのインタビュー見て、マジかよなんて思ってましたけど、もうちょっと自分の少ないボキャブラリーをこすって。

**S**　こするんだ（笑）。

**T**　こすってちょっといぶし銀な輝きを見せたときに、「あ、これは歌になる」って。ある意味商業的な音楽としてそこまではいけるなって確信することはあっても、勝手に降りてくるはなかなか。

——面白い話なんだけどセルジュ・ゲンスブールとある晩出かけたときに、いつもだったら夜中まで遊んでるのに、12時くらいになったら、ちょっと今日先に帰ってるからっていうわけですよ。「なんかあるの？」って聞いたら「宿題があるんだ」っていうわけ。「明日の朝までに曲を2曲書かなきゃいけない」っていうから「大丈夫なの？」って聞いたら、「いや宿題だから。できるんだよ」っていうわけ。

**S**　要するにその日の夜に初めて作り始めて、次の日の朝にはできるってことですか？　いいですよね。すごいよねえ。まずゲンスブールとそうやって遊びに行ってるのがすごいですけどね。

——レゲエ・アルバムあったじゃないですか？　セルジュの『星からの悪い知らせ』っていう。あれなんかも聞いたら、すごいのは、たまたまジャマイカのスタジオが空いたんだって。スライ&ロビーとミュージシャン付きで。そんな連絡がセルジュのずっとレコーディング・ディレクターをやっていたフィリップ・ロリシャムのところに、連絡がきて使わないかと打診があって、セルジュに言ったら「やりたい！　俺行くよ」ってなったんだけど、行く段階では一曲もできてなかったんだって。ジャマイカに行く飛行機の中で書いて、向こうで一週間で録音して、発売したら50万枚売れたっていう。

**S**　すごいねえ。でもわかりますけどね。ジャズ・ミュージシャンの多くもそうだし……

**T**　ジャズのアルバム作るときは、それに近いというか、ミュージシャンの比重が高いというか、インスト2枚しか俺作ってないけど、モチーフが一個あればどんどんできてしまう。

S　そこから演奏で拡げていくからね。

T　そうそう。それは驚きであり、大いなる発見でしたね。

――歌ものとインストものとはアプローチは全然違うものでしょ？

T　簡単にいうと、もともと俺の詩曲のスタイルはフォーク・ソングでスタートして、ロック・バンドの服を着せるだけだから

――さっきのSUGIZOのアレンジは服だっていうので言うとね。

T　アレンジでロックの体はなしてはいるけど、自分の一番パーソナルなところを開放していくのがGLAYだとして、「Journey without a map」のほうは、そこにいるミュージシャンとの戯れみたいな。例えば、この4つの音があって、これで面白いことしようよっていう。そこにテーブルゲームがあってミュージシャンと遊ぶ感じ。それで音楽は、十分だと思います。とくにインストでいうと。

――なるほど。でもそれは、それぞれLUNA SEAっていうグループをやっているSUGIZOとソロをやっているときのSUGIZO、GLAYをやっているときのTAKURO、ソロのときのTAKUROが、それぞれ自分の中でまったく立ち位置が違うってことだよね？

T　それこそSUGIZOさんの去年の生誕祭ですか。SUGIZOさんがそのソロにかける思いとか、そこに込めた祈りみたいなものを、ある一つのジャンルとして SUGIZOというジャンルとして成立するとして。自分がソロでギターインストのジャズやるときは、もうちょっと遊びに近い。音で遊ぶ。例えば、グラント・グリーンの「Jan Jan」のキーでこ

んなやつやりたいな、みたいな。

**S**　実際に音で楽しんでるってことだよね。音楽の本来の在り方なんじゃない。

**T**　はい。実は最初の2年くらい、自分のインストはお金を取らずにやってたんですよね。ラジオの公開録音っていう体で、何曲か聞いてもらうっていう。ある時から、プロ25年のキャリアをもってして、これはお金を取れるなって思ったときから有料にした。その前までは遊びに付き合ってもらう、みたいな感覚で。やり続けることによって、それこそMORRIEさんにも言われたんだけど、音楽で聴かせるのと同時に、語っても聞かせたらどうだろう、と。今自分の人生が、ある意味メッセージだとしたら、こんなに歌詞を書く男だけど、ソロやるときは歌詞がない。その代わりに講談師みたいに面白いコトができるんじゃないかっていう。歌の熱量と同じくらいに、合間合間で語るっていう。

**S**　ファーストのときはそこまでなかったよね。セカンドからのスタイルだよね。

**T**　自分を通して何か爪痕みたいって、自分が生きた証しをって考えたときに、音楽を飛び出したいってのもありますわ、自分のある意味メッセージを。それをドンとやるとGLAYになるだけなんだけど。

**S**　ロックバンドの体になったね。それを表現したい内容ってのは、実は核心はあまり変わらなくてGLAYというバンドの体で歌ものとしてやり、TAKUROのパーソナルなインストゥルメンタルで、メッセージは語りでやるということね。

**T**　あと、この間私たち夫婦で初めて、バレエというものを見に行きまして。熊川哲也さんの、なんと「白鳥の湖」。チャイコフスキーですか。子どものころから慣れ親しんだ音楽なので知ってるし、物語も見やすいしってことで行ったんですけど、やっぱり音とバレエが組み合わさると俺の中ではもっと魅力的なものになった。音だけより、何が言いたいかというとインストゥルメンタル音楽を芯から楽しめる人って、実は、あんまりいないのかな?っていうのも一つ。映像であったり、バレエであったり、芝居であったり、まあ何かしら僕の場合は、ブルース聴きに行ったり、ジャズ見に行ったり、演奏を楽しむのもそうだけど、合間合間に、あのそれこそ無声映画の活動弁士みたいな、ただ音楽を聴かせる、ただ音楽を聴かせるっていうと失礼になるかもしれないけど、自分にしかできない何かプラスアルファをしたいなと。それがまあ…

——インストのね。

T　インストに例えばSUGIZOさんの生誕祭とかだったら、自分の音楽を聞かせるプラスそこにいる人たちは間違いなくSUGIZOさんのこと好きな人たちだろうから、そこにSUGIZOさんとのエピソードを、ただのMCではなく、もうちょっと昇華した感じで、エンターテインできないかなあと。

——あれはちゃんとそういう感じしてたよね、うまく。

T　そういうのが自分の中でのソロなんだっていう感覚は育ちつつあるなあ。

——なるほど。今のでいうと、SUGIZOはH・アール・カオスのダンスのための音楽とかいろいろ書いてるじゃない。それはやっぱり自分のソロとは違う?　辻仁成さんの芝居の音楽とかもやってるじゃないですか。トランス系のソロとは違うものっていうのは、違うジャンルっていったら変な言い方だけど、違うものとして存在してるの?

S　実はもともとサントラをやりたかったんですよ。子どものころから。バレエのためダンスのため舞台のため映画のためっていうのはある意味同じくくりで。映画の監督からバレエ演出家からオファーがあることって、それって、それこそ100年前ならディアギレフがストラヴィンスキーに発注するのと同じことですよね。チャイコフスキーもそうだし。結局バレエ作家がいて、その人物が作曲家に依頼するのって、実は同じことなので、H・アール・カオスの音楽を書いてるときも、映画の音楽を書いてるときも実はおそらくチャイコフスキーやストラヴィンスキーが音楽を書いてるのと似たような在り方だと思ってます。

**T**　ダンスの音楽っていったら、結局こう、目の前にいる人を踊らせたいっていう、ヘッドフォンでこう、その音を聞きながらバンバン黙って聴くようなものじゃないですもんね。このビートに合わせて、グルーヴに合わせて人が踊るっていう、でもプラスアルファ……

**S**　もっとも大きな違いは、決定権が自分にあるのかどうかっていうこと。発注を受けた音楽っていうのは、最終決定は自分ではない。

——それはわかる。僕も映画音楽のプロデュースをけっこうやってるけどそんな中で、監督のチャン・イーモウと口論になったことがある。面白い話なんだけど、『紅夢』っていう映画で、主役のコン・リーが大邸宅に来るところから始まるのね。そこに僕は音楽を絶対入れたかった。オープニング・テーマみたいな。でもチャン・イーモウは強硬に「いらない」、「コン・リーがそこに立ちすくむ感じがいいんだ」と。口論といってもケンカじゃないから、通訳介してああだこうだ議論して、それで最終的に僕が言ったのは、「映画は監督のものだから、じゃあなくていいよ」って言って。

**T**　そうですね。一つのプロジェクトに二人リーダーはいらないですもんね。

——そうそう。51対49だと思うんだよ。でも後日談でそれが面白いのは、ヴェネツィア国際映画祭でシルバー・ライオンだったのね。銀獅子賞。

S　すばらしい。
T　すばらしい。２位ってことですもんね。
――そう。でも前年に僕がやった、『悲情城市』は全獅子賞だった。そのときにチュウさんっていうエグゼクティヴ・プロデューサーと、あとはホウ・シャオシェンもプロデューサーで入ってたんだけど。二人がそろって、頭で音楽つけてたら、絶対金がとれたのにって（笑）。
T　なるほど。自分が銀で、逆に何がいけなかったんだろうって考えちゃったんですか？
――いやいや、チャン・イーモウ本人は性格も頑固だし、他の人が、ホウ・シャオシェンっていう映画監督と、映画のプロデューサーとチュウさんっていうスタッフが、あそこは立川さんがいったように音楽つけてたら絶対取れてたのになあってこと（笑）。改めて観ても映画としての高揚感がないんだよね。
T　本当なら、ドーンってあってからの……
――のほうがいいなっていう。でも確かに誰かに頼まれてやる音楽も面白いよね。
S　面白いですよね。逆にいうと自分の目標というのが、頼んだ本人が喜んでくれること。また、頼んだ本人の想像を超えること。そういう関門があるじゃん。でもそれって音楽家としてはすごいやりがいのあることで。それこそ坂本さんが『ラスト・エンペラー』何十回もリライトしてるとかね。文句さんざん言いながら。でもそれほど音楽に対して、言い方よくないけど、うるさい監督とか演出家が、「素晴らしい」って言ってくれることって作り手としてはすごく嬉しいこと。
T　普段、枠がない中で、制限ない中で作って届けていくけども、「２分で」とか、テーマは森のシーンだとか、だけでも嬉しいですよ。逆に嬉しい。そのテーマの中で大喜利をやればいいんだっていう。

**S**　音楽やっていて、常に自分がリーダーで自分で決定権を持ったままだとなかなか成長しないのよ。

**T**　図らずも自分の得意なところに突き進みますものね。苦手なところは自分の足りないところだから。ミュージシャンに限らないと思うけど。得意なところだけで突っ走ってしまうと短所は短所なまま。

――まさに今二人が言ってるのは、シンガーソングライターみたいな人たちが出てきて、あれの功罪の罪のほうは、自分の歌いやすい音域とキーと、それでしか曲を作らないから、結局「トイレの神様」みたいな歌が生まれてきて（笑）。

**T**　ずいぶん最近の話ですねえ。

**S**　でももう5、6年前じゃない？

**T**　いや、70年代のフォークの話かと思ったから（笑）。

――いや、70年代のフォークは何をかいわんや……

**S**　まずその時代は、シンガーソングライターの人たちのレベルが、高かったわけじゃない？

――ジェイムス・テイラーであり、キャロル・キングであり。やっぱり「トイレの神様」は悪いふうに育っちゃったほうの典型だと思うね（笑）。

**T**　コメントしづらいな（笑）。

**S**　やっぱり自分のやり方で、曲を作り続けることはできるけど、その人がいちミュージシャンとして、シンガーとして、いちプレイヤーとして音楽の世界の中で一流かどうかっていうのとはまた話が違うっていうことですよね。

T　それは、ずーっと俺の中でも長い間テーマではあって、自分たちがいいときは、もうイケイケドンドンだし、自分たちが下り坂のときは、なんであんな曲が売れてるんだろう、なんだけど、ある日やっぱり自分がなんじゃこりゃって思ってる音楽で、でもその音楽を聴いて心から涙している10代の人を見たときに否定はできないなあって。「昔はよかったぜ。馬車ってのがあって、のんびりしてて良かった」って言われても……

S　そこまで話が行くわけね（笑）。

T　今は車だ、電車だ、新幹線だってのがあって。その人たちにあの古き良き時代を分かれっていうのをあるときからやめようかなって。SUGIZOさんとか、立川さんは言うに及ばずですが、それは長い音楽人生の中で、いろんなミュージシャンを見てきて「この音楽は一流だ」「この音楽はガラクタだ」っていうのは、わかるけど、ファンの人たちが心から感動してるのは、その姿だけは本物なんだよな。

——それは、正しいね。

T　もしかしてこのやさしさがなければ、GLAYはもっと伸びたかもしれないとは思うけど、それはさておき、映画の『ブッシュマン』はコーラの瓶を見て感動したんだもん。〝ブッシュマン〟って言葉は今使っちゃいけないけど。

S　今、それ使っちゃいけないの？

T　今もうダメです。

S　ダメなんだ。

T　でも、俺が子供の頃みた映画の。

S　映画のタイトルなのにね。

T　でも〝ブッシュマン〟って今考えると、なかなかの差別用語ですよ。茂みの中にいる人って意味だもん。だから、知らない人が流す涙までは否定はできないなあって。

S　俺は、涙を流す人ごと底上げしたいって思っちゃう。

T　でも、まあ……うーん。

S　例えば、自分より25歳とか年下のミュージシャンがもう出てきてるわけだよ。そこにはすごいって思う人も出てきてるわけ。King Gnuなんて本当にすごい。だいたいすごいって思う人は、ちゃんと何かを分かってやってる。例えば、60年代のだれだれのことを自分よりも深く研究してるとか、クラシックをしっかり理解しているとか。何か他の人とは違う秘密があって、本物になり得る、たらしめる何かがある。

T　でも村一番の可愛い子の生き方でいいじゃないかと。べっぴんさんの生き方を否定しない。かわいいね、かわいいねって言われて、それで都に向かっちゃだめな人もいる。村一番のべっぴんさんはみんながちやほやするから「東京に出て勝負してやる」「ニューヨークで勝負してやる」って行って、傷ついて帰る人もいるし。いい大人なんだから自分の判断で勝手に傷ついて帰ればいいって話なのかもしれないけど、それこそ村一番のべっぴんさんで生きてたほうが幸せだったなっていう人もいる。それこそさっきのオープニングに音楽つけてりゃ良かったのにっていうのと同じで、そういうことを見過ごしたのかもしれません。

――TAKUROが「下り坂」って言葉を使ったけども、LUNA SEAもGLAYも、いわゆる20年以上やってるバンドっていうと、低迷期があったとかっていうでしょ。あのころ何をやってもダメだったなとか。でも。僕が知るかぎり、割と2つのバンドは順調だよね。そんなこともないの?

S　二周り下の世代に押されて、今はこういうロックバンドが苦しい時代だなと思ったことも多々ありますけどね。

——今ではない？

S　今ではないですけど。

——いつぐらい？

S　そんなこと感じたことない？

T　質問の意図はわかるけど、俺はないですね。生きてるし、仲良いし、食えるし、たまに贅沢もできるので。このセッションの冒頭でも言ったかもしれないけど、この音楽業界の中の上がり下がりってのは世界的な経済の流れで見たときに、なぜそうなるのかがわかるし、説明がつくので自分の音楽が認められなくて腹を立てるっていうことは今までないです。一度もない。

——なるほどね。例えば、こんなことがあったから音楽をやめようと思ったみたいなことをインタビューでしゃべる人とかいるじゃない？

T　すごい恥ずかしい話なんですけど、デビュー前に、東京の女にフラれ、「TERU、俺は函館に帰るよ」って（笑）。

S　デビュー前？（笑）

T　「曲は送るから、あとはGLAYよろしく」って、TERUに電話口で「ふがいないよ！」って（笑）。っていうふがいないよ事件はファンの間では有名ですが、そのときぐらいで。あとはそれこそ世界的な経済を見たときに、GLAYの四人が何かをして、その対価を受け取るときにその基準がよくわかるというか、これぐらいのことをしたら、これぐらいもらえるだろうっていう、その理屈みたいなものをある時知ったので、前みたいに売れたとかなんとかっていうのはそんな思いもないし、わからないですが、この四人が元気なうちは、できることをやる、できるだけ長くGLAYをやるっていうのは可能性としては高いなってのがあるので。それこそ最近落ち目でいやだなとか、なんか思ったような活動ができないなあとかってのはない。できることをやります。足るを知る、というか。自分ができることの中で最大限のことをやる、という25年でしたね。

――SUGIZOはどうなの？

S　俺は出家したいと思ったことありますよ。

――それは何のときに？（笑）

T　病んでいるねー（笑）。

S　上手くいかなかったときですね。いろいろあって。これはもう世に出てることだから話すけど、当時のスタッフがまあ非常に残念な人で、気が付いたら多額の借金をこちらにかぶせてきて、連帯保証の、まあ、いろいろ大変な時期で。仕事も人も離れていって。にっちもさっちもいかなくて、全てを捨ててミャンマーに行って出家したいと思ったことがありましたね。

――SUGIZOの話を聞くと、僕も自分みたいだなって思うけど、極端な方向にいくじゃない？　ミャンマーで出家しようって何だったの？　普通だったら、「音楽はやめよう」「普通の仕事をしよう」ってなるのが、いきなりミャンマーで出家ってなるのがすごいと思うんだけど、それはどうしてなの？

S　一番状況的にも、経済的にも苦しかったときに、なぜ自分が生きながらえたのかっていうと、たまたま読んだのがブッダの本だったんですよね。そしてハマっていったんです。熱心な仏教の信者になったわけではなく、偉人ゴータマ・シーダールタとして本当に好きになった。

そこに自分としての真理や救いを見出したわけです。ものすごく救われた。なぜか八百万の神の神道ではなく、ブッダだったんですよね。

**T**　読者にわかりやすいように聞くと、どの言葉に救われたんですか？

**S**　まず「中道」ですよね。ミドルウェイ。シッダールタが、もともと王家の王子で、成人するまで何不自由なく育てられた。それで父の、王の目を盗んで本当の社会を見たら絶望だらけで。貧困、老い、病気、死。それを知ってしまっていてもたってもいられず王家を捨てて出家する。数年間飲まず食わずの苦行をしてボロボロになって、そこでは真理は見えなかったと。当時は苦行でみんな真理を観ようとしたんですよね、バラモンの人たちは。本当の真理は極端なもの中にはないと悟る。それこそ弦楽器にたとえるわけ。弦を張り過ぎれば切れてしまう。緩すぎれば音が出ない。シッダールタはそこから真のブッダになっていくわけじゃないですか。なんか極端なことを求めてた自分と真逆だったんですよね。「成功か失敗か」「生きるか死ぬか」みたいな。そこじゃないんだって。真の悟りっていうのは、無我の境地っていうのは、本当に心が安定した状態なんだってことを、32歳くらいのときに学んで、音楽の中で極端なことを求めていた自分、それによって極端な苦しさも味わっていて、でそれを一度全部クリアして、なぜかわからないけど、南の方の黄金のブッダのイメージに憧れて、これはもうミャンマーだというふうになったわけですよ。

――あれだね。三島由紀夫がカンボジアに行って、アンコールワットとか見たときの感じに近いんだな、たぶん。

**S**　昔からヘルマン・ヘッセが好きだったのもあって、ヘッセの『シッダールタ』を読んでまた感動するわけですよ。ブッダものをいろいろ読んで、感動したのが、苦行してボロボロで、命がぎりぎり繫がっているようなブッダが、村の10代の綺麗なスジャータという娘の持ってきたミルク粥を食べて、そこから悟りに向かうっていう、そういうそのストーリーに感動してね。一番つらい時期で信用している人もだれもいない時期だったので。仲間もいない、離れる、信用していたスタッフたちは裏切っていく。何か別の自分の中ですがるものが必要だったと思うんですよね。すがったのが、ブッダだったんですよね。

——人生の師匠みたいな人がいるとしたら、ブッダが入るってこと？

S　もちろん入りますね。

——TAKUROはそういう人っているの？　今のSUGIZOみたいに追い詰められてってことはあまりない？

T　たぶん、その人それぞれの器の大きい小さいがあるから、俺なんかは本当にもう小さなことにくよくよして、ギターだとか音楽だとかってあるけど、あの、もうちょっと、なんて説明したらいいんだろう……

S　TAKUROはもっとかけがえのない仲間が最初からいるんだよ。

——4人ってそうかもね。GLAY。

T　そうですね。彼らを失ったことはないですから、失った苦しみ、悲しみはわからない。けどまあ彼らと一緒にやっていくための努力はしないとやってこれないから、その苦しみはあるんだけど。人生の師匠っていうならば、出会った人すべて、それこそ悪い連中も含めて、こうはならねえぞっていう反面教師として。やっぱり神様みたいなものを俺は一度も信じたことがなくて、SUGIZOさんが信したブッダは、いい目も悪い目も見たし、そもそもリアルな体験から悟りを開くじゃないですか？

S　そもそもブッダは神様じゃないからね。

T　人間ですもんね。

S　イエスも神様じゃないの、人なのよ。でもすごい人なの。すごい人に学ぶのよ。

T　言ってることって、訳し方によっては子どもにもわかるし、掘り下げようによってはどんな大人にもわからない深い世界だけど、言ってることはたぶん、誰に言っても「そうだね」っていうことだと思うんですよ、神々の教えというか、宗教の教えって。

――それでいうと、今までのセッションを全部チェックしてて、クリスマスの時のTAKUROの話が、TAKUROらしくて、すごく面白かった（笑）

T　あのころから、俺神様なんていないって。さっきのカツオの話じゃないけど、一日どのくらい海から魚を取れば生きていけるかっていうのを、ずっと考えてきたので、精神的な落ち込みみたいなものは、それは自分でコントロールして。そんなことがあってもなくても世界は回るので。でもおなかすいたら動けないじゃないですか。だから海から山から、明日生きられる分だけ取って食べて、今やらなければならないことを粛々とやるっていうことだけを考えて生きてきたので。SUGIZOさんほどではないですけど、俺たちも前の事務所ともめて、GLAYの活動がままならないってなっても楽器は弾けるしなあ、四人もやる気だしなあって。

S　TAKUROの財産はやっぱりメンバーだよ。うまくいってるときも苦しいときも四人が一緒にいるから、だから家族であり親友でしょ？　どんな状況でも、これはいい意味で、ネガティヴな孤独感ってないじゃん。それが素晴らしい。LUNA SEAは戦場だから。

T　もうちょっと俺に頼って欲しかったなあって思うんですよね、その当時。

S　当時誰もいなかったね。

T　連絡してない時期だったんですよね。SUGIZOさんが大変な時期。でもあとから聞いたらそれこそなんだろうな、なんかできることあった。「水くさいな」と思いつつ、「らしいよな」とも思うので。（笑）

——らしいよね。

S　でも底辺を見たのも今の自分のプラスになってるから。あの当時はしんどかったけど、今思えばいい経験になったと思う。

T　俺もそれ言いたかった。結局だから、さっきの女にフラれたのも、その後で自分でプラスにできるじゃないですか。

S　できるできる。TAKUROが素晴らしいのは始まったときから財産がある。俺もLUNA SEAのメンバーが財産なんだけれども、親友とか、家族、というよりもあくまでもドライな意味での戦友、まんまビジネスパートナーなんだよ。

T　聞いてて思ったんですけど、絶対にビジネスパートナーっていう側面は取れない。子どもの頃のような関係ではない、やっぱり利害もあるし。だけど、この3人の一番の親友であろうとは思って生きてきましたね。親友の定義はいろいろあるだろうけど、俺の定義する親友として。人気があるとかないとかっていうのは全然もう、順番としては後。それこそこの年齢になって、いろんな近しい人とかが亡くなるときに、とっても悲しい気持ち半分と名前が付けられない感情が浮かぶんですね。だって人って死ぬんだもん。そりゃ10代で事故とかは本当にいたたまれないですけど、90歳なら大往生、みんなで拍手してよく頑張ったって見送るとか。みんなのいろんな死はあるけど、10代で死んだとき、周りの人がみんな後悔するわけですよ。出際に止めれば轢かれなかったのにって。でもじゃあ、いままで子どもを事故や病気で亡くして自分を責めてる親たち、それと同じ状況の人たちを責めてることにもなるじゃないですか。

——そういうことか。

T　でもやっぱり寿命っていうものもあるんじゃないか。あとから概念として人間が苦しみから逃れるためにできたのかもしれないけど、あ、悲しいけどこの人の寿命はこうだったんだっていう感情も湧くんですよね。それはゆくゆくGLAYにも絶対に訪れることだから。ジョージ・ハリスンだって病気を克服できなかった。世界中の名医が治したかっただろうに。それを考えるとメンバーを失うのは悲しいけれども、その日は必ず来るから、その心の準備をしておこうっていう気持ちも同時進行でありますよ。

——やっぱりすごく冷静だよね。

T　冷静っていうんでしょうかね。いつもそう思う。

——そうすると、今50と48で、まさにショウ・マスト・ゴー・オンという言葉じゃないけど、SUGIZOもTAKUROも音楽活動って続けていくわけじゃない？　そのときに、これからやってみたいのってどんなことなんだろう？

T　根本にあるのは、北海道で育ったことと関連するのかもしれないけど、人間も草木、海や空や山と同じようなもので、文明だとかあるにせよ、20代のころはそれこそ100万枚、何十万人ライヴとかっていう目標があったけど、今は心の底から、昨日弾けなかったフレーズをちゃんと今日弾けるようになりたいとか（笑）、人を感動させたいとか。感動も、それぞれが磨き上げた感受性でもって、それでたまたまGLAYを聴いて、涙を流してくれたら、それでいい。何でかっていうと、そうでない人もたくさんいるってことを知っちゃったじゃないですか。これはいくら俺が感動させようと思っても、やっぱりいろんな要素なんだ。だからクリエイターとして、ものづくりをする人間として、自分が作ったものを売れないからといって責めたことは一度もないです。世に届くってことは、皆さんのいろんな頑張りがあってこそだから。

――聞いてくれたり、買ってくれたりする人、見に来てくれたりする人のそれぞれの趣味があるわけだからね。

**T**　そうです。それが合ったら、「どうぞ」だけども、もしかしたら言ったかもしれないけど、クリエイティブでへこむことはとうに過ぎて、これから、心から望むことはGLAYのみんなとワイワイ、高校の頃バンドを作ったころのあの感じのまま、最後までいければいいなと。あと、ちゃんとギターが弾けるようになりたい（笑）。少なくともHISASHI、松本さん、SUGIZOさんが、「うまくなったね」って言ってくれるような。いや、「うまいね」だな（笑）。

**S**　俺ももっとちゃんとギター弾けるようになりたい。

**T**　SUGIZOさんはでも……

――わかる。ギター・サミットやったときでも、練習するっていうか、自分を高める、自分を追い込むっていうことに関しては、尋常ではない熱量があるから。

**T**　俺にとっては北斎みたいな人ですね。

**S**　冷静に考えて、自分のレベルが高くないからですよ。だって渡辺香津美さんの目の前でさ、見たらわかるよ。日本の狭いロック・シーン、いつも言うけど、好きじゃないけど、ヴィジュアルのシーンとかで見たら、まあけっこうギター弾ける方かもしれないけど。世の中には無限の可能性を持った表現者たちがいるわけ。ジャズのシーンになるともう我々とはレベルが違うわけじゃない。そういう人が身近にいると、そこに追いつかなきゃって。悪くいえば、競争心。

よくいえば進化欲。

**T**　だったら俺がおすすめしたいのは、たぶんＳＵＧＩＺＯさんの向上心は死ぬまで止まらない。俺は近くで見てきたんで。この人がそういう高いレベルでいうのであれば、俺はもう一日十何時間練習しても一生無理として……信用できる３人がいるとしよう。この３人がＯＫって言ったらＯＫ！（笑）

**S**　なるほどね（笑）。

**T**　よくバンドでもＪＩＲＯがＯＫだったらＯＫっていうけど。俺は〝世界〟には生きてはいない。〝自分の半径２メートルの世間の中〟で、このまま生きて死んでいきたい。

――それはＧＬＡＹという世界で……

**T**　ＧＬＡＹという狭い世界の中で、村祭りで受けるバンドで、それでいい。

**S**　俺は真逆なんですよね。昔面白かったのは、俺がロンドンで音作りのキチガイみたいになってたときに、20年前、「キャンプファイヤーで楽しく歌えればそれが一番いいんですけどね」ってＴＡＫＵＲＯ言ってたのね（笑）。22、23年前かな。結局お互いそのころと変わってない（笑）。

――このセッションの途中でも言ったけど、その真逆な二人がすごく仲が良いってのは本当に面白い。

**T**　それは俺の人徳ですよ（笑）。俺が人格者で、ちゃんとＳＵＧＩＺＯさんに合わせて緩急、いろいろとなだめたりすかしたり（笑）。

**S**　そうだったのね（笑）。

**T**　いつも血便がでますよ（笑）。ＳＵＧＩＺＯさんと会ったあと（笑）。

——本当に面白いわ（笑）。この人は昇りつめるっていうことに関しては、SUGIZOは際限はないね。

**T**　そうですね。

**S**　登ってる感覚すらないですからね。

**T**　登ってるとき、実際、その資質、ギフトを持ってて、突っ走っていくじゃない。周りの人たちを置いていくじゃない。いざ自分が、その境地に立ったとしよう。SUGIZOさんが見渡して、そこに人がいるのかしら。まあ、いるんだよ、きっといるんだろうけど、そのスピードについてこられる人がいっぱいいればいいのになあとは思う。

——高みに昇りつめるというよりも、いいものを作りたいっていう欲望だよね。

**S**　そうですね。自分が思ういいものを作りたい。あとなんだろう。真髄に触れたい。本当の真髄。わかんない。それは神かもしれない。マイルスはそこ見えてたんじゃないかって思うし。

——今思った。音楽業界の魯山人みたいなもんだ。すぐに壊しちゃう、みたいな。茶碗でも何でも。

**S**　壊しはしないですけど、面白いのが、LUNA SEAでね。ツアーで、メンバーでセットリストをつくるじゃないですか。俺はどんどん過去を切り捨てる、切り捨てるわけじゃないですけど、新しい挑戦をしたいタイプで。メンバーは、いやいやせめて「I for You」やったほうがいいんじゃないかなとか。俺はどんどん過去を切り捨てていくタイプみたい。ある意味、みんなが喜んでくれる、感動してくれてっていうよりは、みんなが戦慄を覚える、衝撃を覚える、そっちを求めちゃう。

**T**　本来、あらゆる表現はそうであるべきだと思います。いくらGLAYが過去を振り返ろうとも、俺も過去を大事にしたいタイプではあるけど、真の表現、「曲を知っている」とかっていう、そんな陳腐な言葉で語るなとは思う。「知っている曲がなかった」、一番重要視しないセリフですね。俺の中で。知っている曲があるから面白いんだったら、犯人が分かっているサスペンス映画を見にいくのかいっていう。

――いい表現だね。

T　小説でも映画でもそういう新しい何かに触れにいくときにはそんなことないのに、なぜか音楽だけが「知っている曲」っていう訳のわからないくくりで語られることが多いので、それに関しては、いつもまあだから、思い出再生装置やあなた専属のハコバンみたいな感じになるのはその人の中での欲求がそこで打ち止めってことですもんね。新しい表現に出会いたいっていうよりも、それよりも思い出に浸らせてくださいよ、SUGIZOさん。っていう表現者に対して失礼な態度だと思う。

S　でも、どっちもわかるといえばわかるんだよね。例えば、マイルスのように10年前の曲をやっても全然別の曲のように聞こえる人もいれば、U2がさ「サンデー・ブラディ・サンデー」を演奏してくれただけで、ドワーって涙が出てきたりするわけじゃない。やっぱりその思い出とともに音楽ってあるからさ。ギュッてそこに自分が引っ張られるわけじゃない。いまでも、エッジが、「ニュー・イヤーズ・デイ」のギターソロ弾いた瞬間涙出るもんね。あのフレーズを。あれを変えられたら、おい待てってなるじゃん。

――それすごくわかる。僕ね。この前「ROCKの夕べ」っていうイベントを金沢城の鶴の丸休憩館というところで、テクニクスから1000万ぐらいのオーディオのセットを持ってきてもらってやったんだけど。1日目プロコル・ハルム。2日目クイーン。3日目ピンク・フロイド。LPレコードをちゃんと両面解説して聞いてもらうっていう。3日目に『ファイナル・カット』を聴いたときにその凄さに涙が出てきて「レコードって記録だ」って思ったの。直訳すると、記録じゃないですか。記憶と記録が重なりあった瞬間にすごいものがあるって。

S　感動しますよね。それが一番ロックの美しい瞬間じゃないかな。要は、犯人はわかってるんだけど、その犯人をまた見たい。僕らみんなが聞きたかったフレーズ、それはロックの感動する重要な要素だと思うんですよ。ジャズは違うんですよ。それをしちゃうとジャズの世界ではイケてないってことになっちゃう。

――だから、ピンク・フロイドの「シャイン・オン・ユー・クレイジー・ダイアモンド」のギターのフレーズが、ああじゃなきゃダメなんだ。

T　もちろん、もちろん。

S　もし、あれがマイルスだったら、ジャコだったら、フレーズを変えてくるじゃないですか。「うわぁこう変えてきた。かっこいい」ってジャズファンの人は思うわけじゃないですか。でも我々ロック畑の人間からすると、このフレーズを聴きたいってなる。

T　なんだけど、反論するようで申し訳ないんですけど、クレイジー・ダイアモンドのあの曲の、ギルモアが「もっといいのがあるんだけどな」「テイク何番目のあのやつ好きだったんだけどな」って思ってて、ある時突然、「俺ももういい年齢だし、あのときのボツになったテイク3でいきたい」っていうことを、今を生きる人間として、人間が人間をという意味で……否定したくないんですよ。

S　それを、説明付きだったら聴きたいよね。あの伝説の3テイク目をやってくれるんだ。すげえ、これか！って。

T　おりしも、レコードは記録という話が出ましたが、記録と記憶を重ね合わせるのは、自分が思う一番いいタイミングでやってくれればいい。そのために音楽は記録されるようになったともいえる。でもせまい音楽界の世界の中だけじゃなく、広い世界を思うとき、どんなに名誉ある、実績あるミュージシャンでも、どんなに親しまれた音楽でも、作者が次に行きたいっていうことを否定したら、それは人間の尊厳に触れるまでのレベルなんじゃないかなと思うわけですよ。それは音楽の中でとどまってるのならそれを見守るくらいの器で生きていたいなと。『サンデー・ブラディ・サンデー』変なイントロついちゃったな、でもそれはそれでいいや、だってつらいことあったらしいからな（笑）って。

S　それだと涙が出なかったってなるかもしれないね。

T　出なくて、そんな日があったっていい。いつか出るかもしれない。その可能性こそ、生きるってことじゃないか。それを教えてくれたじゃないかっていうこっちの解釈。だからお互い成長できる気がするんですよ。

S　その辺がロックの一番美しいところだと思いますよ。それで、我々は同じフレーズを弾く。

T　弾く。

S　飽きもせずに。まあ、飽きるんだけど（笑）。

T　飽きるんだけど（笑）。

S　でも、グループでやってて、「Déjàvu」とか「ROSIER」とか今のほうが昔より納得した演奏ができるようになった、やっとね。20年前30年前につくったものがうまくできるようになって。これはもっと追求しなきゃいかんな、となるわけですよ。

T　それこそ、日本の音楽業界のある種の負の部分としては、どうしても音楽ビジネスっていうのが若い人たちというか、全世代に親しまれるべきなんだけども、やっぱり日々の生活の忙しさからか音楽から離れて……

――音楽にしても、映画にしても、若い世代を対象にしたものを、レコード会社も、映画会社もつくりたがるっていうか、若者じゃなきゃダメだって思ってるきらいがあるよね。

**T** あんまり西洋の美術とか詳しくないですけど、全世代の美術、芸術文化を大事にしている雰囲気が、アメリカに住んでると感じたりしますね。大人中心の会がとっても多いし、それこそ60代くらいの夫婦がロックのコンサートに行って。それは実際ステージ立ってて思いますもんね。

――僕らはそういうのをやりたいよね。

**T** そうです。おしゃれな人、大人たちがが楽しめるロックであれ、ジャズであれ、何でもいいですけど。

**S** ロックもジャズも、成長してきてるわけだからさ。一緒に歳を取ってきているわれわれと。60歳になったらロックを卒業するのかって今も誰も思わないでしょ。

**T** 30年前とか、

**S** 想像できなかったでしょ。

**T** 見に行けるバンドがなかったっていう事情もありますが。

**S** 「ロック」と一緒にうちらも成長しているのよ。

**T** そこは感じます。

**S** このままやり続けたら、70になってもロックバンドやってるんじゃないかな。

**T** 見てくれる人も、年上の人もいて、同じくらいの人ともいて、年下の人もいて。

S　往年のファンの孫も来るかもしれない。

——デヴィッド・ボウイなんか3世代くらいの人たちが。ディランだってそうでしょ。

T　他の国は知らないですけど、日本の中では、間に入った企業のやっぱり手っ取り早くビジネスにするにはとか、そういったティーンエイジャー向けのほうがいいってのがあるのかな。

——SUGIZOが言ったけど、自分たちが年を経ていくのにつれ一緒にロックも進化して成長してきてるってことでいえば、今後例えば、LUNA SEAなりGLAYなり、SUGIZOなりTAKUROなりが、完全にシアターでゴージャスなビッグ・バンドなり、完全なストリングス・オーケストラをつけた、形でやりますみたいなことを、やっていくところに来てるような気はするんだよね。

S　そうですね。それを、受け手が、ファンが楽しんでくれるような成長をしてきてくれてる。やっぱりリスナーはみんな本物の音を求めてるし。

——じゃあ、今日はひとまずこれで。

T　お、そうなんですか。ありがとうございました。

S　そうなんですか（笑）。ヌルッとはじまってヌルッと終わった（笑）。

# SESSION 10　2020.3.2 NOZAKI

渋谷・六本木・箱根……今回20時間近いセッションを収録したテープを起こした原稿は膨大な量だった。それをチェックしていくと確実にロックのスピリットが貫かれていて、改めて、SUGIZOとTAKUROは種族もしくは部族のような感覚でつながっているのがよくわかった。そして打上げを兼ねて、六本木の至宝、隠れ家的なイタリアン・レストラン「NOZAKI」で話したラスト・セッションはアンコールのような感じで進んでいった。

SUGIZOとTAKUROが話すそれぞれのメンバーのプライベートな素顔。僕が「でも、前にもジャン＝ジャック・バーネルの名前をあげて話したけど、Jが一番硬派なのかな」と口にしたときのTAKUROの言葉が、その夜の最初のコードだった。

**T**　真面目なんですよ（笑）。でも一番シンパシー感じるもの。ロックンロールに憧れた努力家。

**S**　LUNA SEAの中で一番育ちがいいでしょうね。その反動なのね。永遠のロック少年というか。

――なんとなくわかる。うん。

**S**　逆にINORANやRYUは、小学校のときから家庭が大変だった。TAKUROもそうでしょ？

T　いや、Jさんタイプですよ。

S　でも家庭的には、仲の良い家族がいて、お父さんがいてお母さんがいてっていうわけじゃないよね。

――それはこの前も話したけど、まっとうなサラリーマンの家に育った人がクリエイティヴなアーティストになる確率が少ないという僕の持論につながる。

T　それはそうと、ジョン・ディーコンってなんでQUEENに参加してないんですかね？

――フレディ・マーキュリーがいなけりゃQUEENじゃないと思ってるんじゃないかな。

T　ある意味頑固っていうか、筋が通ってる人……

――でもあの普通に見える感じだけど名曲「マイ・ベスト・フレンド」は、ジョン・ディーコンの曲だからね。QUEENがすごいのは、4人が4人とも歌えて、曲作れてっていうバンドだったんだよ。リード・ボーカルはフレディだったけど、それをジョン・ディーコンは、フレディが死んだ後も大切に守ってる。ブライアンとロジャーっていうのは、ちょっと商売入ったなっていうのが……

T　商売じゃなくて、たぶんステージに立ちたいんだと思うんですけど……

――立ちたいんだったらQUEENていっちゃだめだと思う。

T　まったくもってその通りなんですけど、俺が死んだあとにTERUが一人でGLAYっていったら……

S　いや、逆でしょ。TERUが死んだらどうする？

T　……やらないですね。やらないなあ。でもHISASHIがやりたい、JIROがやりたいって言ったら、気持ちはわかる。俺さえ我慢すれば、ちゃんちゃんじゃないですか。

S　俺も実はジョン・ディーコン派で、だってフレディ・マーキュリーが死んで、それでQUEENっていうのは……

——僕が一番許せなかったのは、QUEEN＋ポール・ロジャースだった。だってありえないじゃない。クイーンってさ、ルーツにブルースもロックンロールもないわけですよ。それなのに、もろにそこの人にやられるってこと自体、ありえないと思うんだよ。

T　だけど、そこが日曜昼のノンフィクションみたいな、人間の可笑しみがあるもの。

S　QUEENとポール・ロジャースって格はどっちが上だったんですか？

——いやあ……

S　年代的には

——上、上。でもそんなに変わらないと思う。せいぜい1、2歳くらい。

T　フリーでしたっけ？

——ポール・ロジャース、死んじゃったポール・コゾフ。あいつカッコ良かったんだよね。あとアンディ・フレイザー、サイモン・カーク。

T　「イッツ・オール・ライト・ナウ」でしたっけ？　フリーのヒット曲。

——「オール・ライト・ナウ」だよ。

S　ジミー・ペイジのファームはポール・ロジャースでしたっけ？

——そうそう。だからツェッペリンはえらいと思う。ジョン・ボーナムが死んだときに……

T　解散を決める。ロバート・プラントが一番仲が良いじゃないですか。だから再結成にも消極的だし。よっぽどのことがない限り……

――SUGIZOに言ったと思うんだけど、ロバート・プラントがエジプトとかアラブのミュージシャンとやったのがあるんですよ。
T　女性とやってグラミーとったやつですよね。
――そうアリソン・クラウスと。SUGIZOにはあれをやってほしい。一緒にやりたいのは、あのアリソン・クラウスとのみたいなやつ。
T　でもお腹壊しますよ。エジプトで、コーラ飲んで氷にやられますよ（笑）。
S　25年前の話（笑）。しかもコーラじゃなくて町で飲んだオレンジジュース（笑）。
T　やっぱりかぁと思って。お腹壊したかって（笑）。
S　ウルサイよ（笑）話戻すけど、俺もだから、変な話、RYUが死んだら、LUNA SEAって言えないと思う。言えない。言いたくない。
T　俺も言えないかもしれないけど、例えば、「SUGIZO言っていいか。頼む、子どもの教育費が」って言われたらいいんじゃない（笑）。
S　そのときぐらいにはもう成人していようよ（笑）。
T　「子どもが借金作って」（笑）。
S　子どもの借金ぐらいでLUNA SEAの名前は使わせないって言うね（笑）。
T　「そこをなんとか！」って（笑）。俺JIROだったら許すなあ（笑）。
――グラミー賞ぎりぎりのときのザ・フーだと思うんだよ。ザック・スターキーは、完璧にもうキース・ムーンになってるわけ。
T　手ほどきでもう。
――ロジャー・ダルトリーと、ピート・タウンゼントがいれば、まあ許せるか……。本当はジョン・エントウィッスルってすごいベーシストなんだけど、しつこいかもしれないけどサイモン・フィリップスがやってたときのフーは全然ダメだった。

S　だってフュージョン系だもの。

――そう全然ダメ。でもやっぱりザック・スターキーになってからすごくいいんだよ。

S　キース・ムーンの手数があるのも、すごくロック。

T　なのでライヴ・エイドのとき、ツェッペリンでいうと、フィル・コリンズとシックのドラム、トニー・トンプソン。

S　トニー・トンプソンは素晴らしい。

T　なんでツェッペリンとやったんだろう。

――だって、フィル・コリンズはツェッペリンを尊敬してたからね。

S　アトランティックレコードの40周年のときに、初めてジェイソン・ボーナムでやって、あれが良かったんですよね。

――ジェイソンは『ソング・フォー・マイ・ファーザー』って中々いいアルバムを出してるものね。

T　その形が、全世界市民がOKなやつですよね。

――襲名興行みたいなものだから。

T　そうそう。

S　ところがアトランティックのときは、ジミー・ペイジがひどすぎなんだよね。

T　そんな急にギターって弾けなくなるものなんですか？

S　リハビリが足りなかったんじゃない？

――それはＥＬＰ（エマーソン・レイク・アンド・パーマー）もそうだった。サンプラザでやったときのＥＬＰの無残さ。

**T** だって今の俺らの年齢とあんまり変わらないですよね。急にできなくなるものですか？

――だってカール・パーマーは、得意のドラムの５連とかもうできないんだもの。

**T** 練習とかしないんですかね？

**S** キース・エマーソンは弾いてたんですか？

――ちゃんと弾いてたよ。弾いてたけど早くなかった。

**S** 多分、当時のミュージシャンって、我々が思う以上に狂ってるんだよ。

**T** だって40歳からのキャリアって悲惨でしたもんね。

**S** やってないときは本当に酒浸りとか、病気とか、女浸りとか。

**T** だって２００７年のツェッペリンの再結成、リハ２カ月とかって言ってたよ。そんなにするの？（笑）

**S** だから２００７年うまかったんだよね。

**T** 完璧だったらしいですね。

**S** でも40周年のときひどかった。だからジミー・ペイジは昔、そうとう破天荒な生活をしてたんだろうね。

**T** ジミー・ペイジ、ライヴ・エイドのときもできなくて……

**S** ジミー・ペイジ、実は一番弾けてたのがファーストなんだよね。どんどん指が動かなくなってきてる。

**T** なんでですか？

S　まあ、いろいろあるんじゃない。それこそドラッグとか、身体的衰えとか。

T　怖いなあ。

S当時、だってツェッペリン結成以前っていうのは、トップスタジオミュージシャンなわけじゃないですか。

――だってドノヴァンとかの仕事やってたし……。

T　そんな器用に聞こえないですよね。60年代のトップスタジオミュージシャンって、要はオグラさんとかサワキさんみたいな感じってことですよね。

S　そういうこと。

T　ええー。

S　だんだん体がガタがきちゃって、動かない。

T　ええー。俺らより全然若いときですよね。

S　そう。

T　ええー。

――だってあの人たちのドラッグの量って半端じゃないからね。

S　死ぬからね。

T　クラプトンが3、4年休んだみたいなものですもんね。

――でも、クラプトンって、見事に生き延びれちゃったね。

T　話戻すと、レッド・ウォーリアーズのドラムの人もそうなんですよ。

S　シャケさんとユカイさんもいれば、やればいいのにね

T　やってるんですよ。ベースの清史君もやってるんですけど、ドラムの人が解散してから一

切表舞台に出てきていない。何の事情があるのかは、わからないけど。

S　そう考えると、X JAPANはやっぱりToShIさんが歌わないとX JAPANじゃないでしょ。

T　間違いないですね。やっぱりToShIさんじゃなきゃっていう、その唯一無二感ってすごい。

――重要だと思うのは、二人がギタリストだから、ヴォーカリストってすごく重要でSUGIZOが「RYUがいなかったらLUNA SEAじゃない」、TAKUROが「TERUじゃなかったらGLAYじゃない」っていうのと一緒だと思うんだけど、やっぱりストーンズってミック・ジャガーが歌わなかったらありえないじゃない。

S　そうですね。

T　たしかに。

――アニマルズだってエリック・バードンが歌わなかったら、アニマルズじゃない。

T　重々承知なんだけど、本当にその通り。一回踏み外しそうになりましたけど……

S　ブライアン・メイとロジャー・テイラーは、クイーンやらないと息子が食えないとかじゃないから、絶対。

T　それはシンプルに、それでOKだっていう、世界中の、括弧付きの「ファン」の人たちのために、こっちも生きがいとして、あれだけ頑張ったクイーンが過去のものになるよりは……、でも今思ったな。全部わかってるのかも。これはもう、ボーカルのフレディがいないっていう……ずっと追悼してるようなものなのかも。ずっと。ウェンブリーの追悼コンサートがずっと続いているようなものかも。

――でも、追悼ビジネスになってるのが僕は嫌なんだよ。

T　そうですね。まあまあまあ……はい。

S　年齢はあるかもしれないけど、未来は見てないよね。ただもうみんな70くらいでしょ。

T　それは、デヴィッド・ボウイとの違い。ソロとしての矜持と、ボーカルを失ったバンドとしての一つ生き方が出ちゃう。バンドというのは、どうしても……

S　60代になると、未来を見せるよりも過去の伝説を見せたいっていう、そういうエンターテインメント魂なのかもしれないね。立川さんより上ですよね？

――上、上。フレディは1947年生まれだから。

T　晩節を汚してでも、名前を残したいのかもしれないし、ステージにシンプルに立ちたいのかもしれないですね。

S　それはあるかもね。フレディとボウイは年齢一緒なんですね。そしたら。47年。

――そう、同じ。

T　そうすると、山口百恵がいかに偉大かって話になっちゃいますよね。

――最後にマイクを置いて去っていったっていう、あれを本人が考えたのかスタッフが考えたのかはわからないけど、あれはすごかったと思うよ。

T　マイクを置いて。武道館だったかな。

S　そういう意味でいうと、安室ちゃんがこのまま一切やらなかったらかっこいい。

T　そうなりますね。ちなみに、キャンディーズの蘭ちゃんは先日ツアーをやりました。

S　でもそれは30年ぐらいたってるからいいんじゃない？

T　それと同じなんですよ。QUEENも誰がやろうが。伊藤蘭が「普通の女の子に戻りたい」って言って、戻ったのは3分の1ですよ。あとの二人は役者として芸能界に復帰したし。

**S**　でもね、30年ぶりぐらいにやったキャンディーズと、ちょくちょくやってるQUEENは違うと思うんだよね（笑）。

――まさにSUGIZOが言ったように、ちょくちょくやってるのが違うと思う（笑）フーはちょくちょくやらないものね。

**S**　ツェッペリンもやらないね。

**T**　ロバート・プラントが嫌がるものね。

――ちょくちょくやってるのを有難がる人が多いのが僕はすごくいやなの。

**S**　有難がる人が多いのは、いわゆるエンターテインメントの世界で、そこに付随して仕事ができるコバンザメのニッチの人たち。

**T**　本当にもう、どうしても、生活的にもやらなきゃならない、気持ち的にもやりたいっていう人から、やらなかった山口百恵までの生き方の幅が広すぎて……（笑）。

**S**　かっこいいと思うのはやっぱり後者になっちゃう。ヴォーカリストがいなくなったロックバンドは、もうその時点でバンド名を名前を掲げないほうがかっこいいと思うね。

**T**　でも変な話、LUNA SEAクラスだったら、5人のうち誰が欠けたとしても……

**S**　5人のうち誰かが死んだってなったら、誰か死んだ人間をサポートで担ってツアーはやるかもしれない。それこそhideさんがそうだったように。

**T**　その名前出すと、もっと微妙になっちゃうじゃないですか（笑）。

**S**　それでも成り立つから。そう考えると、バンドってヴォーカルが偉大ですよね。やっぱりロックバンドはヴォーカルなんだと思うよ。

**T**　厳密にいうと、違うんでしょうけどね。

**S**　厳密にいうと違うんだけど、一般的にはたぶんそう。一般的にいうと、SUGIZO、TAKUROの代わりはいるよ。誰かが。

——僕は違うと思う。微妙な異論ね。ミック・ジャガーに対するキース・リチャーズ。RYUに対するSUGIZO。TERUに対するTAKURO。あとはエアロスミスでいうと、スティーヴン・タイラーに対するジョー・ペリー。だからフーがなぜ今生きながらえてるかっていうと、

**S**　二人いるから。

——ロジャー・ダルトリーに対するピート・タウンゼントが。

**T**　しかもその二人がややたかぶる気があるっていう（笑）

——ロックバンドは、やっぱりボーカルとギターなんだよ。要は、SUGIZOが弾いてRYUが歌えば、LUNA SEAの香りってのはするわけ。TAKUROが弾いてTERUが歌えばGLAYなの。

**S**　だから変な話だけど、ミックだってキースが弾けばストーンズなんだよ。

**T**　だから変な話だけど、仮にQUEENがフレディとブライアン・メイがいて、ロジャー・テイラーが死んでいたとしても、それでQUEENで回っていても誰も文句言わない。

**T**　まあ、絵的に……感覚的なものですけどね。

**S**　そうかもね。

**T**　本当は4人なんですよね、QUEENも。でもまあ、どうしても悲運があって、続けるってなったらヴォーカルとギターっていう往年のテンプレート……

——ジャズの世界でいえば、ヴォーカリストの対になるのはピアニストなんですよ。トニー・

ベネットに対していえば、もう死んじゃったけどラルフ・シャロン。ビリー・ホリデイにはマル・ウォルドロンのように、相方が必ずいた。でも要はボーカリストとベーシスト二人じゃステージに立てないじゃない。

**S** 近年でいうと、ガンズがそうだね。スラッシュが抜けたら、途端に魅力がなくなった。どんなに太ってても、アクセルとスラッシュがいないと……、立川さんにはあんまり食指にひっかからないかもしれないけど……

――でも僕、『リヴ・アンド・レット・ダイ』は好きだった。

**S** 素晴らしいですよね。80年代後半から90年代ぐらい。

――あれをカヴァーしたセンスはすごい。

**T** ちゃんと正しく解釈して、あれをハード・ロックにしたっていう。ババババッ、ババババッ、て。

**S** だからもしかしたら、70年代の後半にポールがやりたかったのはああいうのかもしれないね。ああいうハードさ、だったかもしれない。

**T** ですね。マカロックじゃ出なかったんですかね。何マカロックでしたっけ？

――ジミー・マカロック。彼は、もともとサンダークラップ・ニューマンだから。ピート・タウンゼントがプロデュースしたバンド。

**T** じゃあポールより、かなり若手。彼もドラッグで死んで……

**S** まあ、いずれ必ずくるよ。LUNA SEAの誰かが死んで、GLAYも誰かが死んでって。

――そうそう。

**T** まあ、心を整えて、その日を迎えるしかないのかなあ。

――ブリット・アワードの授賞式を見てて、なんか一緒に歌ったりするみたいなところでいうと、前もユーミンと一緒に話してたんだけど、何で日本のミュージシャンってみんなで仲良くやらないのかなって思うんだよ。欧米はみんなやるじゃない。ロックンロール・ホール・オブ・フェイムのライヴだとかさ。僕が生きているうちに本当にやりたいなって思うわけ。前にSUGIZOとユーミンと京都で、SUGIZOが朝7時に帰らなきゃならないのに、朝4時ぐらいまで飲んでたことがあったの（笑）。そしたらユーミンが次の日、SUGIZOさんっていい子だよねってあの声でいうわけ。だから、やれる環境をどうつくるかってのがすごく重要で、SUGIZOとCharと二人でツインリードで、例えば「リフレインが叫んでる」をやるとかみたいなのとかって、めっちゃかっこいいと思うんだけど。何でそういうことができないのかな。

T　例えば、ブリット・アワードみたいに、ジェイ・アワードみたいなのがあったとして、矢沢永吉さんとかユーミンさんとかCharさんが、アルバム企画賞でもなんでもいいや、なんかそういうのをSUGIZOさんが受賞して、じゃあ一緒にパフォーマンスしてくださいっていう。本当はそういうパトロン具合だと思う。日本の場合はなぜか……

S　日本の場合は、音楽と芸能が密接だから、音楽賞ってなったときに、テレビ局や、それこそ事務所や……

――いろんな思惑がからむしょう。

T　ここで俺の説いいですか。日本の音楽業界ヨーイドン説。戦後にいろんな人が名を成そうとして、ヨーイドン！でスタートしたから、歴史が分断しちゃったんじゃないかな。アメリカのジャズのシーンとかだと、ずっと先人をリスペクトしながら進んでいく。それこそブルースとの邂逅も含め、当たり前に続いてるから。だっておばあちゃんもグラミー賞をとるじゃないですか。若者も当然とる。でも日本だととっていったら売り上げだなんだっていうことから、20代30代に集中しちゃう。50代60代は別のものになっちゃう。分断されちゃう。

――トニー・ベネットがすごいのは、レコーディングにレディー・ガガが来て、ビック・バンドがいて、ガガが「私ビック・バンドで歌ったことないから、不安なのよね」って言ったら、ガガの肩を抱いて「俺について来れば大丈夫」って言って、それで『ザ・レディ・イズ・ア・トランプ』をやるわけですよ。

**T**　エイミー・ワインハウスも泣いてましたもんね。

――トニー・ベネットがすごいのは、エイミー・ワインハウスが死んだときに、一番悲しんだのはトニーだった。

**T**　3週間前とかでしたっけ。

――「あの子だけは死んでほしくなかった」って。

**S**　まだ、20代とかでしたものね。

――すごい歌手だよね。

**T**　日本だと誰かな。加山雄三さんとかなのかな。

**S**　50歳になって、上の世代と下の世代の分断、断絶は気になり始めましたね。

――今回この本作ってるから思うんだけど、二人がやるべきことはそこかもしれない。上と下を繋げる力、単純にテクニックとかミュージシャンとしての力とかじゃなく、置かれてる立場とかって思ったときに、二人が声をかけて、例えば、ロックを残すイベントみたいなのをやるってのがいいんじゃない。

T　ボブ・ゲルドフみたいに、「ライヴ・エイドやろうぜ」っていうあの瞬発力は俺もSUGIZOさんもたぶんあるんですけど、毎年何かをやるっていうのは、それに相応しいプロデューサーが、同じ志を持ったプロデューサーが、やるほうが良いのかなと。どこまでいってもアーティストってどうしても、バインバインってこう……

――TAKUROの言うことはわかる。だから、僕が元気なうちだったら一回3人でやってもいいじゃない。

T　それで、演者もかっこいいけど、仕切ってる人もかっこいいなっていう、その職業をきちんと伝えられたらいいなあ。

S　その職業も立川さんみたいな人の立場になってくれれば、TAKUROたちが出て、LUNA SEAももしかしたらユーミンさんもCharさんもいて……

――それこそ久石譲も。

S　それは、SUGIZOにもTAKUROにもできないですよ。うちらが動いてもユーミンさん、久石さんは引っ張れない。

T　リスペクトがあるからやっぱり対等な感じにならないんですよね。「もしよかったら」って感じになるのであれば、[illegible]いヨーイドン！　のスタートからの期間を知ってる人が、本当にそれこそ、全員が現役なうちにやるのが、

S　やりません？

――やろう。

S　来年だったら、TAKUROの50歳記念。

――それはいいかもしれない

T　ちょっと待ってください（笑）。

――例えばTAKUROは昨年『Journey without a mapⅡ』っていうジャズっぽいの出したじゃない。日野さんって、まだ生きてる。日野皓正。渡辺貞夫さんも生きてる。貞夫さん本気でやると、本当にすごい。半端じゃない。それで前に〝ブラバス・クラブ〟ってイベントをやってたときに、当時の流行りのバンドを呼んだんだよ。ワーキング・ウィークっていう、当時ブリティッシュ・ジャズロックみたいなところではバリバリだったバンド。その時、貞夫さんがステージの横で聴きながら「けっこううまいじゃん」とかって言うわけ。だから「アンコールのとき、一緒に吹きませんか？」って言ったの。そしたら、「あんなガキみたいなのとできねえよ」って言うから……

S　そんないかつい感じなんですね。

――だから、「ちょっと一発かましてくださいよ」って言ったらやってくれたんだけど、もうワーキング・ウィークのメンバーが吹けないの、びびっちゃって。日本に来たら、とんでもない神みたいなのが降りてきたみたいな（笑）。それがすごく面白かった。セッションってそういう勝負っぽいところがおもしろいと思う。愛のあるバトルが。大命題さえつくったらできるんじゃないかな。全ジャンルの人たちが出てきたらいい。ジャズの人やカルメン・マキとか。彼女いますごくいいんですよ。

S　それできたら面白いね。

T　そのきっかけみたいなもの、変な話、今業界全体がちゃんと時を経て変わりつつあるじゃないですか。世代交代も含め。でも世代交代が完了した後だとまた違う思想で進んじゃうから、このぐちゃぐちゃした時代に一つ残しておきたい気持ちはあります。

**S**　そのジャンルと世代を飛び越える感じはすごくやりたい。それできたら世界的にも珍しいんじゃないですか。例えば、当時のライヴ・エイド。ウィ・アー・ザ・ワールド。もっとさかのぼると、ウッドストック。本当の意味でのジャンルのBeyondはできていないじゃない。巨匠のジャズミュージシャンがいて、ロックもポップスも、フォークも。様々なすごい人同士が交わるっていうのが、立川さん主導でできたら。

**T**　ごった煮的なイベントはいっぱいあるんだけど、その人たちが全部繋がってるってのがないんですよ。

——スピリットがないんだよね。

**T**　それがないから、おじいちゃんアーティストと若手アイドルがいっしょにやる理由をやっている本人たちがわかってない。

**S**　最初のルナフェスは良かったんですよ。でも我々の仲間のジャンルだったから。そこに例えばナベサダさんはいないし、Charさんもいないし、桑田佳祐さんもいないし。各時代の各ジャンルを象徴する人が集まることができればいいんだけど、

**T**　何か腰重いもんね、みんな。大御所の人たちのほうが重い気がするなあ。

**S**　立ち上がるのが、こういう若手だったらあれだけど、立川さんみたいな人が先導してくれたら、ユーミンさんが、GLAYとLUNA SEAが乗ってきて、さらにそこにCharさんがいるとか、そこに日野さんがいるとか。

**T**　20代、30代もいる。

**S**　最近の20代で、ここ1、2年だとKing Gnuは本当にすごい。

**T**　ラジオで流れてきたヒット曲しか聞いてないですけど、すごい現代的だけど、メロディが

ちゃんとしてる。あ、ここまでメロディにのれるんだっていう。

**S** King Gnuって、すごいのが、一見いかついロック・バンドでレッチリばりのファンキーなことをやるんですけど、ついに出てきた超インテリバンド。二人芸大を卒業していて。

――そうなんだ。

**S** 歌がめちゃくちゃうまい。歌が上手いのは芸大の声楽科を卒業してる子で。その子が歌とキーボードで。そして、仕切ってる子がもともとチェロ学科。クラシックでもコンクールで入賞しているレベル。ギタリストで。一見ヤンキーっぽくて、いかつくて。

――いいね。

**T** かつメロディは昭和。

**S** ベースの子がめちゃくちゃうまいと思ったら、ジャズのセッションを散々やってきたような子で。

**T** この間、「情熱大陸」見ましたよ。磔磔とかで、急に呼ばれてセッションやるみたいな。

**S** それ、まだ見てないや。みんなものすごくうまくて、それで、まだ20代で。ついに出てきた！と思った。もう敵わないと思った。勢いがあって若さゆえの人は、いっぱい面白い人いるかもしれないけど、それだけ音楽的な素養があって、マニアックなことをやりながら、でもメロディがいいから大ヒットして、紅白も出てっていう。

**T** それこそ、二十何年前からLUNA SEAが目指した志ですよね。

**S** 俺はそうなりたかったけど、なれなかった。なぜかというと、クラシック的な音楽のインテリジェンスでいうと、俺はすごく似非《えせ》だったから。

**T** そうだったんですか。

S　反抗してきたから。途中でドロップアウトしたから。King Gnuはちゃんと一流大学を卒業してる。ちゃんとしてるから、一見バッド・ロックン・ロールだから、そりゃすごい。もう敵わないと思った。

T　でも、じゃあ敵わないなりに、20年ないしは30年近くやってきた、俺たちの似非具合って、ものすごく世の中とインテリをつなぐ接着剤というか……

S　ジャズやクラシック的な見地からいうと、ジェフ・ベックでさえ、似非なの。彼は本当はジョン・マクラフリンになりたかったんだと思う。でもなれなかった。でも、それで『ブロウ・バイ・ブロウ』が生まれてるから。

T　それは、もう……

S　でもそういう意味でいうと、自分を擁護してしまうけど、似非万歳なの。

T　似非万歳ですよ。じゃないと身近じゃないもん。

S　本来は身近じゃなくて、天才じゃないと人前でできなかったのが音楽だからね。クラシックの世界の話ではあるけど。

T　でも、こうなりたいなと思ってもらうのが、ある種、種の保存じゃないですけど、子どもを作ることぐらい重要な、「聴くだけでいいや」より「俺もこうなりたいな」「楽器持ちたいな」っていう人が……

S　それがパンクの……

T　功罪でもあるけど。

S　逆に、それはパンクスが見せた夢でもある。

T　インプロのバキバキの天才的なギタリストとかが、アドリブでつないでいくみたいなのを……

S　プログレの。

T　そうそう。プログレの（笑）。そういうのを常に聞いてたら、やっぱり若者はいやになっちゃうもの。俺これでいいやって。じゃあそれが、中央にいったときに、また頭良いほうがいいよねってなる。その繰り返しが人間の愛くるしさではあるけど。

S　久々に、頭の良い不良ロックが出てきた。俺が知ったのは去年だけど。

——結局、上品な不良って一番かっこいい。貴族的なんですよ。

S　世界的にいうと、それこそセルジュじゃないかな。上品な大不良。

T　一個席取られたら、もう空いてないもの（笑）。だからセルジュもどきみたいな。

——いま、二人の話を聞いていて思うのは、力があるうちにやろうかなと思うのは、今回の本のタイトル、カンバセーション・ピースをこれをシリーズにしてやってもいいよね。

T　そうですね。例えば、ユーミンと誰かがカンバセーション・ピースをしてっていうことが初めて分断された世代たちが、だってみんなあの日は20代だったんだもの。今60代になったわけじゃないっていう。

S　やりたいですね。本当の意味でジャンルや世代を超えられますよ。

——SUGIZOと前やりたいねって言ってたのは、アート・アンサンブル・オブ・エイジアっていうプロジェクト。

T　一個リクエストあるんですよ。1986年に、革命的音楽番組を1回やってる『メリー・クリスマス・ショー』。ユーミンと桑田さん中心で、BOØWYと吉川晃司さんの「HELP!」のパンクバージョン。『オール・トゥギャザー・ナウ』っていうイベントもその前後にあったりして。

**S** 函館でやってたの？

**T** いやテレビで流れた。

――ニッポン放送だったっけ。

**T** 『オール・トゥギャザー・ナウ』はニッポン放送ですね。『メリー・クリスマス・ショー』はTBSとアミューズ仕切りだったかと。桑田さんが中心になって、集めて。俺が衝撃だったのは、泉谷しげるさんとチェッカーズのセッション。何がすごいって「赤鼻のトナカイ」をEマイナーだけ一発でやったんですよ（笑）。真っ赤なお鼻の～♪って。

**S** それは泉谷さんが？

**T** 泉谷さんが。チェッカーズをバックに。それで終わった後、泉谷さんが「こいつらさ、この一発の『赤鼻のトナカイ』できないっていうんだよ」って。なるほど。これが上の世代と下の世代ががっちんこした瞬間だったんだって。Eマイナー一発でいいじゃない。でもチェッカーズにしてみたら、コードは2小節に一回変わるものみたいな価値観を持ってて、それがぶっ壊れた瞬間だったわけですよね。

**S** いわゆるジャムセッションしたことなかったのかな。サックスの尚之さんうまいじゃん。

**T** それは後々。デビューして2年目とかだったから、大人気アイドルだけど、やっぱり亨さんとかはミュージシャンシップがだんだん出てきて。

**S** うまかったもんね。

**T** ロカビリーバンドだから。

――考えてみたらピンク・フロイドだって「マネー」をやるときに、サックス欲しかったけど、譜面を書けないからプロのサックスプレイヤーに頼めないんで、昔からの仲間のディック・パリーを呼んだっていうのと同じことですよ。

T　え、ピンク・フロイドの人たちってそうなんですか?

——そうだよ。譜面を書けないから、ディック・パリーに電話してスタジオきてくれって言って、それでディック・パリーもスターになっちゃったんだよね。

S　確か大学とか高校の時の仲間とかだった気がする。

T　ディックさんは音楽理論わかんない彼らに対して、心を開くというか「いいよいいよ、適当にうまくやるわ」っていうので。

——でも、ピンク・フロイドでいえば、この前SUGIZOと行ったんだけど、ブリット・フロイド意外と良かったね。

T　誰ですか?

S　ピンク・フロイドの完全コピーバンド。もうコピーじゃない。

T　トリビュートバンド?

——歌舞伎でいうと、演目を再現しているの。

S　本家の了承を得て、本家そっくりにやってる。

——もうコピーじゃなくて、クローンバンド。素晴らしかった。

S　何人かピンク・フロイドのツアー・メンバーだったでしょ。

——いや、今回はツアー・メンバーはいなかった。ガイ・プラットとか本家のツアーメンバーを入れたライヴをやったこともあるの。

S　ベーシストだから、ロジャー・ウォーターズ脱退後の抜けた後、「鬱」の時代ですよ。

――僕があれを見たときに思ったのは、来年がアフロディーテから50周年。箱根。だからアフロディーテ50周年でブリット・フロイドのライヴをやってそこにSUGIZOとかTAKUROとかが出てきたらおもしろいんじゃないかと考えた……

**S**　まったく同じセット・リストで。

――ブリット・フロイドにまったく同じセットリストでやった後に、例えば「みんなが好きなピンク・フロイド」っていう内容をセカンドセットでやるときに、SUGIZOとかTAKUROとかが一緒にステージ出てきて、曲なんかやってってくれたらいいな。

**T**　横でチャラーンならできるけど、恐れ多すぎて……

**S**　大丈夫。ブリット・フロイドは、いい意味で似非だから。限りなく本物に近い似非だから。本人だったら、びっくりしちゃうけど。プラス、もし可能だったらギルモアとか呼んだらすごいと思う。

――今月中に一回、ニッポン放送と話そう。

**T**　シャケさんとかも。コピー・バンドやってるから。

――シャケがやるのはやるんだけど。

**S**　それ、立川さん仕切ってやるべきですよ。

**T**　箱根アフロディーテね

**S**　我々も自分たちのバンドとしてなのか、何かの形でセッションできたら面白いかも。

**T**　GLAYは絶対だめでしょ。俺以外だれも1ミリも通ってない。

**S**　だったら、バンドじゃなくていいんじゃない。

――アフロディーテって何がおもしろかったかっていうと、僕、22歳の時で現場にいて、

1910フルーツガム・カンパニーっていうバンドが、ピンク・フロイドと一緒に来たの。ピンク・フロイドは、当時アメリカではブレイクしてなくて、1910フルーツガム・カンパニーは「サイモン・セッズ」っていうしょうもないナックみたいな曲が、No.1ヒットだった。だから、1910フルーツガム・カンパニーのマネージャーは、メインアクトは自分たちだと思っていた。日本ではピンク・フロイド大人気だったんだけど、アメリカでは知られてなかったんだよね。「なんであんなイギリスのローカル・バンドがメインアクトなんだ」って1910のマネージャーに言われて、ニッポン放送の内田さんっていう当時の事業部長が「その1910何とかってバンドはやらなくていいから、帰ってもらえばいいじゃないか」って（笑）。

**T** その時の、立川さんと伊藤政則さんのその時のことの対談、読んだことあるなあ。

**S** 俺その本買ったもん。それでその本に石坂敬一さんの単独インタビューが載ってて、その時、メンバーの運転手だったんですよね。

**T** え、メンバーの。あれま。

——本当にGOOD OLD DAYSだね。

**T** そういえばこの間、演劇プロデューサーの細川さんの本読んでたら、立川さんが出てきましたよ。「俺が松山に出した小さなバー来てくれたのは結局3人だった」って、その3人の中の一人が立川さんだった。大人計画とかそのへん大好きなんで読んだんですけど。

——細川さんとも仲が良いから、よく話をするんだけど、SUGIZOはバレエの音楽作ってるけど、演劇の音楽ってすごく弱いのよ。TAKUROとかが、ああいうのやったらすごくいいと思うんだよね。

**T** この間、『天保十二年のシェイクスピア』って演劇を見に行ったんですけど、宮川さんが音楽作ってて。30何曲つくるって、あれは大変ですよ。

――映画方式で作ればいい。宮川彬良さんは、「全部現場をやんなきゃ」ってなるんだよね。

T　ピアノ弾いてました。

――骨格だけ、オリジナルスコアだけ、曲の原曲だけ作ってくれればいい。TAKUROとかSUGIZOが。あとは作らせちゃうこともできる。

T　そういうやり方もあるんですか。

――3曲いい曲作ってくれればいい。メインテーマと、愛のテーマと、あとはいわゆるアクションシーンの3つ。僕は、本多俊之と伊丹さん映画の音楽を『マルサの女』以降『静かな生活』を除いては全部やったけど、俊之は1回も撮影所のスタジオには来てない。俊之がレコーディングしたトラックは、僕と伊丹さんが自由に編集するけど、「それでいいよね」って言って、俊之は「立川さんにまかせますよ」僕は「でもクレジットは全部お前にあげる」って言って、ちゃんと日本アカデミー賞とかもとれた。ベースとピアノだけのトラックとかは、全部僕が選んでつくるわけ。

T　なるほど、じゃあ一番大変な作業をずっとなさってたわけですね。

――そこにミュージシャンがいると疲弊するわけですよ。

T　坂本さんも言ってましたもんね。

S　『ラストエンペラー』、もう何十回も書き直したってね。

――僕がそこで、話したいのは、ミュージック・スーパーバイザーっていう立場の存在。

S　必要ですね。

――選曲とオリジナルスコアをどう使うかっていう仕事なの。僕は生きているうちに日本で確立して、次にそういうことができる人に引き継ぎたい。じゃないとミュージシャンは大変だもの。

**T** これだけ、何百何千っていう戯曲が作られて、演じられているのに、そこからヒット曲が出ないのは変ですものね。なんだってヒットしていくこの時代に、演劇からヒットが生まれないのは変ですもの。

**S** 多くの演劇って、ほとんどお金がない。だから、その演劇のための曲ってなかなかできないんだよね。

**T** 頼めないってことですか。

——でもね、ミュージック・スーパーバイザーってのがついてたら、交渉できる。劇団の人には交渉能力がない。誰と話していいかわからないから。仮に僕がついて、TAKUROのところに行って、「GLAYのこの曲のボーカルなしのトラックを貸してくれないかな」って。

**T** ミュージシャンはみんな貸すと思うな。うれしいもん。

——そうでしょ。それをまとめるのがミュージックスーパー・バイザーっていう立場なのよ。今ハリウッドでは、ランドール・ポスターとドナ・サノって人がバリバリにやってるね。

**T** 作品のためのオリジナルの楽曲を作る作らない以前の問題ってことですね。既成の曲をきちんとセレクトして

——そう。この映画にこの曲を使ったらこれ売れるから、ギャラはもちろん払うけど音楽の権利関係のクリアランスをする。そしたらみんなが知っている昔のヒット曲が生き返ったりするわけ。

**T** 間に入る人がちゃんといないとできない。

**S**　莫大な金額になる可能性だってある。

——本当にLUNA SEAの、例えばアルバムの中のあまり知られていない曲が、行定勲の映画のこの場面に流れたら、昔の言葉でいうと、シングルカットにしても売れちゃうわけですよ。親父の息子が会話しながらのシーンとかで、LUNA SEAの曲とか吉田拓郎のソロとかを流したら、ものすごい勢いを持つわけ。

**T**　実際、森田童子の「ぼくたちの失敗」とか、「サボテンの花」とかはそうだったんでしょうね。昔の音源でも合うから。

——そうそう。今思うのはもしLUNA SEAとかGLAYの曲とかTAKUROとかひらめいたら、僕がSUGIZOとかTAKUROと話せばいいじゃない。

**S**　そういう職種は必要ですよね。

——音楽っていうのは知っている人の勝ちなの。

**T**　だからSUGIZOとは真逆で、僕は自分のことを責めたことがない。

**S**　俺だってそんなに責めないよ（笑）。

**T**　曲を作って売れなかったときに、「俺の曲が悪かった」「詞が悪かった」とは責めない。真逆もある。「こんな曲が売れるんだ」ってのもあるから、その2つのことを考えたときに、これはやっぱりチーム全体で売れたなと。タイアップがあり、汗水流して代理店に足を運び、小売店に頭をさげ、っていう人たちも含めて、ヒット曲が生まれてっていうことを考えたときに、俺がやることは、自分のベストを尽くすだけ。そう思ったとき、どのアーティストにも絶対隠れた名曲があって、それって悪い曲じゃなくて、その時のタイミングの問題。

——TAKUROはビートルズが好きだから、わかると思うけど、映画『ハード・デイズ・ナイト』なんかを例に出すと、リンゴ・スターが土手を歩いたときに、オーケストラ版の「ディス・ボーイ」が流れる。でもそれはビートルズの「ディス・ボーイ」よりもかっこいいわけじゃない。ジョージ・マーティンのアレンジしたバージョンでね。

T　劇伴ですよ。

——劇伴なんだけど、それがわかる人を僕は育てたい。

T　それは、AIとかには絶対できない。わびさび。

——それはITじゃない。デジタルじゃない。

S　でも、立川さんの後を継げる人っていない。

T　立川さんの脳みそをいただいて、線が出てて、どぼどぼって（笑）。手塚治虫的な（笑）。

S　そのセンスって、立川さんのセンスって継承できる人っているんですか？

——僕はGLAYのコンサート、ちょっとびっくりした。こんなにちゃんとやってるんだと思って。その時めちゃくちゃ好きな曲があった。そのコンサートのこと、ぴあアプリのエッセイに書いたよ。志っていうのがどれだけ高いかっていうのは重要で、この本はものすごく意味がある。スピリットって志なんだよね。下の人たちに、どれだけ伝えられるかなんだよね。それができたことが僕はすごくうれしい。

T　有難うございます。

S　下に伝えるってことが、それがやりたいね。下に伝えたい。

——カンバーセーション・ピースってシリーズのタイトルとしてかっこいいよね。

T　人と人を繋げる、すごくいい言葉だと思う。

——だから、この本が最初のスクリプトみたいになればいいじゃない。

T　それこそ、小田和正さんの『クリスマスの約束』みたいな、それこそ縦とのつながりのすばらしさだと思う。テレビだから小田さんのストレスのないメンツみたいなこともあるでしょうけど。

――昔はよく飛び入りってけっこうあったわけじゃない。いきなりやる乱入感みたいなのがなくなったのは、すごくつまんないんだよね。

S　また、立川さんにいろいろご相談があるんですけど、これから作り出す作品を貴奈さんとやろうと思ってるんですよ。ピアノやってもらったり、アレンジ手伝ってもらったり、そこでスーパーセッションで2回一緒にやったバカボンさんにお願いしてもいいですか。

――もちろん。

S　バカボンさん、ジャズもいけるし、ファンク・ロックもいけるじゃないですか。あと、鶴谷さんも素晴らしかった。

――あの時のリズム隊の鶴谷さん、大好きなんだよね。だから僕が思うのは、トランスじゃないほうのSUGIZOのプロデューサーをやりたい。

S　今まだ、立川さんにお願いするほどの資金力がないんですよ。

――資金は僕が考えてつくる。SUGIZOと僕がシェイクハンドして何か作ったら、お金を出すところはある。ちゃんと一度二人でゆっくり話して、やろう。

S　ぜひやりたいですね。それで、今もう走り出しているのは、貴奈さんと一緒に。どちらかというとボサノヴァで、ブルー・アイド・ソウル。

――SUGIZOがアート・リンゼイみたいなのをやるとすごくかっこいいと思うんだよね。手数を弾かないSUGIZOっていうのを聴きたい。TAKUROにもいえるけど、弾ける人が弾かないっていう。日本人の〝間〟ですよ。今回の対談の中でも話したけど、生誕祭のときにＴＡＫＵＲＯがやった、灰田勝彦みたいなのがすごく好きだった。かっこよかった。

Ｔ　ありがとうございます。頑張ります。

Ｓ　あの、今俺が作ってる自分の作品で、立川さんプロデュースのイベントでご一緒した人とやってもいいですかっていう話をしてたのね。バカボンさんやってくれますね？

――もちろん。

Ｓ　最近までですか？　バカボンってあれ、ガソリンスタンドでバイトしてた。

――いやいや大昔（笑）。加藤和彦と梓みちよさんのプロジェクトをやって、ムーンライダーズがバックをやったんだけど、すごくよかったの。アールデコの女王みたいな作りにしてね。それで評判がよかったので全国ツアーをやる話になったとき、みちよさんが、ムーンライダーズとやりたいって言ってね。でもムーンライダーズ忙しいから、ツアーは無理だっていうことになり、僕が、「バンドは無理だから、かしぶち君と、あと何人かのメンバー、後はオーディションで集めてバンド作りますから」って言って、オーディションやったときに、来た中にバカボン鈴木がいた。バカボンは「あのオーディションがなかったら僕はプロになってなかった」っていう関係なの。だからいつでも頼みやすいの。

Ｓ　立川さんの命だったらね。それはパール兄弟より前ですか？

――全然前だよ。

Ｔ　何度も話したかもしれないですけど、80年代の原宿文化が好きすぎて、暇さえあれば原宿の裏通りに行くんですけど、この間、コープオリンピアに行ってきて。

Ｓ　ＴＡＫＵＲＯ原宿通って大丈夫なの？

**T**　1ミリも問題ないんですけど、それこそクールスとかが集まった喫茶店とかの跡地とか行くのが好きで、〝MILK〟とか。好きで。

**S**　〝MILK〟ね。

――〝MILK〟の近くに〝ラッキー〟ってのがあって、あと今ラフォーレ立ってるところに〝ルートファイブ〟っていう店があった。

**S**　その頃のことで言うと、ヤッコさん（高橋靖子）て面識ありました？

**T**　伝説のスタイリストだよね。

**S**　面識はない？

**T**　ロスにハヤマっていう居酒屋さんがあって、そこのおかみって、もともと80年代にスタイリストやってた人で、その繋がりでフォーライフの後藤さんも知ってて。

――ヤッコさん、草分けだもんね。

**S**　実は90年代から仲良し。それこそボウイで有名じゃない。

**T**　『原宿』っていう写真集でお見掛けしたことはありますけど。

**S**　それこそボウイの寛斎さんのスタイリングのときは、ヤッコさん。

**T**　えー。

――鋤田さんのボウイとT・レックスのときの通訳ってヤッコさんだからね。

**S**　あと、『ヒーローズ』のジャケはヤッコさん。

**T**　何着てましたっけ？

**S**　革ジャン。その時、ボウイから「何でもいいから、レザージャケットをたくさん用意してくれ」って言われて、片っ端から集めて持ってってたんだって。実は、一時すごく仲良くて。

――いつまでも元気でいてほしいんだよね。

S　ですよね。

――でね、この前二人に話したけど、今年の終わり『ラプソディ・イン・ジョン・レノン』って本を出そうと思ってるの。没後40年の年だから、20年前にやった取材を完全版にしてね。その出版記念で12月8日にクアトロでライヴやろうと思ってるので……

S　クアトロでやるんですか　小さくないですか。

――小さいところの方が、かっこいいな。今回の本のアンコールみたいなことでいうと、二人が中心でライヴ考えてくれたらいいなと思ってるんだ。語り継ぎたいから、TOKUとかにも出てもらって。SUGIZOとTOKUの「イマジン」すごかったよね。

S　この前京都で一緒にやったヴァイオリンのSONGちゃんとやりたい。

――いいね。

S　TOKU君は、TAKUROのソロでも吹いてるんですよ。

――今度、溝口君もやるんでしょ。

T　やります、やります。

――来年、溝口君が、自分で金を出してもいいからオーケストラとやりたいって言ってて、僕は客を入れてレコーディングしたいのね。そこに、二人がスペシャルゲストで一緒に出て、一曲ずつ弾いてくれれば最高だな。

T　一緒に2曲じゃダメですか？（笑）　立川さん全然、本で話した俺の話を聞いてないね。とにかく自信ないんですよ。

――自信ないなんて言っちゃだめ。僕は、この前の横浜アリーナで見てるから大丈夫。あなたは大丈夫。

**T**　くぁー。でも溝口さんには世話になってる。何でもやります。なんならうちのメンバーもついてきますよ。デビュー10年からですもん。でも5年に一度しか会ってない（笑）。

**S**　TAKUROが類家作とやって欲しいなあ。若手のジャズ・インプロバイザーではピカイチですね。肺活量とかがすごくて。

――だから、カンバセーション・ピースっていうシリーズ・タイトルにしていっぱいやればいいじゃない。昔はみんなで遊びに行ってたりした。TAKUROがライヴやるってなったら、「じゃあ一曲一緒にやってみる?」みたいな、そういうのがなくなりすぎちゃった。

**S**　いわゆるちょっとしたセッションですよね。

**T**　何でですかねえ。

**S**　俺よくやるよ。俺、だってBRAHMANの5人目のメンバーだから（笑）。

**T**　鬼を押さえた（笑）

――昔ロック・フェスがあったら、最後は、みんなでセッションですよ。

**T**　それはだって、LUNA SEAが悪いんですよ（笑）。だってミレニアムイヴで一緒にやった時に、「何か最後一緒にやりましょうよ」って言ったら、Jさんに「そういうのじゃないから」って（笑）。「アナーキー・イン・ザ・U.K.とか……」「いやそういうんじゃない」って。もうピリピリで、ピリピリで

**S**　あの時、メンバーと関わりたくないとか、一緒に演奏したくないとかそういう状態だったから。特にJとRYUだよね

**T**　俺勇気を振り絞って言ったんですよ。「最後にみんなで一緒になんかやりませんか」って。

SUGIZOさんも「やろうやろう」って言ってくれて。そしたらJさんにバサッて切られて（笑）

**S** 今大違いだよ。一周して。

**T** 人間を学んだな。

**S** 学んで。できることも、できないことも分かって。

——それって、テレビの番組とかでよくやってるけど、未来への提言だよね。みんなが、垣根を飛び越えて、一緒にやることが音楽だったり、アート全般ってそういうことなんじゃないかな。

**T** 映画界っていうか、芸能界っていうよりは、あくまで役者の世界では、欧米にならってというか、前年の受賞者が渡して。そして、あと賞はとれなくても、ちゃんとその会場には行くっていう。

——それは経済との関係だと思うんだけど、やっぱり一時、80年代とか90年代に金が入り過ぎたんですよ。だから、それで自分の国を守ろうってなっちゃったんだと思う。

**T** 国っていうか、立場ですね。

——そう。演劇とか映画の世界ってそれがないよ。音楽業界の閉鎖的なところってそこからなんですよ。

**T** 経済が成り立っちゃったから。細川さんも書いてた。演劇界は客演とかないと、助け合わないとやっていけない。

——ロック・シーンには急にそれがなくなっちゃった。

**T** それが分岐点だったのかも。この本の最後のすごく大事なところかも。絡む必要ないじゃんっていう感じになっちゃった。今、本屋大賞取った『熱源』っていう樺太アイヌの本を読んでいるんですけど、先住民たちの虐げられていく様を読んでいて、彼らの最後の寄り添うべき頼るべきところは連帯だった。

――うんうん。

**T** だけど、アイヌの中でも「金欲しいやつこっちに来い」「言葉がわかるやつこっちに来い」って分断されていく。これはもう、カンバセーション・ピース2で話さなきゃだめだな。今自分のルーツを探っているうちに、子どもの頃におじいちゃんおばあちゃんからうっすら聞いた先住民の話を……

――僕はSUGIZOがアイヌの原住民の話をしても、リアリティがないと思う。北海道で育ったTAKUROが話すから、伝わる。前のセッションでしゃべった村上龍の話あったけど、東京は、東京にいた人しかわからない。それぞれのところで、大小の差はあれど、それぞれの場所であったカルチャーがあったのをみんなが否定して。地方には方言があった。それを統一しちゃダメなんですよ。

**S** みんな、平坦にしたがりますからね。

**T** 例えば、全国で学校閉鎖ってなってますけど、まったくもってコロナ出てないところも話し合いもしないで、みんな休校ってなっちゃった。だから過去、そのお金っていうところで、20世紀に入るときに、「文字書けないなら、はい」って。当時で言う、「未開人だ、土人だ」ってなっちゃった。

――例えば、LUNA SEAもGLAYも、かなりのセールスを記録したから、自分たちではわからないかもしれないけども、売れちゃったってことと、売れてないってことが、拝金主義になった途端に、差が出ちゃったんだよ。売れなかったからダメ。売れるから素晴らしいっていう変なテレビっぽい価値観。テレビに出てればよいみたいな。

**T** それこそ、「お前らテレビ出なくなったら終わるからな」って言われましたよ、当時はっきりと。テレビに出ても数字が動かないのは、あれはもう本当に一発芸みたいなもんで、どれだけインパクト残すかっていう話になると、もう行き止まりなんですよ。最後にはちんちん出すしかないみたいな（笑）。いつも出てると、本当に行き止まりになっちゃって。

**S** お金を稼げるかどうかで偉い、そうじゃないって見方になっちゃった。興味深いものをやっていれば、芸術は認められるはずだと信じてる。

**T** 「お前らお金が入らないなら、入るようになれ」って。アイヌでいったら、山がどうとかじゃなくて、「工場で働きなよ」「市役所で働きなよ」「字を覚えなよ」ってなっちゃった。

**S** 中央集権主義だね。

**T** そこで大事な文化が滅びていく。だからもう日本全国薄味ですもんね。

**S** それは非常に残念なことですね。文化がちゃんと独自性を残しながら、他と繋がっていくってことがすごく大事なのに。

**T** だから当時、北海道は開墾してて、でも市町村を決めなきゃいけないってときに、「俺たち適当にやってるんで」が認められないじゃないですか。

——「俺たち適当にやってるんで」っていうのは、ちょっと僕は間違ってると思ってて、あれだけいい曲を作って、あれだけの人の前でパフォーマンスしてるわけだから、LUNA SEAもGLAYも下地ができてるわけじゃない。だから、起きてきた事件に対する一個の突起物をLUNA SEAやGLAYはつくっていかなきゃいけないと思う。

**T**　次の課題っていうか、そういうときなのかもしれないですよね。時代が変わり、若いような、若くないような……

**S**　若くないよ（笑）。

**T**　いやいや（笑）。20代と気持ち的には変わってないですよ。

**S**　気持ちは変わってないけど、感受性は絶対違うと思うよ。生まれた時からスマホがあって、何でもピッと調べられる時代には生きてこなかったから。

**T**　そう考えると、ものを知るって切ないですね。例えば、妻を心から愛してるし、だけどツアーで一週間東京を離れたとしても何とも思わないですけど、10代の頃は彼女と一週間離れるだけでも「ウォー」て聞こえるような……（笑）。

――いい話だね（笑）。

**T**　今は、自分がちゃんとしていることも、彼女がちゃんとしているってことも知ってて、そして自分が尊い仕事をやっているのもわかっていて、でもあの10代のときの恋焦がれるせつなさってのは、うちの子どもたちはやっぱり好きな子と離れるだけで「ギャー」ってなるのを、そしてそれをまた歌うっていうことと……じゃあ、一杯飲んだら行きますか。今夜も最高の夜をありがとうございました

# あとがき

最後にTAKUROが〝最高の夜〟という言葉を口にしているが、本当にこの本は今までに例を見ない〝最高のトーク・セッション〟の記録になった。

〝CONVERSATION PIECE〟というタイトルはイタリア有数の名門貴族の生まれで、映画史の中でも唯一無二の存在であるルキーノ・ヴィスコンティの1974年の傑作「家族の肖像」の原題だが、この本の内容と展開を言い当てていると思う。

そして、セッションを続けている間にはまだ新型コロナウイルスは姿を現わしていなかったが、112ページで「訳の分からない病気」という言葉が出ているのを例にとってもどこか予見的で、未来に向けて語ると同時に三人の生きてきた時代や歩んできた道、物の考え方がロックン・ロールというスピリットをベースに綾を成しているのがとてもおもしろい。インターネットの発達によって理性と寛容が失われそうになり、匿名で何でも言っていいという風潮が生まれてしまった現代において〝CONVERSATION〟＝〝会話〟というものの重要性とおもしろさを感じてもらえるだろう。

セッションの中にも出てくるが、この本のアイデアが形になっていく時、頭の中にあったのはフランスの作家、劇作家、脚本家で、ルイス・ブニュエル作品の脚本家として知られるジャン＝クロード・カリエールと、イタリアの中世学者、記号学者、哲学者、文芸批評家、小説家で、１９８０年に発表した『薔薇の名前』が映画化もされ、一般にも知られるようになったウンベルト・エーコの対談集『もうすぐ絶滅するという紙の書物について』であり、うれしいことに今回ブックデザインを担当していただけた松田行正さんのデザインによる美しい本の帯に印刷されていた「紙の本は、電子書籍に駆逐されてしまうのか？」というキャッチ・コピーが〝ロックン・ロールの永遠〟を信じている僕達三人の思いとつながっている気もしたのである。

そして、もうひとつが２００９年に作られ、２０１１年の夏に日本公開された映画『ＧＥＴ ＬＯＵＤ』。エレクトリック・ギターの三世代の巨匠、Ｕ２のジ・エッジ、レッド・ツェッペリンのジミー・ペイジ、ザ・ホワイト・ストライプスのジャック・ホワイトの三人がいかにして愛する音楽と出会い、独自のサウンドを築き上げ、スターに登りつめたのかを、ペイジはロンドン、エッジはダブリン、ジャックはナッシュヴィルとそれぞれのルーツを訪れ、伝説の始まりを明かし、貴重な過去映像とともに自分たちの言葉で自らの全てを語り、一方で〝ロック・サミット〟の準備も進めていくという秀逸なドキュメンタリーだが、彼等の魂がシンクロして実現したギター・セッションは確実にこの本と見えない糸で結ばれている。

だから〝名盤〟と言われるアルバムを聴くように繰り返し読んで欲しい。中にはロックン・ロールの進化と発展にビートルズとは違った面で大きく寄与したデヴィッド・ボウイが〝プレイボーイ〟誌のインタビューで口にし、大問題になった「アドルフ・ヒトラーは最初のロック・スターのひとりだ」ほどではないにせよ、かなり際どいフレーズの言葉も飛び出してるが、ピンク・フロイドの名盤をアラン・パーカー監督がボブ・ゲルドフ主演で映画化した『ザ・ウォール』のコンサート・シーンは、ナチスのプロパカンダ集会の模様をベースにしたものであることなども合わせ考えて、ロックン・ロールの表現の自由さがそこにあると思って欲しい。

その〝ロックン・ロールの表現〟についてはSUGIZOもTAKUROも僕も敬愛してやまないデヴィッド・ボウイが実に彼らしいことを言っている。

「流行そのものというよりは、流行を発信する人間だとみられたかった。流行というよりも、新たな発想で刺激を与える人間になりたかったんだ。人々を新しいもの、新しいヴィジョンに振り向かせたかった……。改めて考えると、そう言えば手近な媒体、つまりロックン・ロールがあるじゃないかと気づいた。そこに何年もかけて手を加えた結果、僕自身が媒体になったんだ」

ロックン・ロールの発展と進化領域の拡大に多大な貢献をしているデヴィッド・ボウイならではのいい言葉だと思う。そして偶然にも『GET LOUD』が作られた年に刊行された『もうすぐ絶滅するという紙の書物について』の原題は直訳すると「本から離れようたってそうはいかない」というロックっぽいノリ。それをもじれば、僕らは三人で「ロックから離れようったってそうはいかない」というフレーズをベースにしてセッションをしたともいえるかもしれない。
最後にこの壮大な〝言葉の旅〟を実現させてくれたPARCO出版のスタッフとSUGIZOとTAKUROの事務所のスタッフ、箱根・円かの杜の松坂雄一さんには心から御礼を申し上げたい。松田行正さんにもだ。

立川直樹

CONVERSATION PIECE
ロックン・ロールを巡る10の対話

2020年9月30日　第1刷

著者――――――SUGIZO　TAKURO　立川直樹
発行人――――――井上　肇
編集――――――坂口亮太　志摩俊太朗
発行所――――――株式会社パルコ　エンタテインメント事業部
〒150-0042東京都渋谷区宇田川町15－1
電話――――――03-3477-5755

ブックデザイン――――――松田行正＋杉本聖士
写真――――――間仲　宇
撮影・取材協力――――――強羅花扇　円かの杜
印刷・製本――――――シナノ書籍印刷株式会社


ISBN978-4-86506-335-6 C0073
Printed in Japan

JASRAC　出 2005515-001
NexTone　PB000050402号



〒150-0045　東京都渋谷区神泉町8-16
渋谷ファーストプレイス　パルコ出版　編集部